THE BIG BOOK OF SMALL BUSINESS

小企业经营完全指南

[美] 汤姆·吉格斯 菲尔·伯尔斯塔◎著
祝允云◎译

立信会计出版社
LIXIN ACCOUNTING PUBLISHING HOUSE

图书在版编目（CIP）数据

小企业经营完全指南 /（美）吉格斯，（美）伯尔斯塔著；祝允云译 .
—上海：立信会计出版社，2014.6
（工商智库丛书 . 经营管理实务）
ISBN 978-7-5429-4205-0

Ⅰ . ①小…　Ⅱ . ①吉… ②伯… ③祝…　Ⅲ . ①中小企业 - 企业管理
指南　Ⅳ . ① F276.3-62

中国版本图书馆 CIP 数据核字（2014）第 067254 号

策划编辑　蔡伟莉
责任编辑　方士华
封面设计　水玉银文化

小企业经营完全指南

出版发行　立信会计出版社
地　　址　上海市中山西路 2230 号　　邮政编码　200235
电　　话（021）64411389　　传　　真（021）64411325
网　　址　www.lixinaph.com　　电子邮箱　lxaph@sh163.net
网上书店　www.shlx.net　　电　　话（021）64411071
经　　销　各地新华书店

印　　刷　三河市祥达印刷包装有限公司
开　　本　710 毫米 ×1000 毫米　1/16
印　　张　24.75
字　　数　350 千字
版　　次　2014 年 6 月 第 1 版
印　　次　2014 年 6 月 第 1 次
书　　号　978-7-5429-4205-0 / F
定　　价　58.00 元

如有印订差错，请与本社联系调换

序

1994 年的企业年度颁奖典礼上，我认识了汤姆·吉格斯。对于汤姆和驰加公司的成功我早有耳闻。典礼散场之前，汤姆邀请我改日与他共进午餐。几个星期后，我与他在一家我钟爱的饭店相见。席间，他问我是否愿意做他的顾问。他承诺不会占用我很多的时间，我们可以每隔几个月一起吃顿午饭（他的原话是“毕竟我也是要吃东西的”），到时他问我一些问题。他的渴望与迫切令我印象深刻，所以，经过几天的考虑我同意了。

果不其然，此后，汤姆为我们的每顿午餐都做了精心的准备。他非常珍惜我们在一起的每分每秒，每次见面他都酝酿了一长串的问题，并且下定决心要把每个事情弄懂。直到问题彻底搞清楚了他才罢休，否则便会一直问下去。他是一个不会因为脸面而止步的人。在获取知识或向身边所有取得商业成功的人求教的过程中他不知疲倦，在洞悉商业运营管理之道方面，他同样孜孜以求。他经常带领他的管理团队加入我们的谈话，让我们分享他们的新发现并对一些现象进行二次验证。

功夫不负有心人。在跨国公司占据优势地位的竞争激烈的产业，汤姆和他的驰加公司超越了绝大多数竞争对手。他和他的团队使驰加公司以其独特的企业文化、出色的服务和占据绝对优势的市场份额成为行业内的一支重要力量。

汤姆是个极具团队精神的人，具有作为一位领导者的最重要的素质——尊重并重视团队中的每位成员。他深知只有和充满了干劲的人一起，在高效商业运营的支持下才能取得成功，由此他创建了关心员工、职责明确又不断完善工作流程的企业文化。

汤姆的《小企业经营全面指南》字字珠玑。它将在你企业管理的每一阶段及每次决策的过程中发挥指导作用。然后，你在前进的道路上，也会取得意想不到的商业成功。

百思买集团创始人

理查德·舒泽

THE BIG BOOK OF SMALL BUSINESS

目录

前言

PREFACE

摸着石头过河

从毫无头绪到收第一笔货款

我卖掉了公司，买卖合同也已签好。任是卖掉公司的钱快两周了还没有到账。晚上的大部分时间，我会盯着天花板，盘算着收购驰加公司——我的位于美国中西部的150家零售连锁店——是怎么成为“可能”的。明天，明天！凡世通轮胎公司已经承诺在明天上午10点之前把钱电汇过来。

次日早晨，办公室里的气氛紧张得不行。我的首席财务官吉姆·比密斯，10点刚过就给银行打了电话。钱没有到。中午他再次询问，还是没到。终于，下午3点钟，吉姆兴奋地跨进我的办公室，我的合伙人丹·古力特和我屏住了呼吸。当听到他说出“款已到账”这4个字时，我感觉比吃了棉花糖还要甜。一阵欢呼之后，我们击掌庆贺并恨不得去拥抱所有能拥抱的东西。

凡世通公司的收购承诺使我迅速从先前的高压下解脱出来，这种状态一直持续了一周，直至这家大型跨国公司发生了全球瞩目的轮胎召回事件，该事件威胁到了整个公司的安危及声誉。我意识到我们的交易已命悬一线。拯救的唯一办法就是大幅降价并签署买卖协议。

丹和我喜欢有福同享。驰加的员工们获得了1000万美元的职工优先认股权和企业忠诚奖。他们之中，有的将房子进行了重新装修，有的将学院进修计划也列入日程安排。一立员工和他的妻子靠着这笔“意外之财”使他们负债累累并濒临破产的副业起死回生。

现金发放后，我义无反顾地开始了顾问、写作和演讲等工作。当然，没有了好的身体去享受，物质的富足仅是虚无的胜利。如今，我已经60岁了，明尼苏达州的梅奥诊所的医生却告诉我，我依然拥有30岁年轻人一样的心脏。我还得到来自家人、朋友和人生伴侣——玛丽·维斯科特，我的难以替代的力量之源的爱的祝福。

往事不堪回首

回调时间表，回到难以驾驭并危机四起的我的人生早期阶段。19岁那年，正在印第安纳大学读二年级，同时我还在福特汽车公司做保安。几年来，我往返奔波于大学教室和工厂，有时候忙得在等红绿灯的时候就得换好警卫制服。此外，我还送过校报，向同学卖过保险。后来去了位于芝加哥的壳牌石油公司的人力资源部上班，再后来转行做了销售。经过多年的历练，29岁那年，我树立了要开创一番新事业的远大理想，于是，我把我的想法告诉了丹，一个我手下的销售员。在克服了重重的融资困难之后，驰加终于诞生了。

到1989年，驰加已经成为拥有30个门店的区域性领头羊。正当生活看上去一片美好的时候，几乎是一夜之间，我所熟悉的一切突然停止了。在6个月的时间里，医生诊断出我患上了癌症，持续了23年的婚姻也走到了尽头，我的首席财务官告知我公司的备用现金有100万美元的缺口，而且公司的信贷额度已为零。

这一切发生得实在是太突然了！在如此短的时间里，人生的3个重要支柱——健康、家庭、事业，全部垮掉了。如果那段时间我没有用“我是征服先生”来鼓励自己的话，恐怕很难从困境中走出来。那时的我像行尸走肉一样工作着。我把自己反锁在办公室里，手机调至“请勿打扰”的状态，蜷缩在沙发上，一待就是几个小时。几个月过去后，我才有勇气面对镜子中的自己，并重新担负起责任，让混乱不堪的状态重新回到正轨。

像关心自己一样去关心员工和客户

回头看去，我凭感觉运营公司的过程是喜忧参半的。我曾经尽我所能地快速发展着，但仍感觉慢了一步；也曾在学会更好地沟通交流和公关建设之前而停滞良久。我没有制订战略计划和预算草案等重要的企业管理规程。我也没有采取技能培训和明确岗位职责的管理办法。鉴于我稀里糊涂地忽略了人生就像一张牌桌这一宇宙间的基本法则，我也只是个平凡的领导者。一个平衡、稳定的人生依赖于健全的智力、心理、身体和精神，忽视了其中任何一个方面，人生这张桌子就会摇晃。像我忽视了其中的两到三条腿，它就很容易倒下。

要想让工作与生活和谐有序是需要时间的。我通过广泛阅读、观看录像、在企业管理研讨会上用心聆听和自我完善来改变自己。自认为无所不知的我，惊讶地发现自己真正懂得的是如此之少。我找到了最好、最机智的企业顾问（雷迪森酒店集团星期五餐厅的科特·卡尔森、明尼苏达双子棒球队的卡尔·波拉德、百思买集团的迪克·舒尔茨）。可笑的是，我曾经以善于发现别人身上的不足而引以为傲，现在却要回过头来审视自己并老老实实地承认自己多年来容易犯否定、防御与质疑别人的毛病，这是一件令人痛苦同时也是使人高兴的事情。

我把问题一个一个列出来，然后通过纯净心智与调节情绪来改掉坏毛病。我学会了关心别人，这换来了员工与家人的更多支持。新的、经过系统训练的思维方式令我办事效率更高、决策更明智、心态也更平和。接下来奇怪的事情发生了，我发现我在个人素养上提升越多，公司的获利越大。企业年收入实现了每三年翻一番，到 1999 年已达到 2 亿美元。利润表现甚至更好。在《开明领导学 101》中我学到的第一节课便是签订能够让人们担负起责任的协议。如果你能像关心自己的福利一样关心员工与顾客的福利，成功自然就会降临。

区别在哪里

你的鞋子因踩灭灌木丛中的火而被烧焦了。你做着UFO（达不到的财务目标）的噩梦。全能的应聘者变成了废物，会议引发的问题比能解决的还要多。你的办公室在下班后变得不堪入目，你可能是个凭感觉行事的人。与之相反的则是一位开明、高效的领导——他冷静、自信、控制力强。他们的区别具体表现在哪些方面呢（详见表1）？

表1　两种不同老板的具体表现

凭感觉行事的老板	开明高效的企业家
以自我为中心的日程安排导致突发事件随时发生	在关照员工之前关照好自己（包括智力、身体、情绪、精神）
做事没有规划或战略过于超前，无论哪种方式都要常常灭火	意识到快速变化的市场环境需要随机应变，知道如何将简略计划分解为可操作的步骤并且交由合适的人负责
任何时候都以最低的成本做事情，寻求更有利的底线	好的路线是唯一的路线。知道短板是可以变为优势的，因为只是未做或再做一次的区别
关心细节，事必躬亲，忽视员工的创造性和主动性	懂得团队成员需要得到怎样的指导及何时为有才能、有干劲的员工松绑
随时打压提出有价值的批评意见的人	以正式或非正式的方式征求对其本人及公司的建议
认为员工执行任务的唯一原因就是服从命令	对待员工的态度是：怎么可以帮助他们成长并获得成功
害怕在自己手下努力工作的人会超过平庸的自己，为此放弃最好、最优秀的员工	为每个岗位配备最合适的人，从而提升每个员工的业绩
并不关心正在发生什么的做着白日梦的人，视琐碎的事情为干扰	像猫一样警觉能够带来良好的人际关系、持续的质量提升和竞争优势

体制和态度造就竞争优势

当驰加历经短短 8 年时间，营业收入从 4 千万美元攀升到 2 亿美元之后，外界开始窥探其中的奥秘。有人希望与我共进午餐以获取有用的信息，也有人在招待会上一边拍着我的肩膀一边开玩笑地说："赐予我一点魔法吧。"每个人都希望我能将创造奇迹的方式精炼成一句话，正如电影《毕业生》中醉醺醺的系主任将年轻的达斯汀·霍夫曼拉到一边并直截了当地建议他去"做美容"一样。事实上，我们能与世界上最大的跨国公司竞争并取得长足发展的秘密可以归结为一个简单的词——相互协同（因为在 20 世纪 90 年代"纵向联合"一词还没流行开来）。

在没有找到管理要素的合适组合之前，我们并未急于扩张。我们的使命引导富有领悟力的人们营造关切、负责任的企业文化，每个人都能获得快速处理和清晰沟通的支持。此外，还适当地通过鼓舞、激励和教育培训等自我修炼的方式获得成长。我们还在企业实现 7 个关键功能的过程中融入了种种策略。这个绝非胡说八道的管理体制使得我们公司扣除利息、税收、折旧和分期付款前的收益额是如此的充盈，以至于我们从未为了融资而被迫卖掉股份。

为什么这本书能给您带来丰厚的投资回报

该书所介绍的都是经过证实、操作性强的方法技巧，我并不打算叙述可能有效的写在黑板上的理论。本书中所列出的所有方法都是富有成效的。我在自己工作的实验室可以自由地尝试并学习企业管理的科学和艺术。通过阅读本书，你可以学到我在日复一日地制订销售与赢利计划、制作工资单、面对每次决策所带来的种种后果等这些实务中所学到的一切。成绩是显而易见的：我将一个我父亲作担保的亏损 6 万美元的小团队带领成为一个具有 2 亿美元营业收入的大企业。

管理伦理方面的新课程。大多数管理者或企业家一开始都会认为他们必须在两种管理学方法论中做出选择：或者利益高于人，或者人高于利益。这是一种错误的选择。我提供第三条路径：开明的企业家将责任与效率务实地结合起来（利益在前），同时公平友善地待人（人在前）。一些管理者采取生硬粗暴的管理模式或许能在短时间内取得良好业绩，但是这种方式在营业额比较低的企业是难以奏效的。长时间地在一个冷漠的领导手下干活会让员工不断失望并最终离开。相反，员工喜欢坚定果断同时又富于关怀的领导模式，这会让他们找准位置并提升业绩。只有意志坚定并心地善良的领导才会将人们团结在一起愉快地工作并取得健康持续的长期受益。

这是一本详尽的案头参考书。不论遇到了怎样的挑战，只要迅速地查阅相关章节，你就能知道下一步该怎么做。面试的人要来？赶紧先看看雇用篇。绞尽脑汁也想不出什么好的办法？你需要看看高效体制篇。销售情况下滑？翻到关于销售的部分秉灯夜读吧。无论你翻到哪一页，都会发现它能给自己带来帮助的贴心技巧：

- 提升品牌价值（第 51 章）；
- 开员工们乐于参加的会（第 26 章）；
- 创立价值创造基金（第 10 章）；
- 建立活泼向上的企业文化（第 17 至第 21 章）；
- 保护企业利益（第 6 章）；
- 增强供给链（第 50 章）；
- 确保建议得到良好落实（第 24 章）；
- 扩大市场份额（第 52 章）；
- 获取并传达明确的信息（第 28 至第 33 章）；

- 获取外部建议（第 7 章）；
- 提升你和其他人的水平（第 43 至第 49 章）；
- 发现、雇用并留住最好的人（第 12 至第 15 章）；
- 激发员工去做令顾客满意的事（第 53 章）；
- 处理不良行为（第 22 章）；
- 压缩成本，提升底线（第 54 章）；
- 设计并实施富有战略性和操作性的计划（第 23 章）；
- 打造好的团队（第 16 章）；
- 管理封闭过程（第 27 章）；
- 提升员工表现（第 39 至第 42 章）；
- 管理财务功能及与借款方的管理（第 54 章）。

怎样使用这本书

你可能会问："我第一步应该做什么呢？"一旦你勾画了最新的商业计划，并且相信你的模式可以制造现金，就需要根据使命、愿景和价值观进行可行性分析。接下来你需要物色优秀人才、建设企业文化、实施完美流程、进行顺畅沟通。你还需要教导自己的员工不要轻易满足，提醒他们要不断学习，以帮助其达到个人事业的高峰。

其实只有一个问题，你生活在真实的世界。生意就像人生一样，是秩序混乱并麻烦不断的。那么，从哪里开始解决呢？这需要先弄清你为之痛苦的根源——什么事让你在夜里突然惊醒——然后去解决。无效沟通可能是罪魁祸首。在你的员工气呼呼地离开的时候，无效沟通还会破坏最佳的实施战略，并妨碍企业使命、愿景和价值观的实现。或者，从一个部门开始——用谈判获得更好的收购协议替代管理失误，会损伤提供有竞争力的商品的市场能力。这会带来销售业绩的下降，由此导致你最好的销售人员很容易被效益更好的公司挖走。注意，这是你点亮智慧的时刻，你的整个运作是相互关联的，这些都会在这本《小企业经营全面指南》中得到体现。它的每一部分与其他部分都是紧密相关的。如果哪个环节出了问题，整个循环系统会跟着出错甚至崩溃。哦，但是什么时候所有的事情都能高效运转呢？那也正是奇迹发生的时候。

低处的果实最先被摘掉——这对于获得初步成功是非常重要的。一些转变的发生其实仅需要观念上的简单转变，其他则需要更多的思考和计划。让你的团队都参与进来，通过头脑风暴所得出的结论，你完全可以相信。当关系得到了修复与巩固，人们感觉受到尊敬和重视的时候，变化发生了。相互协作的雪球越滚越大，能量越来越足，当你看不到开头也看不到结束的时候，效果显现了。

在商界有两件事情是永远不会改变的——变化和越来越快的速度。有一件事情是变化的——应对的能力。开明领导所做的更多的不是确保应对，而是引领潮流。

第一部分

开始行动

如果连这些都不知道千万别着急创业

1975年，时任壳牌石油公司销售主管的我，负责组织当年公司面向明尼苏达州服务站经销商的展销会。我预定了明尼苏达州阿波利斯市的一家高档酒店，而不是普通的旅馆。你知道吗？这种升级带来了成效：我们完成了双倍的销售目标。但是我的区域经理约翰因为活动预算的超支而严厉地责骂了我。我反驳道："可我为公司净赚了一大笔利润呢。""这并不重要，"约翰脱口而出，"重要的是你还是超出了预算！"有没有搞错，利润真的不重要吗？当约翰怒气冲冲地离开，留下我一个人抽闷烟的时候，我想不能再这么下去了，我要开自己的公司。

早在那年年初，当我向公司提出一个很棒的建议却被主管领导泼了凉水的时候，我便有了离开的想法。在明尼苏达州的立法机关将加油站的自助式销售模式认定为合法的时候，我看到了石油工业新时代的曙光。经过对市场的可行性调研，我拟定了一个计划，该计划在今天看来，特别是对于壳牌石油加油站的拥有者来说，很明显这是他们从完全服务模式向自助式服务模式转变的良机。我计算过，大量积累的资料，完全可以抵消壳牌公司的谈话成本。结果管理者打着哈欠漫不经心地说自助式服务很可能会昙花一现。可笑的是，他们又觉得这种模式在明尼苏达州的冻土地带可能会变得流行。这就是讨论的结果，可以看出，他们认为在冰冻的湖面上可以一坐几个小时盯着冰窟窿钓鱼的明尼苏达州人会高高兴兴地穿上派克大衣去加便宜一点的油，这种想法还真不是他们的突发奇想。

在备受展销会事件挫败后的两个月，我的创业想法越发强烈。我的老板约翰，搞到了两张明尼苏达维京人和绿湾包装工人队12月份大对决的橄榄球票。他是包装工人队的球迷，要求我帮他预订酒店——带有鲜花和香槟的总统套房——并且把它记在我的开支账户上。随着成千上万的包装工人队的疯狂的球迷涌入双子城，酒店的房间变得非常紧俏。但是由于我和体育馆附近的一家酒店关系很好，我帮约翰预定到了完全符合他要求的房间。比赛结束后的几周内（维京人队以24∶3获胜），约翰召开了一次销售会议，并宣布了一项新的全员财务紧缩计划，其中包括有关报销账单的严厉惩罚。会后，我走上前，开玩笑地对约翰说新的政策没有应用到橄榄球赛那个周末是件好事。约翰凝视着我说："上帝，很抱歉，新的政策应用到那个周末。"然后就离开了，没有再发生什么。我愣住了——不得不为约翰的周末出游计划支付750美元（相当于2007年的2800多美元，这对一个年轻的四口之家来说是个巨大的打击）。这样的事情发生了3次，最终我离开了那里。

几个月后，我注册并创办了驰加公司。毫无疑问，我在壳牌石油公司当学徒的8年是意义非凡的。我遇到了许多不错的人，学到了很多技术。但是单调乏味的官僚主义、风险规避和办公室政治扭曲了我的理想和热情，就像是卡通人物果伯特（身居斗室的生意圈里的平庸之辈）一样工作。

你完全可以秀一秀自己，摆脱联系不上的老板、无聊的官僚主义、四分之一的美国人民都有的目光短浅的困扰。我们都感到很奇怪，为什么那么多人都要忍受折磨人的办公环境？我们并不是生来就应该为他人工作的，我们希望能够更多地掌控自己的命运。我们并不害怕工作辛苦，我们为高贵的企业家精神、独创性和公正而兴奋——在一个可以安身立命的地方。最重要的是，内心深处，我们确定——有一些自信、一些自大、一些天真——我们的付出得到了回报。

你在点头吗？接下来的7章介绍了如果你想取得成功的话，在早期你需要做哪些事情。有一大堆的事情需要处理。我会带领你从想成功的企业家转变为自信、见多识广的创始领导人。如果你的状况还不错，那就把这些章节当做汽车引擎中电脑化的部件，发现你能够解决的问题，以避免日后的巨大损失。

CHAPTER 1

第 1 章

下决心

辞职之前需考虑的非常规事项

我真的很天真，从没想过我的新公司会失败。

嗨，跟您谈谈我自己吧——汤姆·吉格斯，高中时代的四项全能选手，壳牌石油公司处于上升期的新星——收入的增长就像毕业舞会上的溢美之词，开着公司的车四处跑，为加油站管理人员的商务运营指点迷津。这些都没问题。

事实上，我不知道该为自己和我的家人做些什么。是的，我和我的妻子简曾多次商量过：我该留下还是离开？简无条件支持我，她说我自己最知道是否已经准备好迎接挑战。我当然做好了准备。于是我一跃跳进了齐胸深的水里，而且水流湍急。

不要误会，我很高兴迈出了这一步。我只是希望当时能更好地判断出我这么做会牵动多少人。如果我能像你们阅读完此书时一样已做好准备，就可以将前进道路上难免遇到的各种危机处理得更好，或者能够将这些危机统统规避掉。

企业家就像听候发令枪打响的运动员。这种彻头彻尾投入的心态是我们最重要的力量源泉之一。但是它也可能是我们的弱点。在征战商界的豪情下，我们可能忽视或低估如下这些创业初期需要面对的关键的事情：

考虑对你家人的影响。1995年，我在公司杂志的中西部企业年会上进行获奖演说的时候，曾大声质疑我所付出的代价是否太大了。在早期的若干年里，我一直在拼命地工作。期间，我确实参加了孩子们的大部分活动，甚至担任他们棒球和篮球队的教练。感觉自己似乎一直处于多任务状态，一边考虑如何填补一个刚刚离职员工的重要岗位，一边思考是否需要制订下一轮工资计划。我的孩子们很快学会辨别我什么时候处在失神的状态，每到这时，他们就会拍拍我的肩膀喊道，"别做白日梦了，脚踏实地吧"，由此把我拖回现实。随着企业的发展，我能够陪伴家人的时间有了更大的弹性，尽管在工作时间之外将精力从生意中转移出来是需要一定努力的。

所有这一切都是值得的吗？我愿意再重新经历一次吗？是的——出于两种考虑。首先，我需要知道这本书中讲述的每件事情，这样我就能够从运营一个企业的束缚和压力下解放出来；其次，由此带来的平和、冷静的心态可以帮我实现第二个目标：在工作和家庭之间获得更好的平衡。

直面恐惧。我在29岁那年第一天从壳牌公司正式离职的时候，我的妻子和两个儿子正坐在农场皇后（DQ，美国著名的冰激凌连锁品牌）里，我们点了巧克力饼干冰激凌和菠萝条。当我接过冰激凌拿出5美元付账的时候，脑海中突然冒出"支付这些东西的钱将从哪里来"的想法。那个想法比北极来的寒流还让人觉得寒冷。没有了每月1日和15日的工资支票，没有了利润分成，没有了公车，没有了报销账单。事实上，如果我新的公司不能带来足够养活我们一家四口的收入我都不知道该怎么办。这种恐惧的暗流一直伴随我很长一段时间。

走出困惑。当被告知我不能做一些自己想做的事时，我会去努力证明我能行。记得高三的那场篮球赛，在离结束还有15秒钟的时候，我们还以一分之差落后于一个比我们大很多的学校的球队，我们那个小镇整整20年都没有打败过他们。当时我持球，运球时我看到一名未被防守的队员在边线快速移动。由于错误地估计了传球距离，我从他的后面传球，结果球出界了，我们输了。然而，这原本有可能成为决胜球的。我是如此的沮丧和自责，以至于整整两天没敢在学校露面，关于这件事，我的教练仅说了一句："不要担心明年的出线，你一个人组不成团队。"我热爱篮球，加之他的话让我感到振奋。整个暑假，我带着踝关节的严重伤痛每天坚持练习5个小时。结果我不仅为团队效力了，还成为主力得分队员，在印第安纳州备受追捧。

> 那种因边线判断失误而带来的不可动摇的信念无数次拯救了我的公司。在壳牌石油公司的时候，我的主管跟我说我没有坚强到能从人力资源转到销售领域。一年后，他将我派到了芝加哥最难搞定的地方——南区——恶名昭彰的劳瑞·布朗街区附近。我帮助南区的商人在轮胎销售上从最差做到了第一。当我刚开始创办自己的企业的时候，一个竞争对手就当面告诉我："汤姆，你是不会成功的。"甚至连我的设备供应商也对我没有信心。"我希望你是最好的，"他说，"但是那是不可能的。"噢，米其林公司起初给我们提供轮胎是因为我们不够强大。然而，所有这些不利因素并没有击倒我，反倒激发我组建了一个能够占据美国市场1.5%的份额、年销售百万只轮胎的团队。

我在壳牌公司工作后期所经历的事情也带来了一些好处。要不是我知道运营一个企业、给产品定价、聘用和培训员工、确定薪酬、偿还贷款等是多么不容易，我可能还没有开窍。最终，我选择了离开，开始埋头苦干自己的事业并艰难地渡过了一个又一个危机。我还从一所比较难申请学位的大学拿下了商务管理的博士学位。对于温斯顿·丘吉尔（英国政治家及作家）表达"如果你正穿过地狱，要继续前进"的态度，我深有体会。

寻求合作。想一想合伙人的处境，他也同样在做生意。即使是一个取得超常成就的人也不能总是独自完成工作。如果合伙人是理性、富有同情心并且愿意在事情而非价值观上妥协的话，那么这个合适的人真的是上天派来的。想找到正直、具有多项专长并且善于应对变化的合伙人真的很难。庆幸的是我找到了。丹·古力特和我像麦卡特尼和列侬一样互补。我是驰加公司内部（召开会议、发表演说）和外部的形象代表（与生意伙伴投资人、协会领导打交道）。丹则把守阵地，负责将事情做妥当、指挥生产并及时供货。

在签署任何东西之前对你可能的合伙人做全面的了解（面试清单见第 13 章）。如果他是别人介绍的熟人，一定要深入调查他是否能够应对财务危机或微妙的人事问题。丹是一个好的人选，因为在壳牌公司的时候他曾 18 个月在我手下做销售代表。尽管如此，从一开始我们就讲明——并写到合同上——我是掌事人。在我的字典里，危险总是有一半的可能性。可以肯定的是，当丹的意见更好的时候我会听他的，但是如果我们意见上有分歧，最后要由我来拍板。

合作的另一个原因是：高处不胜寒。你的合伙人是你打算做什么事情的时候唯一可以倾诉的人。这听起来似乎不那么重要，但是拥有一个可以信任的人去获得认同或进行头脑风暴，就像经历个人危机时拥有亲密的家人一样。

节俭生活。刚开张的企业需要大量的现金，所以我四处寻求机会攒钱或赚钱。我们的第一个总部设在一个用 250 美元租来的三等社区的二等办公室里。考虑到当地缺少售货机，于是我向房东提出可否自己装一个。这个售货机每月净赚 250 美元。这样就相当于免了房租。人工成本可能是你最大的支出。支付较低的基本工资雇用能力强的人，让他们为了诸如回扣、奖金、股权这样的绩效工资而忘我地工作。你自己承担的工作越多你必须雇用的人就越少。第一年，丹总揽销售方面的一切工作——订货、卸货、仓储、销售、送货、收账。

刚开始，不管怎么样，你不得不尽你所能地节约每一分钱。我们家的车是一辆二手的、用过 8 年的普利茅斯港的货车，它后面还有一个破斧子弄出来的洞。这辆车是我在拍卖会上买的（我们当时想它一定经历了多次恐怖事件），但是它能够带我们去我们想要去的地方。我只给自己能够支付月消费的工资，其余的都投到公司里去了。

为什么年轻的公司会吸走那么多的现金？因为除了人工开支，还有4个主要的去向：

- 税收；
- 起始贷款（通过税后收入偿还）；
- 存货（存货不断增加）；
- 应收账款（即便每一位顾客都及时结款，你仍需等待30～90天，这取决于你开出的条件）。

这些美元的贪食分子会陪同现金消耗你的斗志。假定你每年净赚40万美元，税收首先占去15万，存货占了7.5万，还有7.5万是应收账款。对了，别忘了还有10万元的贷款要还。至于你自己？留下的就很少了。在我做咨询的时候，我总会听到这样的话："我每周工作7天，每天24小时，销售额和利润都在增加，但是为什么到头来我什么都没留下？"这就是企业家要控制成本（见第54章），催促应收账款（见第54章）的原因，并且在收回它们遇到困难的时候创造性地解决问题（第57章）。

CHAPTER 2

第 2 章 跑市场

对方方面面的数据进行分析以决定自己适合做什么

在驰加开业之前，我得先弄清楚哪些门店是我们将来的竞争对手。我偷了一个轮胎经销商朋友的智慧，找了 5 个朋友一起喝酒并组建了核心团队。这就是我市场调研的深度和规模。在壳牌公司的工作经历让我对这个行业有了一定的了解，这是我的幸运，帮我节省了不少精力。你如果想开一家零售店，那么关于批发、制造、网络化服务的市场调研质量将是决定你成败的关键。你在开办企业之前需要做如下 6 个方面的调研。

确定需求。朋友想开一个宠物托养所，她来征求我的建议。我首先问了她两个问题：市场的需求程度怎么样和竞争对手赢利状况如何？如果其他的店的预约都排到几周之后，那么她可以期待一些顾客来光顾她的店。如果市场的需求不是那么旺盛，她也可以做同样的期待——除非她能提供一些狗主人的需要而其他店不能提供的服务。不管你是给雪纳瑞犬洗澡、为它筹划理想的家，还是批发各种养犬需要的小工具，你永远都逃不出供与求的关系。

了解对手。想当年，我飞到每条海岸线上的轮胎零售店去调查他们生意兴隆的原因。将零售店老板们最好的主意和我自己的想法融合在一起，我的公司很快开张营业了，现如今，可以逐一登录竞争对手的网站，获取并比较他们的报价。如果他们是零售商，买一些他们的产品。分析他们是如何吸引顾客的？他们的秘密武器是什么？你可以在哪些方面做得不一样？他们的威胁在哪里？你如何能充分利用他们的弱势？要形成你的经营范围，拜访你这个领域的成功人士，但要选择你的市场半径以外的人，他们受到比较少的竞争威胁，因此更容易接纳你。请他们吃饭，在必要的情况下要舍得花钱，权当做你的咨询费。

获得认可。列出问题的清单，然后会见 10 ~ 15 个你这个行业的专家。即使你不认识他们，你可以向他们解释你正在做的事情并表达你会对他们坦率的意见感激不尽，当然，一些人可能会把你打发走，但大多数人会乐于给你 10 ~ 15 分钟的时间。请他们指出你计划中的不足。现在的关键是发现问题并及时修正，以确保计划不会在实施的过程中出问题。

参加展销会。参加展销会是掌握行业趋势并与成功人士或处于动荡期的人们建立关系的最快方式，你需要与他们一起发展、竞争。穿着要得体，始终保持微笑，你就会与供应商、制造商和批发商不期而遇的。当机会到来的时候，你要表现得自信、热诚：握手、建立融洽的关系、请教问题、说明你的业务（一定要在 15 秒甚至更少的时间内完成）、收集名片。请每一位你遇到的人介绍能带来帮助的其他人。回到家后当有什么问题时，可通过电话或邮件的方式与你接触过的人取得联系。提示：谨慎对待每一次联络。他们都是大忙人，联系过少他们会忘了你，联系太多会让人觉得你很讨厌。

调查顾客。零售商？仔细探索顾客们在想什么。问问你的朋友和家人当他们在购买你们打算卖的东西时的体验和期望。为了能更深入地了解，约大家出去尝尝巧克力、喝些啤酒，组成五六个人的调研小组（考虑不同的种族、年龄和性别），这些构成你的定性研究——信息深入狭窄。

为了进行定量研究——数据浅显、广泛——雇一家调查公司并设计一些好的问题。

相信专家。市场调查公司可以在数据和定制服务两方面提升你的成效。在清楚掌握你目标市场的大小和顾客群体、特征之前不要着急开业或扩张。我所指的远超出年龄、性别、收入、受教育程度这些明显的特征，你需要掌握诸如顾客职业、兴趣、观点、习惯等信息。这种发现事实类的任务可能会花掉一些钱，但是参照数据进行的改进措施会将这些钱赚回来，甚至还远不止这些。

CHAPTER 3

第 3 章

做计划

了解自己能够成就怎样的事情

每一个人和他的兄弟姐妹、久未联络的亲戚都有成为百万富翁的愿望，却很少有人想过用手头的钱做什么。用来区分是企业家或是空想家的正是企业计划。这是一张路线图，毫无疑问，它也是用来博得投资方青睐的门票。

一个严谨、简明的企业计划胜过管理制度、市场方案、竞争分析等。透过它可以了解你是什么样的人及你能够成就怎样的事情。它显示了思路的清晰、个性的特点和解决问题的能力。出资方或投资方在确信你有能力执行一个良好的商业计划并将他们的钱翻番之前不会轻易开出巨额支票。

拟订企业计划的要求仅比写博士论文少一点点。它将要求你对所在行业的方方面面进行细致入微地了解。但是每一秒钟都是值得的。完成之后，你的直觉会帮助你从未售卖的角落中找到未被人知的财富。

在拟订企业计划的时候，你应该：

- 采取冷静的现实主义态度；
- 优化市场战略；
- 将阻碍因素考虑在内；

- 进行严格的风险评估；
- 制订应急计划；
- 考虑资源配额；
- 取消财务假定；
- 固定目标市场；
- 计算启动资金；
- 分析能维持正常运营的现金流需求；
- 估计竞争；
- 在执行与目标上对合伙人进行培训；
- 重新评价你的管理团队。

企业计划的共同特点有如下 10 点。

言简意赅。在 3 页纸内，总结出公司使命、商业目标、目标市场、差异化体现、营销战略、资金需求及你为什么认为当前是加入这个市场的合适时机。这里可省略细节，从头到尾让人感受到你的热情、专业和谦逊。为什么？如果浏览过后不能让借款方或投资人动心的话，“啪”的一声你的计划就会被丢进循环罐。

细致分析。开始你的“晋升演讲”之前，用一句话描述你的公司是做什么的，接下来，详细说明你的产品和服务市场定位及是什么让你的企业与众不同。具体给出你目标市场的大小、人口特点及由此决定的对公司的要求，你期望的市场份额和你计划打造的商业实体类型。

竞争对手分析。列出竞争对手的位置，估计年收入和从业历史。分析他们哪些做得对哪些做得不对，他们是怎样满足或不满足顾客的需求。解释你打算如何取长补短。说明为什么你所提供的产品和服务是有竞争优势的。一项申请了专利的新技术？更好的位置？更大的便利？你的价格、服务或质量有一定的优势？这种优势如何发挥作用？最重要的，你怎么能吸引竞争对手的顾客选择你？

管理团队。和一群未经试验的新手进行磨合？这方面你同样需要用心考虑、做好安排，因为管理团队的素质如何是出借人和投资方首先关注的。在三段式的克里夫笔记中所说，列出每位管理者的技能、受教育程度、工作经历、工作业绩和职责。关于你自己要多用一些笔墨。你要让投资方确信你的肩膀足够宽大可以带领你的团队到达成功的彼岸。

市场营销战略。首先，分析你正在进入的市场空间的竞争强度、成长机会、产业链构成。另外，解释你的公司是如何掌握整个商业循环的（贸易协会和当地的内部人士是最好的信息来源）。其次，细分目标顾客群确定销售范围是当地、本省、全国还是国际。你可能会采取公司对公司的模式来识别出潜在的客户。弄清谁是能拍板的人，你如何攻破他们的防线及为什么你的产品或服务是无法抗拒的。如果你已经签订了一些合同，向客户说明详细的情况。

解释你将如何在市场中定位自己。你打算用什么方法将产品或服务呈现给潜在的客户——企业推销员、电话销售员、传单还是在线广告？这些都将推动销售，你打算在什么样的媒体做广告？公关计划怎么样？你会请专业代理还是自己来做广告宣传和公共关系？接下来是你的价格战略及支撑该战略的关于竞争对手的精确的调研情况。最后，列出销售条款和预购制度。

日常运作。从劳动力开始描述日常经营状况。你如何发现、培训员工并付给员工报酬，你又怎么能让员工为了你的梦想而努力工作？接下来列举你将会培养的与零售商的关系。如果可能的话，哪些工作你会外包，说明为什么。最后，描绘你的财务计划。

风险评估。现在需要假定糟糕的情况会出现。事实上，停止一会儿你的奋斗，努力证明假设是错误的。每个企业都有不足。你企业的不足是什么？竞争对手又会如何发现并利用这些不足？不要试图遮遮掩掩，应把这些不足列出来努力弥补。解释你会怎么避免这些可防范的危机，并解决不可防范的问题。投资人喜欢看到你了解这些潜伏在每一处的危机，并为之做好了准备。

销售预期。给出最保守和最乐观的销售预测。如果对此感到质疑，一定是什么地方出了问题。估计月营业额及第一年的销售业绩。按同样的方法以年营业额为基准，给出未来4年的预期，然后详细考虑潜在假定数据到哪去获得？当然，我们可以从竞争对手、市场分析、行业调研、贸易协会等方面获得。或许还可以从小组讨论开始。选出那些与销售目标不符合的数据，分析其间的差异。或许对于出借人或投资方最重要的是，连同你需要达到的市场份额，给出你的余地和浮动空间。

财务分析。我们可以看看快速表格——你可以随时付账，但永远无法离开。所有的标准财务报表在这里都需要编制预期的资产负债表，其反映的是第一个年度每月的收支情况。以季度为单位，分别根据保守的和乐观的估计编制出未来4年的资产负债表，该表反映的是在任何规定的日子里公司资产和债务的情况。同样要准备出第一年度的月度资金平衡表和第二三年度的季度资金平衡表。接下来按同样的准则做出现金流量表。现在你已经设置好了舞台布景，计算一下你需要多少资金，你将如何合理利用并偿还这些资金。最后，分析你的财务状况，说明你可以投入多少。出借人和投资方希望企业家自己也投入了一部分资金。

附录。附一些文件以说明假定、分析和设想，包括企业和个人的证明资料及你与银行、律师、财务人员的联系情况。如果你采取的是公司对公司的运作模式，不妨增加一些未来客户的意向书。千万别忘了附上你的保险单的复印件！

好了，就是这些了。到目前为止你已经做完了。以后你会在战略计划时间安排（第23章）的商业计划中增强细节部分，现在可以为了自己的努力工作犒劳一下自己了。你已经避免了走“凭感觉”的道路，而看上去更像一个开明有效率的企业家了。

CHAPTER 4

第 4 章

找投资

吸纳资金的同时并不放弃控制权

融资这件事曾经让我很抓狂。在遭到 8 家银行的拒绝后，第 9 家银行的贷款办公室给出的答复依然是否定的，因为我们没有运作企业的经验。当时我很迷茫："为什么他们还要求别人喜欢你？"我问道："我觉得像个性和信用记录这样的事情是重要的，如果仅是因为以前没做过，那你们干吗不把这条输入电脑然后公布出来：没经验，这里拒绝贷款？"这种场面不是我有意造成的，但当时我确实很生气（发泄出来那一刻感觉超爽）。幸运的是，第 10 家银行给我们提供了 6 万美元的贷款，我们终于开张营业了。

争取第一笔投资非常不容易。首先要做的当然是计算出你需要多少现金（提示：依据企业计划）。投资人希望你的财务项目是详细合理的。如果你的项目计划有问题，空着手灰溜溜出来的话，你的信用和能力都会遭到质疑。我们曾两次小心谨慎地回到银行做工资单。幸运的是，那家银行的总裁对企业家有一种特殊的偏好，甚至连我们的合作代理人已上了银行的黑名单都没给我们带来不好的影响。

启动资金需要能够应付刚开业的所有一次性支出（法人资格注册、办公家具、设备、初期存货、合法税收）、生产性支出（房租、工资、存货更新、应收账款、债务服务）和储备。大部分企业至少要用掉计划资金的50%，甚至更多。

为什么要去银行贷款而不去寻找出资人呢？这个问题问得好。因为银行只是一个简单的债权人，而“天使投资人”或风险投资需要在公司里占有一定的股份，有的还要被他们操控。我很自豪的一点就是驰加的成长没有从投资人那里拿一分钱。

下面是你开业时可以运用的6个融资渠道。

自有资金。通过个人资产为公司注资对于保持控制权是理想的选择，但却会阻碍发展，并且会妨碍财务前景——如果你的钱包不够鼓的话。其实，在一些小钱上冒一些险可以提升你在未来出资人和投资商心目中的信用度。我和我的搭档合在一起为我们的原始投资提供了300万美元，那是启动资金的1/3。

你还可以创造性地开展自我投资活动。假定你可以承受开业支出，并且你的公司是基于产品的（做实业的）——你或许可以拉平第一笔销售和全部的资金运作之间的差距（通过慢慢积累现金流）。怎么才能做到呢？到处去寻找具有多条生产线却不具备足够的分销渠道的卖家。提出可进行委托的建议，可以先写下欠条或采取更优厚的条款进行支付。如果你可以拿到120天的合约，并且可以每60天或90天回笼资金的话，你相当于在用卖家的钱做生意，而且你的阶段性收入还可以帮助你获得盈余。

在公司创办初期，我们找到了普利司通公司，这个在当时的美国还不是很有名气的公司，尽管他们占去60%的日本市场，而且据我们的调查显示他们的产品质量可以和米其林相媲美。这真是一个完美的组合：他们拥有其他销售商还不是太重视的产品，而我们拥有急于销售这些产品的店面。普利司通热情地欢迎了我们，给了我们一个很大的折扣和120天的账期。几年之后，一个已经离开普利司通（当时普利司通已经收购了凡士通）的主任告诉我：“虽然你们当时的规模很小，但是你们年轻，充满了热情和干劲，我们相信你们。”

家庭和朋友。开业的第一笔资金一般都是来自家人和朋友的，向爱自己的人寻求资金援助就像冒险一样。如果借钱顺利的话，生活是美好的。如果不顺利，一辈子的交情可能都会出问题。对待这些借款应该像对待严肃的商业文件一样，想象一下，假定你的亲戚朋友是银行家，给了你一个很好的利率和偿还期限，并说明了风险。如果祖母不能承受失去她所有资金的压力，应对她表示感谢并婉言谢绝。借给你一大笔钱并不是对你表示支持的唯一方式。丹的父母和我的父母都通过对我们的银行贷款进行私人担保的方式对我们表示了信任。

除了家人，可以向认同这种创业精神的朋友和商业人士筹款，作为他们借款的回报，可以提供公司股份或比市政债券利息更高的5年期借条。现在，与向老爸早请示晚汇报不同的是，你拥有的将是多个沉默的合伙人——假定他们很少沉默而且你需要花很多时间去应付的话，这个说法似乎有些误导。不管怎样，偶尔来个打听情况的电话或约在星巴克会面，仅是获取更大财务自由的小小代价。

银行贷款。关键是抵押。不要指望在你没有提供足够贷款金额的抵押资产的时候，银行会将支票交给你。尽管我们拥有家庭担保、两处住房和像设备、存货这样有担保价值的企业资产，但我们仍跑了10家银行才找到最终愿意贷给我们的银行。

天使投资人。是的，在我们当中是存在天使的，他们通常在你已经向家人和朋友筹了一圈钱之后飘然而至。但是他们天使般的资金常常伴以很高的代价——我所说的是天使投资人。它符合典型的供给与需求法则。在商业循环的大多数情况下，天使投资人比企业家需求的数量少（很大的特例：21世纪早期的互联网和无线互联领域）。一些天使投资人更热衷于指导和享受创建企业的乐趣，而不是简单地让他们的净资产增值。其他的投资人则通过强制企业接受压榨条款和苛刻的退出条件的方式对企业发挥杠杆作用。天使投资人可能会说：“我的10万美元的投资使你的公司增值到20万美元，所以我应该享有50%的企业股权。对了，顺便说一下，我要51%。”如果真是这样，你需要听命于别人，你支配工作的梦想就化为了泡影（当心黑天使）。投资人会让他们的律师起草投资协议，典型的情形是，谁起草文件谁制定规则，尽管说了这么多，没有其他选择的企业家可能会认为拥有部分公司总比没有公司要好。

风险投资家。继天使投资人带着一小捆现金飞来之后，风险投资家带着“制度”资金（100万或更多）俯冲下来。这些风险投资家有的是曾经的企业家，他们提供联系方式和从财务运营到进军领域细节的技术经验。风险投资家们，正如他们的称谓，会从新的公司谋取比天使投资人更有利的条款（这也是为什么你会听到风险投资家也被称为贪婪投资家的原因）。像天使投资人一样，风险投资家期望他们的钱在大约5年的时间内获得回报。许多新成立的公司并不能引起风险投资家的兴趣，因为他们并不符合传统的风险投资标准——管理高效，高风险行业中未被涉足的领域，有获取超额利润的潜力。

CHAPTER 5

第5章
精准定位

明确名称、地址和差异性

干得好！你已经弄明白了市场的标准，收集了顾客和竞争对手的资料，向多位业内人士取了经，参加了多个贸易展销会，在市场调研上做了一些投入。只要门是打开的，洞察能力便成为生存的关键。接下来的3个步骤会让顾客停下来关注（小心冲动的决定，这3条都是不容易被破坏的）。

提供差异化的产品或服务。还记得查尔斯·林德伯格的首届横渡大西洋的单人飞行吗？罗杰·班尼斯特4分钟内跑完1英里的故事呢？还有创造纸箱公司（Creative Carton）创造的单日最佳订单纪录？错过了最后一个？那可能是令人最为印象深刻的一个……对于瓦楞纸箱的制造商和展览商来说，坐落于明尼苏达州阿波利斯市的创造纸箱公司确立了可以快速转向的市场定位，接下来顾客们就会大声喊：我今天就需要它！

经过了大量的打击和一些失误之后，首席执行官迈克·西姆掌控了人力和当日兑现的流程。7年之后，创造纸箱公司完美送货成功的模式仍然未被打破。当日服务成为他们最大的与众不同之处，即使对它所要求的只是一系列的命令。"很重要吗？"迈克问道，"怎么说呢，这种模式是为有迫切需求的顾客服务的，就像一个人坐在桌边急得指关节都攥得发白了，但检查人员就是不同意他继续进行时的样子一样，像老的联邦快递商业模式——某样东西必须当日送到的时候，你说它值多少钱？”很多钱，尤其是当企业对于时间紧迫性需求很强的时候。当你能够提供他们在其他任何地方都获得不到的东西时，他们不得不从你这里订购。时下，需求过期的大环境对于迈克拥有这样的公司是个好消息，他们的核心竞争力就是压缩时间。运转得越来越快的时候对我们来说是件好事，因为大家都步入了我们的商业模式。

最大的差异性定位取决于你在价格、质量、服务三位一体的模式中哪些方面能做到持续稳定。并不是说某一方面必须强于另外两个方面，但是你必须有你的特色。低价格、背着口袋靠自己销售的模式需要通过沃尔玛、美国西南航空公司、家得宝（美国家居连锁店）和汽车旅馆这样的方式彰显自己的与众不同。想要你的商品在一般的更关注价格的顾客中留下深刻印象，需要付出更多以求得好的回报。

有一种混合定位模式是：低价格，更好的体验。看看塔吉特百货、百思买、宜家、捷蓝航空和科尔。在驰加早期，我们就是以这样的方式与大企业竞争的，虽然一些对手能在价格上与我们抗衡，但是他们没有开设带有穿衬衫、打领带、干净利落的销售顾问，供有咖啡，悬挂的艺术品及孩子们游戏的场所的高档商店。

除了价格、质量和服务，还有没有更好的方式呢？查询一下目录。创造纸箱公司因为速度快而知名；当日送达为包裹分类又增加了一条原则。这帮助公司设计了一种“嵌套盒子”——一个盒子套着另一个盒子。同样的，联邦快递是“隔夜运送”的同义词，但是公司知道保住市场份额的唯一方式就是创造细分市场——多样化的价格和运输选择，延长时间和方便的投递位置。私人公司租赁汽车已经成为北美最大的汽车租赁公司，得益于它的独特定位——我捎你上路。极客团队，一家百思买集团旗下的计算机技术支持公司提供个人化服务。极客团队既可以针对商业机型也可以为民用机型提供技术支持，它填补了市场的空白，为了进一步凸显出他们的与众不同，极客团队成了白制服、黑领结的代理，提供上门服务，他们会开着黑白相间的大众汽车，像比萨的外卖送餐员一样快速到达你的家。

在向顾客介绍自己之前先明白自己是谁，否则在他们面前你永远都会有一点模糊。当你打开门的时候，就要不断问自己，你所提供的是否与你期望实现的独一无二是在一个基调上的。尽可能地摆脱你对企业的激情，通过你未来客户的眼光来审视你的产品和服务。问问你自己，如果我愿意与我其中的一位竞争对手做生意，为了实现转换要付出什么？价格？速度？服务？担保？还是上述所有因素？一旦我们处在这样的情况下，我就被跑过许多家店做了许多细致比较的顾客踢出局了。这种方法可以让我们进一步了解顾客的心理，一旦顾客开始打电话了，说明产品的最好回报到来了，软件公司已经有多年是处在这样的一个状态了。其通过“比特”的释放，实质上使顾客们的双手得到了解放，他们可以有更多的时间去娱乐。大部分顾客都不喜欢让自己像几内亚猪［几内亚猪（Guinea Pig）：源于秘鲁的一种啮齿类动物，其实比老鼠大不了多少。在英文中它也有另一个意思，就是指愿意充当实验品，勇于尝鲜的人。Guinea Pig这个词现多次被应用于权威的IT评论中，其贬义占了多数——编者注。］一样，他们通常乐于与自己信任的企业保持密切联系。向体验你新产品或服务的顾客请教，让他们就好的方面、不好的方面和糟糕的方面给出反馈意见。不管你是零售商还是做公司对公司的业务，这种战略同样能带来改进建议，并激发需求。

为公司命名。回想1982年，当我开始将主营业务由批发转向零售的时候，我们3家连锁店的名字（城市名片）是轮胎和汽车。容易产生误导吧？我知道我们需要一个更好的名字。在某晚聚会时，我和我的邻居侧身说道：“嗨，鲍勃，我在经营汽车轮胎连锁店，它的名字是——保障轮胎。”我一说完，鲍勃就皱起了眉头。他曾是我的上司，一位来自费城的了解一线情况的广告从业人员。“汤姆，”他说，“这是我听到的最神经质的名字。”而此时我脑子里浮现的是飞动的美元符号——我们已经设计了商标并进行了注册。鲍勃看出我很泄气，于是答应我回头和我一起想个新的名字，第二天，我告诉鲍勃："我的商店除了销售轮胎，还提供其他的服务。"他插嘴道："驰加。我喜欢这个。记下来。"我也喜欢这个名字。它传达出一种乐观的精神，承诺我们会比竞争对手提供得更多，并且对无尽的品牌延伸打开了大门。每个企业都应该庆幸他们找到一位像鲍勃这样的邻居（鲍勃·贝基尔在我2000年卖掉驰加的前几个月去世，我们在公司联欢会上邀请了他的两个孩子参加，向他们赠送了匾额和酬金，以肯定他们父母的贡献）。

假定你已经起了一个很好的名字，不要害怕经受审视和推敲。查尔斯·卢坎氏，行星抢救公司的创始人，在一次全国性汽车配件网络拍卖活动中，当我向他建议更改公司的名字时，他非常坚持原来的名字。"行星抢救这个名字对我来说就像是我的孩子，"查尔斯说道，"另外，我也很喜欢我们那个很酷的商标，一颗带着轮子的行星环绕着它。"商标是挺有意思的，我告诉他，但是不但图标还有行星抢救这个卡通化的名字都不符合公司的使命，产品和从业人员的气质。出于他个人的声望考虑，查尔斯最终摒弃了自己的情感约束。在公司堪萨斯市总部的一次员工头脑风暴会议上，我建议他们一切从零开始。我们将它归结为："我们通过互联网来帮助公司管理和提升替代部分利用（汽车保险和汽车美容行业术语）。既然缩略语APU（辅助动力装置）经常在工作日被行业一天到晚地提及，最好的名字应该是不用费力想的名字——辅助动力装置解决方案。

不要把名字存在银行，应该让它成为标语。公司名称彰显出了公司的与众不同了吗？在查尔斯确定下辅助动力装置解决方案这个名字之后，我和一位大客户参加了一次会议，他是农夫保险公司的副总裁。他需要得到一个承诺，即他通过APU公司的网站购买的配件应该确有存货，并在当天以约定的价格发货。"看，"他说，"我需要真正的钢铁，实时发货。"在我们走出大楼的时候，我对查尔斯说："你听到了吧？真正的钢铁，实时发货。不正是让你的公司与众不同的地方吗？"他点头表示同意。是你的商标，将你的商业模式归纳出几个字。真的很精彩，百思买集团（千万种可能，选择适合你的），塔吉特（期待更多，支付更少）和沃尔玛（永远低价，永远）都是这么做的。

每个强势品牌的出现都会为了巩固自身的市场地位，做一些免费的品牌推广。这种强势品牌可以是简明、有力的名字，也可以是令人印象深刻的标语，一个大胆的标志（想想耐克的“钩子”商标）。驰加确切地告诉人们我们所做的是什么，我们的标语——仓储店的价格、世界级的服务，确切地告诉人们什么是我们所期待的。

选择合适的地方。很多小公司常犯一个错误，是为了节约租金而将公司的地址选在郊区，这种做法是短视的，并且还会带来很大的损失。消费者导向型的公司更适合选 A 类地址。不要被 B、C、D 类地区承诺的低房租所动摇。因为一旦我们在 A 类地区开了店，我们的收益会通过店面获取。据我们的顾客调查显示，除了大量的广告，他们来我们商店消费的原因之一是看到了我们的商店和标志。我和纳塔莉，一个任专职顾问的客户，分享了这个故事，她们的年营业额曾维持在 25 万美元。我指出的第一点是她的女士服装店孤零零地坐落在 D 区，这是一个她已经痛苦地意识到的问题。调查了租赁行情之后，我们发现 A 区有一个地方的租金每个月才 4000 美元。我们做了个计算，结果发现她的店只需要每天多来 7 位顾客就可以发生改观。尽管她的合伙人一直坚持，但纳塔莉还是下定决心叫来了搬家公司。3 年后，他们的年营业额是原来的 4 倍，达到了出色的 100 万美元。消费者流量急速增大，她的平均营业额也不断翻番。不确定在高价地区你会看到多少额外的客户？对比计算一下你的企业在 A 类地区和 C 类地区的情况。（要想做到不赚不赔你需要多少顾客？）数量可能少于你认为来支撑 A 类地区的。

对于办公地点的选址，收益上感知不是那么明显，但是重要性却一点也没有减弱。即使你的客户永远不会造访，但是潜在的客户能够经常性地看到公司的标志，就会对公司留下一个比较好的印象。在商业领域，如同人生中的大部分时候，感知力是一种客观存在。对于区位较差但经营一流的公司来说尤其重要。底线是：不要让高租金将你吓跑。重要的不是你投入了多少，而是从你的投入中得到了多少净收益。

通过谈判拿到低风险的租约是有决定性意义的。签订长期租约可能是有风险的。如果你发现企业刚刚起步时投入有些过大，或者企业发展迅猛需要更大的店面，那时你会像泡在咸菜缸中一样难受。然而短期的租约又可能迫使你在不情愿的情况下频繁搬家。最好的赌注是什么？谈判一个你所能获得的带有尽可能多的延期选择的初始条约。例如，比起5年的合约，敲定一个两年附带3个1年期延期选择条约更好。附加条件是租金递增，惯例是2% ~ 3%。这样，你两年之后可以选择留下，如果租金高涨也可以选择离开。

警惕头脑发热。在对租赁财产、租赁权改变之前要三思，你——承租人，是对之做出完善并支持费用的人。法律上，一旦合约到期，财产是属于出租人的。我曾听说一位零售食品公司的创始人坦言她曾在出租房屋上投入5万美元建造一个全功能的厨房。从一开始她就知道她的5年租约没有附加选择，到期的时候她的房东可以将她扫地出门。她也知道她租赁的房屋有传言将被征用去修路。但是她仍投入了大笔的钱进去。你知道这会有怎样的结局吗：没能续约，经济上的严重打击迫使她不能及时缓过来去到新的地方重新开店。

除了选址之外，还需要考虑的一点：有无数的非零售类创业机构通过进驻企业孵化器快速发展。一个孵化器不过是将一幢大楼分成若干办公室用于出租，多数是有资助的，以支持早期发展。经济发展组织、政府实体、研究机构或者其他的非营利组织管理着北美多个企业孵化器中的大多数企业。大部分是与高科技产品密切相关的创业企业，但是这种概念已经扩展到了几乎每个工业领域。

被企业孵化器接纳的幸运创业企业通常只需支付较低的租金，并且可以共用接待员、复印机和传真机，甚至是会计。这里是网络化办公和战略联盟的聚集地，也是潜在的投资商热衷光顾的地方。孵化器会持续多长时间？直到创业公司在财务上足够强大可以离开这个巢飞往他自己想去的地方。

CHAPTER 6

第6章 落在纸上

用法律保护自己的利益

在这个星球上没有比丹·古力特更让我信任的人了。我们合伙开创公司始于口头协议和一次握手——后来才形成一份详细的公约。人生的跌宕起伏是难以预测的。你和未来的商业伙伴虽然一拍即合，但是误解或战略失误也会随之而来。事情突然就失去了控制。此时你需要一个法律上的保护网。即使你是和你的祖母共办企业，有4个字是无论如何都不能忽略的：落在纸上。

最初的法律涉及的就是建立可以控制的利益。我曾经问过自己，可能发生的最坏的事情是什么？现在我可以做什么来防止最坏的事情发生？我的结论与合伙人意见的分歧可能引发致命的损失，对于我来说解决的办法就是拥有大部分控股权。

办公司的主意是我想的，并且在壳牌公司的时候丹是我的部下，所以主要理应由我来掌权。是我说了算，当然，我也不能胡乱拍板。几年后，在我们公司业绩上升的时候，在一次关键性的事务上，丹犯了错误，他问我他是否该辞职。“你在开玩笑吗？当然不能。”我告诉他，“我制造的麻烦不比你少，在公司事务上你对自己太严苛了。”我当时可以拿到更多的股权，然后让丹走人，但是那样感觉不好，也确实是错的。此外，丹真的是个难得的人才，我不能轻易地失去他，况且我们还曾一起经历了那么多事情。

后来的一个员工持股计划稀释了我们 55% ∶ 45% 的份额。但是在投票的股权上我一直保持 51% 的比例。我明确建议：不要将所有权平分。我曾经在合伙人持股比例为 50% ∶ 50% 的公司的董事会上做咨询，他们经历了一段短暂的蜜月期后彼此拒绝说话。记住——他们需要中介在他们之间传递信息。每个公司都需要一位清醒的、能将问题就此打住的领导。他是一位力求见解一致但并不害怕在公司的使命、愿景和价值受到威胁的时候行使否决权的人。

下面是避开法律纠纷的步骤。

雇最好的律师。多花些时间认真地调研。在自己的网站上征集推荐名单，让可能被雇用的律师提供推荐信。在你能承受的情况下尽可能雇那些无往不胜的杰出律师。一个经验丰富的企业分析师可以提供可操作的解决方案，而不是空洞的理论。经验、效率和质量比每小时工资的多少重要得多。如果律师 A 起草一份合同需要 3 个小时，而律师 B 在须付双倍工资的情况下仅用一个小时，且做得更好，想想哪个更合算吧。我们开公司的计划取决于购得 3 个壳牌公司石油公司服务站的销售权。我们可以把这 3 个服务站改造成既销售轮胎也销售汽油。然而，壳牌公司试图阻止我们获得经销权，以限制丹和我们的发展。我们四处找律师并且发现了明尼苏达州前证券监理专员，他曾经发布正在执行的特许经销商管理条例。最终，事情得以了结。

阅读（合同中）难懂的条文。决策人要签署数不清的合同。从设备的租赁协定、供应商协议到战略联盟和就业协议，不要只是翻到最后一页直接签名就可以了。在鸡舍里认出狐狸是你的职责（发现合同中的陷阱）。当然，法律术语常常让人觉得像是在翻阅医学杂志那样令人乏味。即便如此，你也要仔细审读。画出你不理解的地方，请你的律师进行简明扼要的解释。在此之前，你还要向他解释一下公司的业务。

做事周密严谨。我的一位长期合作的律师有一次在为另一位客户审查一份办公室租约，它的租约规定：承租人需花费4500美元用于对承租物进行改善。只是多一个决定性的“0”使得该客户承诺要花45000美元去对承租物进行改善。幸运的是，这个客户在签合同之前对每个细节进行了审读，由此避免了要多花出4万多美元的冤枉钱事情的发生。此外，要确保重要的合同中列出可能发生的最坏的情形和一旦发生时恰当的解决办法。比如，一旦在你生意最好的季节由于供货商供货不足导致你的总销售额缩水，该怎么办？如果你的战略合作伙伴与你关系破裂并声称曾与你共同分享的技术是属于他们的，该怎么办？非常多的合约是在深夜起草的，但是即便这样，也要逐字逐句地去检查。签订之前几个小时的付出可以省掉为有争议的事进行谈判、打官司和交易的诉讼费。

选择状态最好的商业伙伴。大多数小公司都会从成为特殊纳税企业或有限责任公司（LLC）以获利。它们向企业里提供C类公司企业担保和（私营独资企业和合伙经营企业）转嫁到消费者的税收优势。也就是说，州法律管制商业实体的形成，所以，向优质、称职的注册会计师或专攻公司事务的律师请教以帮你做出正确的选择。

独资经营

定义：一家独资公司可以雇用员工，但是全部资产为单位和投资人所有。

优势：从创办到运营，它都是最简单最经济的企业实体。利润不用再次交税，关闭企业也很容易。不需要独立纳税申报表，只要简单地将C类时间表加入到个人纳税申报表中即可。

缺点：投资人以个人财产对企业债务承担责任。经营中所产生的债务如不能以企业财产清偿，则投资人以其个人所有的其他财产清偿。每位成员利润分享的比例代表应纳税所得额，不管利润是否已经分配。习惯上，会分配利润的一部分以抵偿投资人的年税收义务，应纳税所得额需交纳自营职业税、联邦和州所得税。

有限责任公司

定义：与特殊纳税企业相似的是，公司不能提供多种的所有者权益；不限制持股人的数量；允许公司、合伙人、信任的人及个人成为持股人。一般强制提供的正式文件和报表要少一些。税收方面，美国国税对待有限责任公司就像它是自己的伙伴一样。

优点：只要不合并，所有人通常以其所认缴的出资额对公司承担有限责任——不管是目前还是未来的债务和法律裁定。提供独资企业的大部分税收优惠，包括税收传递。总的来说，受美国国税局管制，有限责任公司的企业文件能够提供不成比例的分成的会员利润和损失——即其比例不同于所有权的比例。

缺点：每位成员利润分享的比例代表应纳税所得额，不管利润是否已经分配。习惯上，会分配利润的一部分以抵偿投资人的年税收义务。因为它被认为是已获收益，每位成员的净收益都需要交纳自营职业税。

合伙公司

定义：两种类型——普通合伙公司和有限责任合伙公司。普通合伙公司，是两个或更多的人同意创办的企业，通过合伙，拥有资产、收益和债务。有限责任合伙公司，是由一个或多个普通合伙人（以个人资产履行合伙义务）和一个或多个有限责任的合伙人（仅相应份额的企业所有权履行合伙义务）联合组成的。在有限责任合伙公司中，普通合伙人行使公司决策权，而有限责任的合伙人，或被动合伙人，在公司业务上没有投票权和发言权。如果国家法定要求没有被执行，法律视有限责任合伙人为普通合伙人。

优点：合伙公司可以拥有多个所有人，避免二次税收。公司的架构容易搭建，也比较灵活，所需办理的法律手续也相对少一些。

缺点：普通合伙人要以个人的全部资产为整个合伙公司的责任负责。每位成员利润分享的比例代表应纳税所得额，不管利润是否已经分配。习惯上，会分配利润的一部分以抵偿投资人的年税收义务。普通合伙公司大部分已被有限责任公司取代，因为有限责任公司享有合伙公司税收上的优惠，却不需要承担普通合伙人的责任。

澄清所有权问题。好的合伙公司可以平稳运行数十年，其他的则在数周后就开始争论不断了。企业律师的职责便是假定会出现后者的情形并思考：应该签订下怎样的协议以确保当过分乐观的股东关系紧张的时候，公司可以继续运营。它与公司已创办并营运了多久没有关系，如果你没有澄清这些重要的问题，如果股东们分道扬镳，并发症就会突然出现。在事情变得糟糕之前，最好向律师咨询如下问题：

责任。多数借款人需要通过个人担保去融资。一份由担保人签订的贡献协议可以确保责任的划分应与股东的持股比例一致。这可以防止银行在默认情况下强迫担保人掏空口袋。如果仅有一位股东为贷款做担保，那么他可能会要求公司支付一份担保费，以补偿他承担的全部风险。支付担保费可以让担保人相信管理者有十足的动力去创造好的结果。如果没有担保人的签名，公司就无法生存的话，费用会高一些。如果公司较高的净收益能够抵消担保人的风险的话，费用会低一些。

股权角色。你应该设计多少种股票和会员利益类型？每个人的投票权是否都不一样？哪种对你是最好的？它是一个过于简单的问题，但是却表明了一种类型的股票包括抵押资产的净值和财务收益权，而另一种类型除了拥有上述权限之外，还有表决权。前者对被动型投资人来说可能更好一些，后者则适用于希望在战略决策上有发言权的投资人。

贡献价值。确保管理人士将薪酬计划写入文本，不管是对于交换的资产而获得的普通股或是对于优秀员工的职工优先认购股票。对于职工优先认购的股票，需计算应纳的税并确保他们已经正确地记录在了公司的账簿上。

股东的买入－卖出协议。这个文件记录的是被紧紧握住的公司股价，股东首次必须向公司或内部人员认购多少股份，及一旦股东去世该如何办理。事实上，一旦发生大股东死亡事件，就应有一份人寿保险和一份花费不大的公司收购方案供实施。每位股东都应该有律师帮他盯着这些问题。由于资金短缺等原因，股东协议的细节可以发生一些变化。例如，如果一位股东在目标实现之前自愿退出，其收购价格和支付条款会比该股东去世或残疾时严苛。为了保护大多数股东的利益，协议中包括一条“拖动脚步”的条款，合同性地规定所有参与的股东每股必须按同样的价格进行销售。为了保护少数股东的利益，协议中包括一条“紧跟”条款，确保所有的股东在同样的单价下可以参与销售；而这个单价必须是大多数人决定的。

退出策略。这个热键引起每个人的注意。本金存在了别人的卡里该怎么办？在什么样的情况下股东——天使投资人、风险投资人、家人——可以迫使公司董事会返还他们的投资？小心有人悄悄溜入这个普通但负有法律责任的条款。

战略性财务计划。如果买入－卖出协议、退出战略和所有权的其他方面没有与财产和继任计划很好衔接的话，长期目标可能会被破坏。每年一两次组织你的团队（律师、会计、财产规划师、保险规划师及其他人）一起确保所有的问题都考虑到了。不要只信赖一位专家的观点。你的律师或许拥有出色的法律头脑，但除非他还具有很好的财税知识，否则他可能会忽略美国国税局分支机构的重要性。

保护你的智慧资本。在我们公司早期，全国其他地方的轮胎经销商用了我们的商标名称并抄袭我们的黄页广告。诚然，模仿可以理解为是一种奉承，而且那些经销商离我们也没近到会造成直接竞争的程度。但是我们有庞大的扩张计划，实在没法接受有一天会和自己的品牌名称竞争的想法。所以，我们向盗用者发出了勒令停止通知函，问题得到了解决。一定要及时注册你的商标名称、宣传口号和徽标。及时为你的广告和市场推广材料取得版权，同时保护你的专利产品和工艺，以保持你的竞争优势。为此所支付的保护费会通过品牌价值的提升来弥补的。当我们 2000 年将所属的 150 家零售店卖给普利司通轮胎公司的时候，这位世界 500 强的老大哥实际上将它已有的 400 家店的名字也改为了驰加。

防止无理员工的抱怨。应该知道这个文件比任何其他的都要好，它使得你免于受到不开心员工的各种各样的抱怨。每当有员工触犯底线的时候，记录下事件的过程并让其在警告通知上签字，相关的文件越多，法庭上你的胜算越大——如果一位被辞退的员工真的把事情搞到了这一步的话。

为资产上保险。驰加开业后不久，丹与我同一位保险师见面了。"这是用来解释顾客控告你的情况的，"他一边说一边将一本厚厚的政策文件甩在了桌上，"这是用来解释员工控告你的情况的。"又是"扑通"一声，"这是用来解释有人对你们行窃的情况的，这是用来解释有人开车冲进了你的商店的情况的，这是用来解释你生病了并且不能养活你的家人的情况的，这是用来解释龙卷风摧毁了你的房屋的情况的……"各种各样的情况没完没了，桌上的文件越堆越高。丹和我瞪大眼睛互相看着对方说："天啊！我们这是进入了一个什么样的地方啊？"

企业家是天生的风险携带者。尽管如此，花些时间好好衡量一下各种保险所需的花费和所能带来的相应的好处。不是每种糟糕的事情都会发生，但是在整摞文件上掷骰子的话是一场你承受不起的赌博。不光让你的企业处于风险之中，你家庭的财政未来也可能会亮红灯。还有一些可能是借款人、房东、许可机构或者法律要求你上的财产保险。

财产保险。按照重置成本而不是折旧价值为公司的不动产和包括存货在内的全部动产上保险。

商务汽车保险。这个险种使所有人在公司汽车造成伤害或财产损失的时候得到保障。确保所在机构或汽车有关的事故都以公司的名义处理，以保持"可保障的利益"。将汽车自身可能受的损害进行一个全面的保障也是一个好主意。那员工用他们自己的车为公司办事的情况呢？按照超出或低于司机个人保险的额度，增加租用和非自有车辆损坏保险，以保护公司的利益。当然，公司员工个人的汽车保险提供的是最先的保障，但是假定保险不足，比如发生了严重的事故，追讨责任的时候可能会把你拽进来，毕竟员工开车是为了公司办事。

提示：确保未上和已上的保险和你的责任范围是匹配的。为什么？超过10%的司机是没上保险的，还有很多其他人只上了最低限额的保险。一起恶性事故可能会将你推向破产的边缘。此外，如果你不愿意为其他人犯错的时候上保险，那你要确保为自己提供同等水平的保护。

工伤补贴。每个州都强制实施工伤补贴法，以确保工人在工作中受伤或引发健康问题时免于收入减少和支付医药费。保险费随薪工成本而定，没有硬性规定必须交纳多少，但是没有这份保险你承受不起，即使你只有一名员工。不要试图通过向员工宣布"独立承揽人"而绕过这项规定。国家早已防范了这种诡计，并制定了没有几个企业可以通过的审核条件。假设你没有给你的工人上工伤补贴，万一他受伤了，他的医疗费用会从政府基金中支出，但是政府会找你要钱，还要对你另加处罚（而且这个债务是即使你破产了也必须要履行的）。

雇主责任险。在雇主受到诸如性骚扰、强行解雇和年龄歧视等相关的起诉的时候起到保护的作用。一般责任险不涵盖这里面的任何一项，而每一项的辩护费用都在日益增加。没有保险的话，你不得不匆忙应对辩护成本和对你的任何指控，承担原告律师费。糟糕的情况是，这样是不知何时，而不是可能会发生的将给企业带来打击的事件。

关键人物人寿保险。这只是一份简单的关于企业所有人的人寿保险。只有在关键人物去世的情况下该保险才会支付与临时运营企业相关的损失。只有关键人物尚在的时候做出撤销企业的决定，才能将企业的直接收益转给其他的受益人（所有人的配偶）。

残疾保险。被保险人在不能工作的情况下支付其66%的工资（免税）。残疾保险对于那些希望免除工人赔偿的小企业主来说尤其有帮助。如果雇主残疾了，在他恢复的过程中，他的工资可以拿去支付给其他人以维持企业的运转。

提示：确保你的保险政策与你的职业挂钩。这意味着，只要你不能从事在上保险时从事的工作，你就能得到赔偿。许多残疾保险只支付24个月的工资，过了这个期限你需要根据个人情况重新从事可以做的工作。

每年与你的商业保险律师坐下来，确定一下关键领域的保险范围额度是否与企业的成本相匹配，这对于很容易受哪怕最小的风波影响的小企业来说是相当重要的。

不惜任何代价避免诉讼。法律诉讼就像交通事故一样无法预测。一位名叫杰夫的小伙子在圣保罗购买了驰加的经销权。15 年后，在一个大型购物中心旁边有一个更好的地址适合开店，杰夫拒绝迁址或开第二家店。于是，我们的公司自己在那开了家店，尽管在杰夫的经销半径之外，他还是起诉了我们。当这件事情发生的时候，我们全公司的特殊经营人大会陷入了一片争吵之中。我走向杰夫："杰夫，能起一下身吗？"我说着，和他一起面向其他特殊经营人。"我想让你们大家知道，"我说，"可能有人还没听说，杰夫和我在一件事情上的观点不一致，我们会让司法系统来决定其结果。"我搂住他说："我依然非常关心杰夫。"我说他相信他是对的，不管结果如何我们还将是朋友。几周后，杰夫因被许可可以在其他地方开另一家店而停止了诉讼。

对于新的企业所有人来说，一定要将法律的敏感区域牢记于心。司法系统不是被缔造者设计用来解决商业纠纷的。杰夫的事件说明：赢得案件的实质问题是无关紧要的。诉讼费是远超出你支付给律师的费用的。再加上执行团队在审前查问、文件审核、普通案件审讯准备和审讯本身所花费的时间。即使你赢了官司，其实最终还是输了。

尽管如此，诉讼还是会发生。当它发生的时候，应对法庭对面的人表示尊重。通常，一个据理力争又合乎情理的方法，可以为你省很多钱并且带来互利的结果。报复性的法律争斗常常会损失惨重。

CHAPTER 7

第7章 建立强大的董事会

获取帮助，摆脱烦恼，申请外援

20世纪80年代中期，我和我的伙伴手持冒着火光的六发式左轮手枪冲进了商界，我们努力工作、英勇无畏，指望着能为公司带来好的声誉。我们奋勇向前，直到穷极所能才刹住脚步。幸运的是，我们意识到必须寻求外援。于是，我们找到了我们的商业教父——注册会计师约翰·伯格、律师汤姆·麦金塔和商业顾问迪安·巴彻勒。

这几位拯救我们于水火之中。他们曾在几十个行业的上百家公司奋战过，他们的“去过那里、做过那件事”的洞察力与我们的“想去那里，想象那件事”形成鲜明的对比。尽管如此，在没有细细盘问他们之前，我们并不接受他们的建议。我们无法与他们的老练与专业相匹敌，就像他们也看不穿我的眼睛、明白不了我们的愿景一样。驰加是我们的梦想，不是他们的，我们自然能够感受到什么是最好的，我们只是不知怎么填好每个空格。这就是我们的第一个非正式平台——约翰、汤姆和迪安相继加入我们。

为你的顾问平台设置高的标准。将普通人与高手放在一起只是浪费时间。除了这3位是外面请来的，我们的平台还包括6位自己的主管（遗憾的是，我们没有提早搭建这个董事会，尽管我们通过早期的特别安排仍获得了巨大的价值）。

确定理想的顾问成员能够提供神奇的制约平衡。早在2000年，国家经济的这辆马车尽管东倒西歪仍向前行进着。一家5个月前被国家城市股权合作伙伴收购的包装公司，一个克里夫兰私人股份公司，计划建造第四个加工厂。这让卡尔·巴尔达萨雷感到紧张。一位新的董事会成员（也是国家城市普通合伙人），卡尔低头看着马路上的坑槽。"我当时不知道车轮是否会掉下来，"卡尔回忆道，"但是知道包装公司会紧随大的经济形势，显然当时还是有时间能拉住缰绳的。"

但是那会多么困难？一位新的董事会成员不能仅骑着一匹白马来到镇上，掐住资深的州长来制定法律。卡尔在不冒犯他的情况下，不得不劝说包装公司的首席执行官放弃他的扩张计划（驯服土狼比起"劝说"一位成功的首席执行官还要容易些）。那位首席执行官承认要让新的工厂能够获利需要足够的规模，而创建这样的工厂可能需要两年的时间。他解释道，其他的工厂均为满负荷运转，我们可以拿出一部分新的业务交给新的工厂去完成。为了董事会的利益，卡尔请富有企业家精神的首席执行官团队模拟各种缓解收益的情景，说明各种情景会怎样影响已有的工厂。同时，卡尔要求，要考虑到企业在租赁、固定设备、劳动力和其他一次性花费的全部现金支出情况。

让首席执行官从个人的激情澎湃中回到现实的客观分析具有镇静的效果。他意识到即使公司的最高收入下降10个百分点，连同新工厂的开业成本，会危害到公司的偿债能力和银行的契约。如果事情真的发生了，处于废弃状态的公司会吓到顾客、员工和市场，这不是件好事。"让首席执行官的团队做一下计算，"卡尔说，"会让他们从防御的姿态中走出来，从而有助于达成一致。结果，是首席执行官强烈建议我们不要扩张。"考虑到那个网络公司破产后衰退的3个月，取消扩张被证明是个明智的选择。

在你的董事会席位中加入卡尔·巴尔达萨雷。他的公司掌管着10亿美元的投资证券组合，与60多家公司的利益息息相关。这60多家公司中的3/4产值为2500万至1.5亿美元。卡尔，在7家董事会任职（我有幸在一家公司与他同为董事会成员），集关爱与公正于一身。他是坚韧的，是聪明的，并懂得人际关系的价值。

遵循下面的董事会成员标准，充分挖掘你的智慧男士和女士的价值。尽管这可能让你在召开正式会议前要花一些时间，但是这些技巧可以帮助你实现得更快。

动力学

报酬公正。董事会成员越来越多地要求提高他们的薪金。他们也确实承受了更大的风险。2002年颁布的《萨班斯－奥克斯莱法案》——国会对发生在美国泰科（全球最大的连接器生产厂商）、安然公司（财富500强公司之一）和阿德尔菲亚通信公司丑闻的反应——通过严厉的条件对所有公开股份有限公司进行了限制。现在政府公务员和董事都要求承担更多的责任。这也给私营企业提高了要求。更高的期望、更大的压力和承担法律责任的更大威胁将董事会成员变成了目光冰冷的现实主义者——我们的时间是宝贵的，我们正在承担更大的风险，给我应得的报酬。

其实，你应该这么做。首先，为政府官员和董事的责任险埋单——"官员和董事险"（董事会候选人可能仍然免除，运用可能的保险漏洞）。其次，中小规模的公司能够期待的是每年为每位董事支付1.2万～1.3万美元的薪金。即便如此，这对于大多数创业者来说还是太贵——如果这又是必需的，你可以每隔几个月邀请一些信得过的老头出来吃饭，并承诺随着公司的成长，你会进行更有利可图和更正式的安排。再次，考虑抛出普通股，与多种股票类型和购买程式相混合。给每人一块桨，然后一部分在岸上。这样，他们会疯狂地不顾潮汐奋力划桨。（提示：美国财务会计标准委员会规定优先认股权必须根据公司的盈利和亏损进行配发，某种程度上，减少了配股的吸引力）。

寻找关心预算的人做替代人选？与可能承担法律的"理事委员会"

不同的是，咨询委员会的成员是不需要承担法律责任的。这不是简单的文字上的区别，理事会模式下，上级管理层必须执行理事会的决议，在“咨询委员会”模式下，管理层只是听取建议，真正发号施令的是首席执行官。私营企业倾向于选择咨询委员会，尤其是在首席执行官有强烈控制欲的时候。这样做的优点是：可以不必支付“官员和董事险”，寻找咨询性委员会的会员不是那么难，没有接受他们建议的强制要求。理事委员会则在具有多个投资方，且没有一方具有绝对控股权的企业采取得比较多。它是像我们这样的企业家和管理团队之间保持彼此制衡的最好方式。

多样性。一个委员会通常具有 5 ~ 9 位成员。从企业内部与外部选择才干各不相同的人。金融、市场、运营等各方面人才的相互补充会比较好的。很大一部分委员会为已退休的贤人保留席位。当然，智慧确实可以发挥一定的作用，但是依靠行业性的与时俱进的知识会更具有价值。最好的管理者是经过企业成长、树立品牌、退出公司的重重考验的。他们已经以更大的规模做过你想做的事情。然而，他们仍然与日常的经营管理保持着联系。

选择坦白正直的人。委员会（除了爱人和孩子）是避免你自欺欺人的最后防线。这就意味着委员会成员说出他们真正所想的。避免喜欢玩弄政治和试图向管理层拍马屁的类型。他们会毁了你，在我参加一个加工企业的董事会的时候，我吃惊地发现很多关键的操作方法——组织结构图、预算报表、财务报表审核组织、问责时限——或者没有，或者未经审查就批准。当我指出的时候，一位董事会的老前辈表示反对并指责我不尊重管理者，在他大声指责的时候，公司主席插话道：“汤姆是百分之百正确的。”他说：“没有激进的想法，这些想法需要被执行，我们也将这么做。”领导人雇用“好好先生”无异于在自己的船体上凿洞。

拟定协议。私有企业的董事会需要讲清楚他们怎么开展工作，以避免冲突。接下来每人都不该妨碍别人。一个由外部董事会成员组成的审计委员会应该审核财务报表并直接与公司外部的会计师打交道，与至少由两名外部董事会成员——首席执行官，如果他是绝对控股人，构成的委员会决定管理层薪资水平。每个委员会选出一名主席，向理事会而不是首席执行官汇报工作。确保每个委员会的协议和责任都被清晰定义了。同时，将董事会原则转化成简单的规程，用以描述战略实施，高管评估和公司表现密切关注。运作最好的董事会提升的不仅是他们自己的表现，还有下属委员会及个别董事的表现。

公布制度。为了保持公开透明，好的董事会将他们的规章制度发布在公司网站上（标准因上市公司和私营公司而不同）。他们可能包括董事会与管理层的关系，股票持有人如何进入董事会，为什么董事会有或没有将主席和首席执行官的职责分开。

让董事会成为规划伙伴。我们期望他们进行战略上的思考，但是一些公司在进行战略规划这一马拉松赛跑的时候却将董事会成员搁到一边。战略规划不是一项旁观式的运动。把董事会成员拉下场，请他们帮忙鉴定公司的 SWOT（竞争优势，竞争劣势、机会和威胁）。或者，自始至终邀请他们参与每个计划会议，至少，请他们参加最终论证环节——并且授权他们跟踪和分析结果。

让假话成真。过去董事会成员只关注战略计划、财务健全，并挑选执行官。那是 20 世纪的做法。现在董事会制定道德标准，并帮助将他们融入企业文化。这需要理顺每个人的价值观——董事会的、个别董事会成员和组织者的。

管理董事会。像每一个组织一样，董事会具有它的议程、主旨、弱势和矛盾。留心董事会的需求和个性。好的企业家会带动董事会起作用，而非操纵董事会。让董事会扎根在你心里。时不时地与他们见见面，喝喝咖啡。除了增进交往你还可以学到很多。与电子简报成员经常性地分享信息。征求意见，而不是寻求同意或批准，但是要保持联系并确保每一个人都是同步的。

会　议

开始传播消息。通过数字化手段，向董事会成员发放材料（议程、财务信息、会计纪要、事件的最新情况和外部关系），也可以在董事会议的前 3 天发放复印材料。发早了，信息变得不够新，发晚了，成员们失去了宝贵的准备时间，每个人都应了解开会前的最新情况。

平衡说明与提问的时间比例。这样的会议分成两部分：管理者（通常是首席执行官、CFO 和业务副总裁）呈现关于议事内容的资讯，然后董事会成员提出反馈意见并提供建议，他们正是靠此挣得薪金的。我见过太多的管理者占用 2/3 还多的会议时间提供信息，只留下不到 1/3 的时间来征求意见。这种时间安排是不可取的。许多人错误地认为寻求帮助是一种软弱的表现。他们将董事会议简单地看成了一个可以在上面展示他们团队功劳的舞台。

带领员工。前进中的公司在早期经常喜欢吹嘘自己的员工。在低谷的时候，财务如魔法般地滑落到了日常工作的最后一项。为了避免挫折，还是早些讨论财务问题吧。它会让你时刻保持警醒，议程也会更加清楚和实际，并且在每个人还清醒的时候就把严峻、隐蔽的问题揭示出来。

好的董事会是行走在教练与质疑之间的钢丝绳上。好的董事会在会议期间横跨两个阵营——股东（董事会所代表的）和管理者（代表员工的利益）。好的董事会在战略计划上向管理团队提出建议并拷问他们以确保战略是可靠的，它代表每个人的最大利益并具有很好的可操作性。

运营公司的不是董事会，而是管理者。经验丰富的管理者在会议上需要空间。这也是好的董事会成员不越权的原因，他们一般都会问一些显而易见的问题。但是如果执行官不诚实或极力否认的话——就会直接影响到每个人的最大利益，要坚决予以抵制。好的董事会能够也应该通过问一些简单的问题，与行业基础和承诺时限相对比，公司是否达到了它的目标并运作良好？如果是，董事会会盯紧战略；如果不是，则需要面对的是对其运营能力的质疑。

保留一份“行动项目”表。在对财务问题进行研讨之后，审查上次会议中产生的执行、管理层次的问题，什么事该做的？谁来做？什么时候完成？随着会议的进展，更新“行动项目”表。如果不这样，很多关键的事情都可能会被忘记或忽略掉。

确保简短。非开不可的最长的会议不应超过4小时。再长，就不是董事会议，而变成没有重点的陷于危急中的公司会议了。公司的马拉松会议会导致机能障碍，顾问们建议说，即使丰盛的大餐当前，人们也会焦躁不安的。不要浪费董事们的时间，做好精心准备，严格制定议程并限制讨论问题的数量，确保会议的有效推进。最好是派一个人关注一下时间。

精彩回放

开　店

> **把事情考虑清楚。**辞职之前，认真考虑创业对你的家庭和财务会产生哪些影响。做好与恐惧和被拒绝长期为伴的心理准备。调研租赁合同中可以有哪些选项，选对合伙人，给你的资产上保险。

> **充分调研。**市场调研是必需的。你怎么知道如何定位你的产品或服务？听一听竞争对手的建议（不在同一市场半径内），顾客消费心理调查、参加展览，向业内专家请教，获取金钱可以买到的最好的开卷收据。

> **令人鼓舞的商业计划。**它既是成功的路线图，又是说服出借人和投资方的重要文本。撰写商业计划是一项非常有价值的工作。它

强制你去面对前进障碍、评估资产风险、提高战略水平、分析竞争对手并计算成本。

- **凑齐启动资金**。没有足够的钱开工资？先向你的家人朋友借钱，别忘了打借条或签协议。需要更多的现金？银行和小型企业管理局是你接下来最好的选择。只有在你愿意放弃部分股权的时候再去和天使投资人和风险投资家接近。
- **让公司为人所知**。开一家顾客愿意光顾的公司，差异性是关键，在价格、质量、服务三位一体中寻求最佳定位。确定好的公司名称和标语。签订租约之前，一定要记住重要的不是你付了多少钱，而是通过付钱可以获得多少净收益。
- **法律上保护你自己**。选择经营实体的合适的类型。雇用一位高级律师。签合同前弄清每一个词的含义。采取措施保护你的知识资本。防范员工的背叛和诬告。将每一个最新的所有权协议写在纸上。
- **建立强大的董事会**。与洞察力强、经验丰富的外部人士建立合作关系，能够以合理的费用分享他们和专家的意见，要挑选既能互补又能给出坦率的反馈意见的人，董事会的每位成员应是不落伍紧跟趋势的。

第二部分

明确使命、愿景和价值观

得到管理团队发自内心的认可

想象一位将军在一场具有决定意义的战斗打响的前夜正在向他整装待发的士兵们发表演讲的场景。他恳求他们为了大家的荣誉和每个他们热爱的人英勇奋战，他强调他们爱着的人们的安全取决于他们在午夜的战斗打得多么勇猛。然后将军跨步来到第二支部队的士兵面前，命令他们要么战胜敌人，要么战死沙场。这些士兵将为他赢来那闪耀的第五颗星和丰厚的养老金。可以肯定的是，第一支部队将以钢铁般的意志奋勇杀敌并最终取得战斗的胜利；然而，第二支部队宁可投降也不愿把领导那自私的目的放在个人之上。

陆战队或海军的“或者战斗或者牺牲”的精神是企业家们必须灌输给他手下的理念的实质。这个目标只有在下面3个关键问题的答案得到清晰地表达、技巧性地推广和持续性地巩固之后才能实现。

1．**公司为什么要存在？**

2．**公司的目标在哪里？**

3．**要想达到目标，公司需要做什么？**

答案必须明确——描述公司的使命、愿景和经营价值观——通过企业文化让人们确信。“确信”是关键词。如果一个公司的使命、愿景和价值观没有得到你和你的管理团队发自内心的认可的话，那它们只不过是纸上的文字罢了。但是，一旦人们确实信服了，集体的力量是庞大的，整个团队也将生机勃勃，而且这种氛围会感染其他人。确定好公司的使命、愿景和经营价值观无疑会为你的公司打下坚实的基础。

公司使命陈述。确实，它是商业常识——大多数公司都应具备的东西。但是它起作用了吗？在一套凭感觉的装备里，它只是堆砌在一起，一个一般的乏味的替代品，缺乏激励性的营养。或者，花了大量的时间弄出来的仅是记不住的复杂的文字。即便公司使命陈述清除了这些障碍，它还是没能与企业文化融合起来。看一看你的公司使命，它是不是被人们记住了？或者，只是偶尔被提出来，像是“当时他们在想什么”似的新婚礼物，当亲家来访的时候拿出来亮个相而已。

公司使命陈述根本上是不能变的。把它刻在花岗岩上并在玻璃窗中展示出来。市场力量、企业战略和高级管理时刻在转变，但是一个好公司的核心使命是不会受这些事件影响的。尽管历经繁荣与萧条，3M公司的使命一直是“创造性地解决没有解决的问题”。即使当激烈的竞争影响了索尼公司的市场营销策略，它的使命始终是“让大众体验使用先进技术的乐趣”。这些使命并不提及企业利益或古董价值，它们也不是诗歌。它们让员工可以投身热爱的工作并在世界上创造不同。

现在想象你刚刚收到《商业周刊》试印本。这里强调的词是“预先”——出版日期是10年之后。封面故事介绍的是你公司的特色。在你翻看杂志之前，停顿一会儿。你希望那篇文章如何介绍你的公司——公司照片、企业文化、企业价值，还是取得的成就。

你现在可以做些什么来将那些想象中的头条文章放入剪贴簿？现在董事会的每位成员都在使命的列车上，你怎么做才能确保这列火车不脱离轨道、不自鸣得意、不混乱？当他们深处蒸汽压中的时候如何面对？快速吸引双V——使命（vision）和价值观（value）。不像你自己的使命，其陈述的是你的目标，公司使命主要说明的是公司前进的方向，经营价值观要讲清楚的是为了履行公司的使命并使员工实现他们的愿望，你和你的员工必须具有的理念。大家是否是各在其位却不使劲探出水面呢？我们要让每个员工都抓到浪花再让他们开始滑行。

CHAPTER 8

第8章 精心雕琢的使命

是校正员工行为的北斗星

“帮助人们重塑美好人生。”

这是位于明尼苏达州阿波利斯市的美敦力公司的由6部分、171个字组成的使命的精华。它也是安在成为一家著名医药科技公司沟通专员前的8次面试中都会听到的一句话。这是一种品质的测验，如果美敦力公司的使命不能引起共鸣，人力资源经理告诉她，她会去其他的地方找工作。安笑着点了点头。它是一个容易被记住的声音提醒。她认为这样做具有和日常职责便签一样大的影响力。

她想错了。安很快发现这么简短的一句话是美敦力公司身体里跳动的心脏。“我没有意识到，”她说，“使命的光芒是如此明亮地照在每日的沟通工作上，实际上我们已在相当程度上远离了直接的病人护理。”使命是一贯的——几乎是虔诚地——在每项会议和备忘录中引用。它报告了各层次的每一项决定。它甚至渗透到一年一度节日聚会的始终。在节日聚会上，6个真诚善良的病人分享他们关于心脏病、希望和康复的故事，房间里的每个人都热泪盈眶。调查表明，美敦力公司26000名员工中每一位都知道公司使命并懂得如何将其运用到自己的工作中。他们因为知道自己的工作给很多人的生活带来了很大的改观而深受鼓舞。这也是美敦力公司总能荣登《财富》杂志中“100家最适合工作的企业”排行榜的原因。

在驰加，我们将“充满关怀的、将世界级的服务带给我们的顾客、社区及大众”作为公司的指导原则。崇高的目标对于吸引高水平员工是至关重要的。多数人认为在轮胎企业上班不好。这个行业常被认为是脏乱、不专业的，有时甚至是不诚实的行业。那么人们为什么还来为我们工作呢？不是为了销售轮胎，而是为了提高顾客、员工和整个世界的生活质量。是人，而不是轮胎，让这个世界运转。

我是公司使命陈述的活体广告牌。我们的创始合伙人，丹·古利特，和我花时间租了一辆四座小客车走遍了美国北达科他州的4个商店。随行的还有一位立契约者和一位房地产经纪人，我们到了法戈（美国北达科他州东南部城市）并租了一辆车，“当我们驶进我们商场停车场的时候，”丹回忆道，“车还没停稳，汤姆就跳下了车，跑过去和两个人交谈了起来。剩下我们3个呆呆地看着。”

我看到从商店里走出来一对夫妇，从他们的表情上可以看出他们并不高兴。我问是否有什么问题。这本不该存在的，因为我公司使命里有一大块内容就是要求员工能够解除顾客的抱怨。在弄清楚他们为什么感到沮丧后，我请他们回到店里，解决了问题，他们也成了开心的顾客。

“对于一个处在汤姆这样职位的人来说，车停好前都留在车里是件很平常的事情。”丹指出，“但是等到我们从容下车，然后走进商店，那些人肯定已经开车走了。所以汤姆快步上前介绍他自己并把问题处理好了。我相信他给那个商店的全体员工留下了深刻的印象，更不用说那两位顾客了。”

我们公司谨守的诫条——关怀——像是一颗全球定位卫星帮助我们的员工在日常决策那波涛汹涌的水面航行。更重要的是它帮助管理者识别并利用“可辅导的时刻”——当员工的行为与使命冲突时，例如，我们的随访制度要求我们在向顾客提供报价单后的48小时内与其取得联系。在一次去明尼苏达州阿波利斯市郊区商店进行常规制度检查时，我核查了电话记录发现一个组员正在跳过随访电话。原来他没有经过培训，所以不知道该怎么做。于是，我们花了一些时间教他如何做。

我旁听了他打的回访电话。那位女士告诉他，她已经决定从费尔斯通公司（美国一家著名的橡胶轮胎公司）买一个新的轮胎。“噢，那太糟了。”他说，“你真的错过了好的轮胎。”他挂断电话后，我对他说：“你告诉她，她刚做了一个错误的决定。你知道她们听了这句话的感受吗？你还记得我们公司的使命吗？”他低声说：“为我们的客人提供关怀的、世界级的服务！”我接着问他刚才那个电话是否与我们的使命相符，他承认那不是。“如果有人告诉我们他们的需要是被关怀，”我说，“我们的回答应该是，我很高兴您得到了自己所需要的。您的车现在更安全也将更好操控了，这是最重要的。下次如果您有需要的话，我很乐意再次为您服务。”我强调今天疏远一位潜在的顾客意味着将未来的销售之门“砰”地关上了。但是，这还不是为什么人们应该受到尊敬的原因。当你真诚地关心别人的幸福的时候，你的好意会惠及每一个人。

我们非常在乎使命的完整性，就像警醒地对待“内部顾客”一样。如果一位员工粗鲁地对待他的同事，我会施以严格的管理。我希望大家都能立刻纠正自己的行为。“如果别人那样对待你，你会有什么感觉？你会作何反应？”我会提醒做错事的人牢记我们的使命，要求公司里的每个人提供关切的服务，同时也要运用于彼此。

强调员工的礼仪不仅是需要做正确的事，同时也是实用的。根据南加州大学马歇尔商学院的调研，个人资产前1000位的CEO平均花费他们13%的时间用于调解员工矛盾。计算一下，每年要浪费7周的时间，这是因忽视了规范行为所付出的高昂代价。

重组使命

重组使命可以激出火花从而燃起整个团队的斗志。在下一次经营管理团队会议上，问一下是否有人记得公司的使命。如果有人不记得，那意味着激发分数为零分。

那就是到该升级的时候了。首先，召集一次头脑风暴会议，放下自尊。领导者应具有公司目标的本能意识。（提示：一位管理顾问可以使过程更流畅，如果其焦点定格在促进上，不管怎样，关于目标这个问题还是一位内部人士的观点。）怎么开始呢？从描述你所能提供的开始，问："为什么那是重要的？"让大家找出答案，反复地问问题，"那样做如何可以帮助顾客？"深入下去，直至你最终冲破了逻辑的束缚到了人们的心里。经过五六次的重复——整件事可以划分为两三个环节——你就能更加明白自己经商的本质原因了。

精雕细刻。现在是打磨的时间。创造机会让每位员工都参与进来。通过将使命草稿公布到任何人都会看到的地方——电梯、浴室、装有薪水的信封；以便擅长文字的人和深邃的思考者能将其进行提炼。广泛地发邮件，召开公司范围的会议，告诉人们如何归纳他们的想法，让每个人都融入进来——并让他们相信所有的建议都会被重视——建立信任和团队合作。在你知道之前，一个经过良好打磨的公司使命陈述将会悬挂在每个人的办公室。

播撒种子

作为一名首席执行官，你的职责是支撑、拥护公司的使命直到它像北斗星一样指引着团队的每一个成员。一位领导通过不断地塑造使命陈述赋予它生命。直到它演变为一种力量，用以规范员工的行为，就像撒播希望种子的约翰尼，只有通过语言播撒才能在人的大脑、心里和灵魂扎根。

到处彰显使命——目标研讨班、员工守则、纪念品、促销单、员工会议、工作测评、一对一的辅导、特定职责、典礼。

为了提升使命的熟知度，应该：

- 在一对一的辅导和群体会议上把它当做石蕊化学测试；这与我们的使命是相同的吗？
- 让人们记住，在小组会议上，随机地叫某人回答，正确的话以一个象征性的礼物做奖励。
- 每年召开一次小组会议，让人都知道公司的使命并清楚它该如何落实到日常工作中。
- 进行笔试，题目可以是“我们的使命是如何帮助我们做出重要决定的？”或者“我们的使命是如何激发我们做到最好的？”或者可以直接是“我们的使命对我们意味着什么？”将大家的感受公布在企业内部网或者公示栏上，并奖励每一个参与的人。
- 在公司的时事通信上开设一个“谈使命”的专栏，正式地介绍通过言语和行动体现公司使命的员工。在小一点的商店，没什么技术含量的公告栏发挥的作用像高速电子邮件一样好。
- 设置一个意见箱，以收集如何可以让公司贯彻其使命的建议。
- 鼓励员工指出他们看到的有损公司使命的现象。确保多样的汇报渠道畅通有效。花在这上面的精力会直接或者间接地蔓延到你的整个企业。

CHAPTER 9

第9章 勇敢又现实的愿景陈述

写在纸上的一系列梦想

将愿景描绘看做是写在纸上的一系列梦想。它是能够激发人们为了到达天堂而努力的流星的集合。我不光与信赖的员工分享我们的愿景，在每个季度的小组例会上，我都会反复强调。我从没放弃过一次宣传的机会。当员工为已经取得的成绩感到兴奋的时候，他们会更努力地工作。重要的是，当他们理解了我们实现的成就会怎样影响到他们个人的时候，他们会更拼命。当我选出他们中的一个并说出以下的话的时候，我在他们眼中看到了光芒。“乔，10年之后你多大岁数？ 40？如果我们的公司连续10年年增长15%的愿望能够成为现实，那我们的表现会给你的工资带来怎样的变化？在一个拥有几亿资产的公司工作，你看到了属于自己的什么样的机会？有你的帮助，有这个房间里每个人的帮助，我们可以梦想成真。”

人们渴望清晰地了解做事的目的（使命）。但是他们也喜欢身处一个获胜的团队（愿景）。通过描述理想的、也是可以实现的目标向他们展示实现的路径。帮助他们跃入公司愿景的“高压电流中”。下面是驰加公司与我们相伴的6个部分的愿景陈述。

1. 以17亿美元的年收入成为国家选手，在2010年拥有1100家分店。
2. 成为美国卓越的轮胎公司。
3. 在我们服务的每个市场，成为拥有第一或第二市场份额的领导者，同时通过我们的努力获得公认的回报。
4. 服务到位，以至于99%的顾客会向家人或朋友推荐我们。
5. 提升大企业长处的同时保持小企业的灵活。
6. 提供育人并健康的环境，成为美国人最愿意去工作的公司。

不像使命陈述，愿景陈述可以不断完善。在每年临近结束的时候，鉴于不可预知的事件，决定你的目标是否需要调整。但是不要因期望偏低而使它变得灰暗，除非你有强有力的理由。

需要更新你的愿景陈述吗？遵循重组使命的步骤（第8章）要注意两点差别：

“勇敢”和“无畏”是有效的词汇。像肯尼迪总统在1961年向国会发表的演说：“我相信我们的国家会为实现这个目标而更加投入，在10年内，搭载一个人到月球上，并将他安全地送回地面。”

展望7～10年。凝视那么远需要梦想家式的思考和以超越当前能力的眼光看待市场环境的意志。

CHAPTER 10

第10章 清晰明确的核心价值观

品质和更大利润之间的平衡

如果一位科学家提取你公司的DNA，然后将它放到显微镜下观察，他所看到的将是你们的经营价值观。这是企业的文化支柱，是所有员工期待的宝贵的品质和行动。愿景描述向员工展示的是你想往哪里去，经营价值观说明的则是实现愿景需要怎么做。

核心价值观应深入到企业文化中，确保无论是市场风波、技术破坏和经济状况都不能动摇它们。如果你能想出可以迫使其中的一条从核心价值观条目中删去的情形，那说明它们并不是核心价值观且不应该被列为核心价值观。像你的使命陈述一样，这些价值观必须被管理层倡导并塑造。否则，员工们会对“我们重视的价值观”活动不屑一顾，仅当做一次自发的梦游。

提升价值可以帮助企业避免雇用和庇护并不符合标准的人。例如，如果你天才的侦查员寻求新员工的标准是关注细节、世界级的服务技巧和创新思维，一位懒惰的英国国教徒是不大可能被放进来的。那些溜进来的人用不了多久要么被赶出去，要么接受经营价值观的改造。

驰加完美的员工具备6种素质。斯科特·迈克菲，我们的零售业务副经理，创造了COPPSS这样的字母缩略词以帮助记忆：C——关切

（Caring），O——乐观（Optimistic），P——热情（Passionate），P——持久（Persistent），S——制度（Systens-disciplined）和S——精神饱满（Spirit-filled）。我们尽其所能的抢夺具有这6种素质的员工。

关切。这24年的工作经验告诉我世上存在两类员工——在人群中畏缩的员工与在人群中活跃的员工。其特性刚开始可能难以辨别。应聘客户服务工作的人十有八九会告诉你："我喜欢和他人一起工作！"但是工作6个月后，那些先前声称自己是"善于与别人打交道"的人开始抱怨："这些人要把我逼疯了！"我们仔细搜寻那些乐于让别人心情舒畅的人。每个企业，不管他提供的是什么，其实都是在做帮助别人的事。每一位员工，不管他是多么地远离顾客或同事，都有助于提高企业的CQ（caring quotient，关怀系数）。CQ越多，工作环境越和谐。那也意味着它是一个更高兴、更有建设性的蜂巢，工作压力和迷失自我是将我们本性中美好的东西推开的两个方面。几年前，在从明尼苏达州阿波利斯市飞往圣地亚哥的飞机上，我缩着身子，在膝盖上用电脑。试图在不那么理想的条件下敲定最后期限，结果坐在我前面的白痴将她的座位后背整个压向了我这边，这个讨厌的家伙占用了原本6英尺长2英尺宽的间距，我用伸直膝盖，几乎伸到她的座位里，来表达我的不满。45分钟过后，在我前面的抱着一大把玫瑰花的女士推着轮椅进了休息室。这令我大吃一惊，我曾用猛伸膝盖的动作向那位女士表达了我的挑剔。

直到今天我还能想起那位女士在我做那些小动作时的反应。这件事提醒我要领会别人的仁慈。

乐观。我曾亲眼目睹了一个态度极坏的员工潜移默化地影响了她的同事，直到黑云笼罩了整个部门。埋怨一起工作的人更不好，它会在你的商店里播撒异议和质疑。一旦你的员工陷了进去，他们要花更多的精力去调整自己的负面情绪。

我曾经在一次经营计划总结会上备受煎熬，丹，我们的一位区域经理，曾经单方面地破坏我们的规则（公式）——花10%的精力分析计划实施中的阻碍，花 90% 的精力分析如何克服。他的陈述成了他为什么没有完成利润目标的借口。一般情况下，我会对表现不好的员工比较客气，尤其是当着其他同事的面。但是丹实在耗光了我的耐心，我直截了当地问他，为什么没有早告诉我们这些问题，如果早说的话，问题现在可能都已经解决了。他却含糊地说没有能够引起大家的注意。显然，他还没弄清问题所在。几个月后，我们不得不将他解雇了。是我们没有同情心吗？不切除像癌细胞一样的态度，将是对整个团队的不负责任。

这种态度听上去是不是很耳熟？玻璃杯不仅仅空了一半，它的中部还被破坏了，并被唇膏弄脏了。对吗？希望你能够说服你的人用更令人愉快和建设性的眼光去看待世界。这并不容易，那是肯定的，尤其是如果他们从小就面对竞争的话。但是帮助一些人改变他们的思维模式，你会改变他们的生命。

介于无法想象的积极和世界末日般的态度之间的健康的中间地带我称为真正的乐观。它欢迎经过思考的异议、激发战胜困难的信心和像机会一样重新设置的路障。例如：是的，登录这个账户是个挑战，但是如果我们研究竞争对手的产品，并让苏来处理此事，我们能做到。正如安慰剂可以起作用一样，乐观的态度可以带来理想的结局，人们会登上最高的档案柜以帮助意气风发的同事取得成功，这是办公室的基本法则。阿特·林克莱特将它进行了完美的总结：人们用最好的方法使事情朝最好的方向发展，就会有最好的结果。

乐观的态度洋溢在平常的电话接听中："这是驰加美好的一天。我是汤姆，有什么可以帮助您吗？"我第一次做出这种打招呼方式提议的时候，你应该听听当时的反应，周围一片抵触。但在我的坚持下，很快这变成了一种习惯，最终，很多世界财富 500 强企业欣赏起我们这种打招呼的方式。实在是太棒了！世界所有能够获得的乐观态度。

热情。向同事兜售一种新思想就像美国地方检察官试图说服陪审团将一个坏家伙逮捕起来一样：确认等同于成功。更加精确地说，成功取决于你确信的热情，以它最纯粹的形式。热情是意图和目标的可燃混合物，一支充满激情的球队更容易获得热情的接待。但是你要自省，不要让自己成为火山。安静、有节制的热情同样可以发挥影响力。此外，爆发过于频繁会引起人们的反感，人们更乐于帮助那些在叫喊中保持镇静和平衡的人。

> 热情不足也会成为交易的破坏者，不管你是在介绍一个新的创新成果、培训一名员工或同一位顾客道歉，语气和身体语言比话语本身所能发挥的作用还要大。当言语和非言语的提示都不管用的时候，BS探测仪变得不稳定。在虚情假意四处蔓延的今天，如果人们认为你的热情并不真诚，他们会本能地对你进行防备，当然，对此你也不必太过惊讶。

坚持。我们的前三家商店是由销售汽油的小服务站改造的。当时处于20世纪70年代末期，能源危机还在继续，汽油的配置非常不足，我勉强支付着员工们的工资。于是，我给联邦政府写了一封申诉信以得到多一些的汽油。在遭到拒绝后，我给位于芝加哥的美国中西部能源部门办公室打了电话，请求与主管雷·费恩会面。我被明确告知费恩先生没空。于是，我搭上了飞往芝加哥的飞机，试图与他的接待员说一番好话，让他放我进去。结果我还是被拒绝了。怎么办？我曾经看过他的照片，知道他长什么样。我停了下来，在会客室门口等待着，几个小时后，他出现了，从我身边走过径直往洗手间去了。黄金时机！我紧随其后，悄悄贴近费恩先生，为我的打扰道歉后开始切入正题，他不信任地瞟了我一眼，然后一边笑着一边拉上拉链说："好吧，小伙子，来我办公室。"我去了。他听我说明了情况后提高了配额。我的公司就是在它最初最黑暗的日子里这样挺过来的。

缺乏毅力往往会使最有天赋的专业人员偏离轨道。墨菲法则——所有出错的事情终将出错——是永远不能被废止的。但是那并不意味着你不能克服或避开墨菲式的把戏。当员工被困难挡回来的时候，教育并激发他们寻找其他的路径，提醒他们墨菲法则的推论时所有值得做的事情都会比你预期的费时费力。卡尔文·柯立芝（前美国总统）的“坚持法则”或许已经过时，但自从我开业便将其一直贴在墙上：

> 世界上没有任何东西可以取代坚持。才干不可以，没有比拥有才干却并未取得成功的人更常见的了。天才不可以，没有回报的天才就是蠢材。教育不可以，这个世界充满了受过教育还被社会抛弃的人，只有坚持和决心是无所不能的。
>
> 我曾看到太多人在被一两个路障绊倒后一瘸一拐地走开了。他们很少知道成功其实就在转弯处。

制度严明。在我年轻和非常自我的日子里，我经常挑战权威——专业的和个人的——喜爱每一个可以打败制度的机会，日后感觉这很羞耻。现在明白遵守游戏规则、制造更少的混乱，其实是给予他人更多的尊敬。

> 忽视一个小的步骤会带来巨大的损失，这一点我喜欢在店长会议上戏剧性地表现出来。我会站在房间的前面，问应如何对待一个潜在客户打来的电话。我会说：“在他们打电话过来的时候，如果我们不想做应该做的事，你可以这样。”然后，我从钱包中拿出一张100美元的钞票慢慢地把它撕成两半。“汤姆要指出的是，”戴夫，他的库思拉匹兹、明尼苏达州的商店总是表现得很出色，说道，“有预期的电话打进来，但是你没有运用脚本去答复他们的要求，你会失去一个帮助客户的机会，这基本上等同于将100美元扔出窗外。因为那是单次销售利润的平均数，那个场景真的给我留下了深刻的印象。”

这是否意味着每条规定都要奴隶般地去服从呢？当然不是。在紧急情况下咆哮着冲过红绿灯可能是必要的。只是要看好后视镜，确保汽车扬起的灰尘没有导致保险杠受损或发出连环相撞的事件（更多制度参见第 23 ～ 27 章）。

精神饱满。1998 年，在一次去巴黎的商务之旅上，我荣幸地见到了弗朗西斯·米其林。当时他 73 岁，正带领以他的名字命名的公司前进。他的活力给我留下了深刻的印象。我问他是怎么保持那么好的状态的。他告诉我："精神。"法语"轮胎"翻译成希腊语的时候，含义就是"精神"。空气之于轮胎就像精神之与身体。他还给了我一个大大的拥抱以强调这个观点。哇！我想我从未意识到自己处在一个如此精神饱满的企业里。

"精神饱满"唤起这样一个画面：在一个超自然的服务站为你的坦克充满气。我相信精神是让我们成为人的与生俱来的一部分——释放出来而不是创造出来的事物。精神体现在寻找人生意义和目标的过程中，它意味着拥有勇气去坚持你崇尚的价值观并表现真实，当你与精神相连的时候，你会在不知不觉中塑造一种更好的生活和工作方式。

这个智慧隐藏在"愿力量与你同在"这句话中。在《星球大战》里，欧比王·肯诺比送给库克的祝福。随你怎么称呼它——精神、老天、力量。带着为这个世界做些什么的纯洁目的，让你自己与它结盟，你会从吸收的阴影中走到无私奉献的阳光下。大门会打开，阻碍会消失，人们会出现——意义深远的巧合推着你靠近自己的目标。

与精神相连是一种原始的需要。神话学者约瑟夫·坎贝尔将我们与生俱来的需求讲作"感受活着的欣喜"。我感觉活着的幸福感越强烈，我越远离精神镇定剂——非健康的食品、酒、不锻炼、否定、内疚、无端发火。俄罗斯哲学家 P·D·邬斯宾斯基解释道：我们中的大多数在昏昏欲睡中生活，这样会让我们远离精神。如果听着耳熟，按掉闹钟，是时候该醒来了。

CHAPTER 11

第 11 章
超越个人利益的社会责任

诚信的商业行为会提升收益

好的领导像鹰一样注视着公司做出的大大小小的决定是否存在有悖于履行公司使命、实现公司愿景、体现公司核心价值观，这可能听起来有些像乌托邦式商学院的教条主义。2001 年，商业伦理文化中心（揭发：我是其中的一名董事会成员）关于“伦理优势——为什么诚信领导的企业是好的企业”的研究结果指出，在诚信领导和更高收益之间存在着直接的联系。当然，诚信领导没法为商业模式或商业战略存在严重问题的企业提供保护。但是基本的伦理组织通过提升如下 4 个方面的品质是可以获得优势的。

平衡相关者的利益。环顾四周，你不是在真空中经营。你的公司需要适应更大的团体。同事之间的关系，企业与顾客、与商业伙伴的关系等各种关系相互缠绕。融入社会环境能够带来更好的财务表现。一个企业表彰了一名员工，该员工反过头来又提供了更好的服务，带动了大环境的良性循环。顾客非常满意你的服务，于是，他们成了你的“口碑营销人”，引导镇上的其他人来光顾你的生意。

正直。从一开始，驰加公司的企业门店就是迎合高层次消费者的，商店里提供卡布奇诺咖啡，墙上挂着艺术作品，可以观看电视和电影，为孩子们准备了玩具，干净的地面可以供他们在上面玩耍（我提到的这些都是在轮胎商店里吗）。企业被装饰得似乎不够专业，于是我想为驰加公司留一个空间，专门展示清晰、专业的影像。一些团队成员觉得我们做得有些过火。一份内部调查显示有60%的销售员工讨厌穿白衬衫、打领带。在一次管理会议上，大家投票决定这件事，我投了赞成票，其他人都投了反对票，我否决了团队决议，这是为数不多的我否决其他人的事情中的一件。

这样的冲突必然会带来反作用力，但是意气风发的企业家们会甩开现实的牢骚，他们要为目的服务，而不是讨好人群，相比较谁是对的他们更关心什么是对的，站在所有利益相关者的角度上做出大体上最有利于他们的决定。利益是值得花费短期的代价的，通过西点军校的“下等人的祷告”来设定伦理的基调。

> 让我们选择比较困难的、对的事情，而不是相对容易的、错误的事情，当全部真理可以获得的时候永远不要满足于一半真理。

流程完整。它或者称为制度完整。流程完整是一个公司的伦理观如何深入地扎根于它的核心过程的反映。每一项标准都应该是同等严格的。人们，同步骤一样，都是要对结果负责的。在这样的环境中，员工感到自由，也可能是，被迫报告个人和组织的违规行动。他们会有所顾虑，甚至要付出利益的代价。

> 这是引导瑞尔精密制造公司的原则，该公司已成立37年，生产诸如离合器和铰链这样的机电组件。2001年，由于担心经济衰退会影响订单和收益，瑞尔的管理层要求对员工进行临时性的减薪以避免裁员，员工坦然地接受了这项提议，因为许多行政人员已经提前减了16%的个人薪金。瑞尔节约了50万美元，留下了几十个职位。
>
> 对于位于明尼苏达州的公司，瓦德纳斯·海茨被授予了“2002年度明尼苏达州商业道德奖”。瑞尔的制度完整是通过它的教导、协助、信

任，管理模式得到了加强——与之对应的是命令、指挥、控制，其结果通过流水线体现出来了。员工通常没有那些特殊技能，但是他们学会了流水线上的每个工作环节，从时间安排、装配到质量检测和故障分析。只有在生产线上的员工完工之后才会交货——没有后期检测（除了定期检查）。

瑞尔公司管理层和员工间的友好推动了公司的良性循环。"返工率"几乎为零，瑞尔公司的共同创办人鲍勃·瓦尔特说："最重要的原因是丰富生产作业对员工是很有利的——他们更高兴也更满足。但是从公司的立场看，鼓励教育员工在他们的工作中提高工作能力，并为之感到骄傲，将带来更好的产品。"瑞尔对员工和流程的信任带来了产品质量上的最佳成就。每年瑞尔发往施乐（美国办公设备制造公司）的近 50 万个商品，在 4 年周期内没有一个被退回过。

讽刺的是，危机时期公司的道德优势就会被放大。当每一个人——员工、顾客、商业伙伴——绝对地相信这家公司，他们更乐于在公司经受风暴的时候鼎力相助。瑞尔临时性减薪 6 个月后，公司恢复原来的薪金并开始赢利。

环境管理。保护自然环境是企业的伦理责任。每一家驰加商店都重复利用纸张和塑料。在我们的液压电梯里，在任何可能的情况下，我们都选用可生物降解的植物油来取代石油炼制油。废旧轮胎切成冰球直径长短的条，然后在环境保护局认可的设施里用作燃料焚烧。我们甚至和美国运输队一起制定指导方针，向司机说明如何驾驶更有利于保护环境。

为什么总是小题大做？因为保护地球环境是件好事。烟雾笼罩的国家，在汽车带来了大量环境污染后，正在加紧学习，这是一个教训。加利福尼亚州地方长官阿诺·施瓦辛格推举我的朋友特里·塔米宁，与我同为国际节水联盟的董事会成员担任内阁秘书的职务。"位于资产负债表底部的数据会随着清新的空气、清洁的水资源和我们留给孩子们的美好环境平衡表呈现正增长态势。"担任加利福尼亚州环境保护署秘书的特里说，“例如，安装节能灯和电力设备所需花费的钱18个月后就可以靠自身省下来，并且可以减少矿物燃料的使用需求。你所做出的商业决定有多少是既有利于心灵又有利于经济利益呢？”

为了引导环境的可持续发展，应通过如下考核：

- 可持续发展联盟（www.allianceforsustainability.net）；
- 落基山研究所（www.rmi.org）；
- 企业社会责任委员会（www.bsr.org）；
- 当地生活经济发展企业联盟（www.ballenetwork.org）；
- 可持续发展企业网（www.sustainablebusiness.com）。

介意加固你公司的伦理基础设施吗？第一步：用CEBC完整性检测程序（SM）评估组织氛围，该程序由伦理商务文化中心和刚茨威利公司创建。它提供可靠、公正的反馈以帮助你提高原则上的实践水平。

没有捷径

不道德的行为对于美国公司和美国小企业都是诱人的麻醉剂。它可以带来短暂的兴奋，但也会不可避免地——也是隐藏地——腐蚀你的公司及你一生的事业。不要让这成为你身边人的一个忌讳话题。想象一下，当他们的名誉和抱负消散在那个无望的、可怕的日子到来之前，他们会感到多么的难以征服。事情从第一件“小事”开始，这里从库房里拿几样东西，那里利用（加盖“邮资已付”）自动邮资盖戳机寄一封私人信件。合理轻微的错误是容易犯的：没人会注意。只是几块钱。反正他们没有付我足够的薪水。

但是玻璃的一小块裂痕会逐渐扩大，直到你看不清楚挡风玻璃。于是，不诚实的行为，不论是多么的轻微，都会危害我们的是非观，并使得自己在更危险的引诱下受到伤害。尤其是在人们承受送小孩去最好的学校、拥有豪华汽车等那么高的抵押贷款压力的时候。

我们从不故意跨越黄线。但是我们所做的是：为每个产品节省几分钱的成本而在质量上打折扣，或者躲避环境条款，或者做假账。聪明企业的决定，我们这样告诉自己，如果我们这么做了，抵押单据会“护送”我们离开办公楼。或者，更糟的就是直接蹲大牢。感觉自己不对劲了吗？进行一次道德的检查。扪心自问一下，如果你的行为被当地新闻报道出来，你会做何感受。如果你的家庭和你站在一边，你还会做相同的决定吗？

一些人可能会觉得这个测试很幼稚。他们会辩解说情境伦理是如此的复杂以至于不能被归结为是简单的决定。我不同意这个说法。

公司责任要求领导人确认高于个人利益的共同利益。1776 年，美国独立战争与亚当·斯密的《国富论》的发表同时发生，《国富论》掀起了经济思想的革命。苏格兰的哲学家和经济学家建立的经济学理论认为，市场这只“看不见的手”将满足自我利益的个人诉求转化为了公共利益。280 年之后，瑞士的高斯圆桌会议提出了一种更加实际的观点。

在认清现代世界的错综复杂的过程中，在这个每年召开一次的聚会上，来自欧洲（阿尔弗雷德·安博思，安博思集团主席）、日本（贺来隆三郎，佳能公司主席）和美国（温斯顿·威廉恩，美敦力公司主席）的商业领导人签署了一系列的工作伦理实务文件。这七大“商业法则”深植于西方理想中的对人性尊严的尊敬和日本理想中的伙伴共生理念——主张人类应该为了共同的利益在一起和谐地生活和工作。换言之，单纯地追求个人利益并不能办成事。

不要误解我的意思。我是经济和知识自由的坚定捍卫者。我同意哲学家艾茵·兰德的观点：自由的思想和自由的市场是密切合作的。但是当安然公司破产的时候，世界通信公司（美国第二大长途电话公司）和泰科公司（全球最大的连接器生产厂商）明确指出，我们的资本主义制度是充满了漏洞的。2000 年初的多起公司丑闻惹怒了大部分美国国民，更不必说那些感觉被捆绑在一起的千百万的具有伦理道德的商业群体。现在需要具有责任感的我们中的每一个人行动起来，在各种情况下以各种方式肩负起伦理和道德，并将公众利益牢记于心。重新赢得员工尊重、股东信赖的努力付出是必需的。我相信我们能回应这种召唤。

精彩回放

打牢基础

> **经过精心雕琢的使命陈述是一家朝气蓬勃的企业的基础**。重新分析你的企业目标，并且，如果必要的话，通过鼓舞等方式使之恢复生气。使命是纠正和指导员工行为的北斗星。但是如果团队领导不能以身作则，它不过是一张被想成为巨人的人推动的白纸。

> **以勇敢和现实的态度重新审视公司愿景**。至少展望 7 ～ 10 年，适当超越当前的组织能力，提出目标，重整旗鼓，路线图会逐渐形成。

> **清晰说明核心经营价值观**。为员工定义“成功行为”，淘汰不合适的人，让合适的人步入正轨。通过员工行动过程中展现出来的集体的力量，这些基本制度定义了公司的特性。

> **偶尔回顾企业愿景描述，但须保持公司使命及核心价值观不变**。当市场力量或公司表现致使原来的愿景描述与公司实际情况不符的时候，要适当做出调整。经营价值观，无论如何，是企业组织的 DNA，严禁损害。

> **开明企业家超越个人利益做决定**。个人利益的健康诉求常常带来类似的公共利益。但是安然公司和世界通信公司的丑闻表明，松懈的伦理原则和社会关切能够推翻大型公司，毁灭生活，并带来巨大的经济损失。

> **诚信指导和健康的商业行为会提升收益**。一个拥有了道德优势的公司，其道德优势会转化成竞争优势。要求正直领导、流程完整、利益相关者关系和谐及注重环境管理。

第三部分

招兵买马

精挑细选才能招到优秀员工

招聘流程、浪漫晚餐、在钢丝绳上行走——它们之间有什么共同之处吗？那就是急匆匆处理会带来灾难性的后果。一次面试后就录用——没有调查，没有推荐信，没有工作经历——就像经历一次约会就登上长途夜航航班去拉斯维加斯结婚。这是冲动的、代价昂贵的，带来的恶果是：长期和谐相处的机会变得渺茫。

在前端花费的时间越多，后端遭受打击的可能性越小。捷径是诱惑人的，尤其当一名应聘者的个性、简历和推荐信令人非常满意的时候。这种欣喜就像青葱时代的初恋一样，就好像这个人是被神圣的上帝派遣过来的。

凭感觉做事的人通常让普通的员工去负责招聘，这是极大的错误。需要具有慧眼的人，借助他们明星般的才能来识别谁是受过严格训练的——并且是被激发而不是被胁迫。招聘者还可挖掘街上有特殊才能的人，请他们参与应聘并发挥这些能人的作用。

谨防恐惧因素作怪。一些管理者不希望自己被比下去。确实，当有人能把自己的工作做得更好时，人们会感觉受到威胁，这是人类的天性。但是构建一支强健的团队的唯一办法就是雇用那些你能找到的最合适的人。能力强的人可以促进你成长，并让你的企业具有更大产能。猜猜谁看起来更聪明？如果你只雇用那些你感觉智力上不如你的人，你会感觉自己在被一群木头般的下属扣为人质，他们需要你批准他们去削铅笔。这会引发多米诺骨牌效应。不可避免地，真正优秀的人才离开，确实不怎么样的人被留用，剩下的是一群令人心烦意乱的平庸之辈。

CHAPTER 12

第 12 章

求贤纳才

把自己当成超级天才的侦探

当汤姆·格林韦德在运动场的露天看台边上停下来的时候，它的奥尔兹莫比尔牌汽车一定布满了灰尘。一群少女棒球迷正在那里追赶当地半职业球队的第三号垒手，一位技艺高超的年轻人。但是吸引汤姆·格林韦德眼球的是一个年轻的游击手，他两个巨大的本垒打使得球飞过栅栏落入了河中。从这个出色的球员还仅是一名高中二年级学生，汤姆·格林韦德就扬言要在年轻的、击打能力强的选手的毕业日那天去和他签合同。果然，两年后，汤姆·格林韦德参加了商务高中 49 班的毕业典礼。米奇·曼托正是这样签了他的第一份纽约扬基棒球队的合同。

做生意有许多地方像打棒球。找到了合适的人才后，你的公司才能成为胜者。不管怎样，虽然分类广告中的几条细线有可能吸引来一个大全垒击球手。寻找最优秀的人才需要有汤姆·格林韦德这样的智慧。

为了吸引并发现一流的人才，你需要做到以下几点。

将你的员工变成领取伯乐奖的人才搜索大军。在员工面前大加展示是引起其关注的好方法。一位应聘者被录用 90 天之后，我们给推荐人发放 500 美元的奖励（我们同样向推荐者支付中间人佣金）。提示：员工能成为你最好的招聘人员——也可能成为最坏的。在一个进步的环境中，他们也会源源不断地带来高水平的求职者。不开心的员工也容易带来不开心的前景。

从你的业务伙伴关系网中获取公司前景。当我们需要一个新的 CFO 的时候，我做的第一件事就是与我们会计事务所联系。我询问负责我们公司业务的合作伙伴是否认识一些合适的人。他推荐了一个叫吉姆·班密斯的财务奇才，他刚从一家有问题的公司辞职。把吉姆抢过来对于帮助我们公司进入下一个阶段是至关重要的。消息在专业圈子里很快传开了，所以千万不要为了寻求推荐去联系有业务往来的人而感到难为情。

提高公司的知名度。房地产的咒语"位置、位置、位置"并不仅仅关乎土地的价格，它还有助于留住有价值的员工。问你自己，我们想雇用的人在哪里？去那里，开始攀谈拉关系。加入商会。参加你能够参加的所有生意、团体和慈善活动。与你握手的人有可能成为你的下一个超级明星。

让你的雷达保持高度警惕状态。韦恩·西莫，掌管我们的招聘和培训部门，1988 年在奥马哈市指导一些商店开业。在一台 ATM 机前，他突然遇到了一个穿衬衫、打领带、挂胸牌的年轻人。"我问他'你还好吗？'"韦恩回忆道。"我很好！"他说。这回答给韦恩留下了深刻的印象，他和小伙子谈了一会，发现小伙子对在一家小帽子商店做销售的工作感到厌倦。他们交换了名片。韦恩回来后不久找到了他。"小伙子非常好，"韦恩说，"我雇了他，他一直在办公室工作，并且做得非常好。"

雷达是很重要的，因为你每天都有可能会遇到明日之星——能明显看出善于与人打交道的兴致勃勃的做事有效率的服务员，能让你感觉自己会是他最喜爱的顾客的友善的办事员。当我看到有人脸上带着微笑、眼睛炯炯有神的时候，我告诉他，他做了很好的服务。"你在这里工作多久了？"我会问，接下来还会问更多的问题，"你喜欢现在的工作吗？""这里能为你提供一个好的职业发展吗？"如果后两个问题她回答是，我会表示感谢并走开。但是十有八九他会说那只是一个临时工作。我会告诉他我一直在寻找像他那样合适的人。如果他表示出兴趣，我会把名片给他。以这种方式，我雇用了很多人。

像磁铁一样吸引有才能的人。当你自己是有才能的雇主的时候，吸引有才能的雇员要容易很多。才华横溢的人会寻求具有不同寻常标准和良好声誉的企业。为了阐述、推广商业伦理文化中心，大多数有价值的员工希望为顾客和社会作出贡献，并在这个过程中得到成长和学习，在人才争夺战中，道德优势能吸引到最好的人。

不要把“不”当做回答。当适合我们的人出现的时候，我们没有弄得很糟。我们带他一起去吃饭，并将他介绍给我们的团队，尽一切努力说服他和我们签约。一位应聘者因为没有表现出对我们企业足够的热诚，我的一位招聘人员曾说我们应该反复地面试他。“见鬼！”我说，“明星是不需要拼命追着公司跑的。反倒是我们需要去说服他们。”大概是20年前，我们还在物色一位特别销售代表。第一次面试结束后我就知道汤姆·杜波特是这份工作的合适人选。但是他刚从一家竞争对手公司的类似岗位离开，对继续留在这一行业心有疑虑。

两周后，我和他一起共进了午餐，把他重新带回办公室进行交流，之后给他打了三四次电话。“汤姆只是不断地找我、找我，直到我最终没有疑虑。”杜波特回忆道，“他不断地告诉我真的应该加入这个团队！他很坚持。那真的让我感觉很好，因为感受到自己被需要总是不错的。”杜波特接受了那份工作并一直和我们在一起工作了10年，直到他离开去开自己的公司。这个故事说明了什么？不要让优秀人才走开。他们不能像你一样看到山另一侧的风景。

探索游击式招聘的丛林。还记得银行抢劫犯威利·萨顿著名的口头禅吗？当被问到为什么抢银行的时候，他嘲讽地说：“因为那是放钱的地方。”将威利的逻辑思维运用到办公室——你竞争对手的工资单明显是可以发现所需人才的地方。作为一家快速成长的企业，对于人才是有着贪得无厌的胃口的，我们有时会朝着竞争对手的商店走去，并告诉店员我们只是想与邻居打个招呼。对了，我们顺便会说，我们一直在寻求帮助，我提到我们的500美元推荐费了吗？千篇一律地，我们会听到下面三个回答中的一个：（1）出门的时候别撞着自己；（2）500美元？当然，我会帮忙留意的；（3）我在这里待得不开心，我可以预约一次面试吗？当然，我们不试图“偷走”那些感觉满意的员工，但是为任何感觉自己不被重视的人提供机会感觉还是不错的。

关注眼皮底下的人。最底层的人常常肩负着全家人的重担。我总是将这个理论进行实地测试。当我走进我们任何一家商店的前门，与正在忙着的销售员、管理者打过招呼后，会径直走向维修车间，我在找寻被管理者忽略了的工程师。在爱荷华的锡达拉皮兹市，我发现一个善于与人交往又干练的技工，我跑向销售层并告诉我们的人事专员韦恩·西莫：“你得见见这个轮胎修理工。他是个人物。”关于这个小伙子我们谈论了40分钟。几天后我们将他调到销售层工作。1年后他就开始管理自己的商店了。

热衷于内部提升——这能带来很大的好处。“事业认知日”是我们保持成功的关键。在我们支持中心一年一次的活动中，那些想改变工作的员工穿梭于代表不同部门的展台。“你需要去寻找那些大致写明了薪金要求的方块牌，”韦恩说，“并帮助发展他的事业。”轮胎技工，例如，在仓库找到了机会。到处搜寻需求广告的销售员发现了岗位空缺，如客户服务。“每个部门都有人正在努力获取商务方面的学位，”韦恩回忆道，“我们发现了人们的希望和梦想，但是同样重要的是了解哪些不是他们的希望和梦想。这就像为了寻找财富卖了自己的房产而环游世界的年轻人，后来听说在他的老宅子里发现了世界上最大的钻石矿之一。”“我们无时无刻不在经营着我们的领地，”韦恩说，“我们知道如果我们不去做，就会失去他们，我们这里仅仅是一个中转站，而不是事业的终点。”

不要忘了学校、代理处和商贸会展。忘记埋藏的宝藏。大学和职业院校的网络，是领导者源源不断的信息来源。猎头公司或人力中介机构为我们的每个职位带来3个求职者。商贸展览会和行业聚会上到处都是急于找工作的人。订阅会员通讯，搜索商务部分。无论选择什么，要有时间观念。你的竞争对手没准也正在看《小企业经营全面指南》呢。

CHAPTER 13

第 13 章
面试游戏

不要破例跳过标准招聘流程的某些环节

面试一名应聘者就像问你的孩子在学校都做了些什么一样。直到你用正确的方式问出了正确的问题，你才会发现值得了解的事情。在雇用这场游戏中，用探索、开放性的问题武装自己是至关重要的。大多数找工作的人在回答问题上都比较老练，擅长告诉你他们希望你听到的，省略他们不希望你听到的细节。但是，那些问题，我的朋友，正是你所需要知道的。

谁应该在哪里？应聘者的水平和岗位的重要性决定了谁应当负责初试及共需要几轮测试。许多公司像踢皮球一样把应聘者从一间管理人员的办公室推向下一个管理人员的办公室，没完没了地面对类似的可以预见的冗长而枯燥的陈述。这浪费了应聘者的时间，并得到了模板式的反映。我一般会安排由 3 ~ 5 个关键位置负责人组成的座谈小组。“六对一”看上去挺吓人的，但是这样可以让我们观察到应聘者在温和压力下的表现如何。不管多少穿西装的人在房间里，尽量创造一个轻松、欢快的氛围。

在开始友好的询问之前，平整一下游戏场地，然后开始进入谈话。我会感激应聘者或许会考虑加入我们，并承认他面试我们和我们面试他是一样的。我会强调坦白直率会让我们相互受益，指出那些没有浮出水面的重要细节会反过来会困扰我们。我会承诺不夸大我们能提供的方方面面，也请他同样如此。

介绍了我们的使命和价值观后，我会围绕如下几个方面问一下探索性的问题。我会尽我的努力给予关切和挑剔、探究但不诉控的印象。通过音调和身体语言，我会像垒球手一样抛出最有挑战性的问题。我会鼓励他说出他头脑中的第一反应并讲出其中的70%。

面试备忘录

公司使命、愿景和价值观。如果在这重要的3点上达不成一致和统一的话，就没有必要继续面试下去了。

- 我们公司的使命你听上去如何？你喜欢其中的哪些方面？当你思考它的时候感觉怎样？
- 你可以怎么帮助我们实现公司的愿景和目标？
- 我们的哪条价值观与你产生了共鸣？为什么？哪一条你感觉不太好？
- 你能举一两个例子说明这些价值观如何在你的生活中发挥作用的吗？

工作经历。从基本的情况开始，再增加一些花样。为了了解应聘者的实力，问他前3份工作的情况。

- 你当时的职位是什么？你实际做了哪些事情？
- 你喜欢那份工作的哪些方面？又讨厌它的哪些方面？
- 你怎么评价你的老板？为什么？
- 是你放弃了那份工作还是那份工作炒了你？到底发生了什么事？

还有其他的吗？不要问他的最后一任主管是如何评价他的工作的。相反，可以问“当我打电话给你原来的主管询问你的工作情况时，他会怎么说？”这样你可能会得到一个更诚实、更透露真情的回答，因为他可能会想最好还是说实话吧。

反思参考：如果应聘者原来在一家较小的企业工作，你或许能从他原来的主管那挖掘出一些好印象，试试看，没有坏处。大一些的公司会把那样的问题推到嘴严的人力资源代表那里，对方仅会提供工作时间和工作岗位。为了警惕起见，可以要求应聘者提供原来同事的名字。随后，你可以打电话给那个人：“比尔吗？你好，我是驰加公司的汤姆。在简多伊（法律诉讼女方真名不详时对女当事人的假设称呼）参加面试的时候提到了你的名字，我想知道你能告诉我一些关于她的事情吗？什么？因为迟到已经被解雇了？”

内驱力和独创性。这些问题的回答反映了应聘者是否会努力和聪明地工作。

- 告诉我你最近一份工作的日常工作情况（或者与谈论的职位最相关的一天的工作情况）。对于其中的每一部分你感觉如何？
- 对于你最后一位雇主你所作出的最大的贡献是什么？
- 工作上你有没有做过什么超越了职责之外的事情？
- 告诉我你曾经有多少次表现不佳，当时你做了什么？
- 对于这份工作的岗位需求你是怎么理解的？
- 原来的工作你每天工作多少小时？对于这份工作你期待每天工作多少小时？

正直。不要放弃任何机会强调你对于不道德事情的零容忍。正义感不足的人假定其他的每个人都认同他们扭曲的是非观，他们就是那样合理化道德缺失的。通过以下这些问题捡出坏苹果。

- 每个人都曾经扭曲或破坏过规矩，你最近一次违规是在什么时候？从中你又学到了什么？
- 所有的规章制度都是合理的吗？
- 如果你觉得某项规定不公平，你会怎么做？

- 你是否曾经为了令顾客满意而破坏过规定？如果是，当时你是怎么做的？
- 服务客户和赚钱哪个更重要？为什么？

判断。下面的4个问题有助于判断应聘者是否诚实及做决定的能力如何。

- 告诉我你最近做的几个好的决定。
- 你曾经做过的与工作相关的最艰难的决定是什么？
- 描述一下你曾经进行过的最大的有计划的冒险的后果。
- 这里对你来说为什么是个工作的好地方？

雄心。当面试者进行哪怕最谦逊的尝试，去描述他的职业梦想的时候，我的眉毛都会扬起，它让我更加相信他是在选择他想要的工作。突然，一位工作努力、富有成效的员工形象成了镜头的焦点。如下这些问题帮你瞥见应聘者的前景。

- 你的短期和长期职业目标是什么？为什么？
- 你是如何去实现这些职业目标的？
- 还有什么可供选择的职业是你向往的，为什么？
- 你为什么申请这个职位？
- 这份工作可以怎样帮助你实现自己的职业目标呢？

个性。我的雇用哲学很简单——避免惊讶。随着面试的进程过半，提醒他彼此了解得越多越好，在得到认同后，问一些尖锐的、非常规的问题，以估计他的情感和心理成熟度。

- 你经历过的最开心的事是什么？为什么？
- 什么事情会让你伤心？
- 什么事情会让你害怕？
- 什么事情会让你笑？
- 上一份工作中有什么事情着实让你感觉快要发疯？你当时做了什么？

- 描述一次和同事相处的糟糕经历，以后你会采取什么样的不同的处理方式？
- 如果同事或顾客朝你大喊大叫，你会作何反应？
- 在压力和期限的要求下，你会怎样圆满完成工作？
- 你最大的成就是什么？
- 告诉我你最惨痛的失败经历。
- 告诉我你人生中所做过的3次改变，并说明每次从中学到了什么？

需要牢记的棘手问题。我非常支持对应聘高级别管理职位的人进行标准的心理测试，尽管需要考虑风险。它是一个确定应聘者在个性、世界观、气质等方面是否与团队其他成员相适应的好方法，如果应聘者的特质与企业要求非常吻合的话，我知道我们可以培养并使他与我们融为一体。

自我分析。你需要明确知道应聘者的长处和短处，以确定他是否很合适应聘的岗位。所以可以问“你最大的优势是什么？”这样寻常的、开放性的问题。仅挑出有用的信息。或者列出10个左右这样的问题——管理技能、软件和网络的熟练程度、时间管理、客户服务、适应变化的能力，让他用1～10之间的数字给自己的技能打分，接下来问，你想要得到10分需要做什么？

报酬。问完两个问题，你会给出双方都能接受的工资标准。首先你可以问“你希望挣到多少钱？”等他给出一个数字后，接着问“你能接受的最低标准是多少？”这是一个很少被问到的问题，他会犹豫，当他在脑海里进行快速计算的时候，要保持耐心。如果数字太低，我会欺骗自己；如果太高，他会失去对我的兴趣。但一般情况下，都能达成一个相对双方来说都合理的数字。

我们从不给人们一个严格的工资指导线作限制，那样是毫无价值的，如果我们薪水定位是高于一般市场水平的，我们告诉新雇员我们期待超过一般市场的生产能力，毕竟，重要的不是你支付了多少薪水，而是通过支付薪水获得了什么。计算一下，你更情愿拥有哪个：9个做事主动能带来更高生产力，但工资要求比平均值多11%，还是10个具有一般表现的只赚平均工资的人？

现在，我已经有了将面试推向高潮还是就此刹车的主意了，如果绿灯亮，我会强行推销我们能够提供给他的工作机会。为什么？一位明星应聘者很可能也被其他的招聘者看中，如果他给你留下了深刻的印象，努力确保他也同样对你印象深刻。首先，重复公司的使命、愿景和价值观；然后，将企业DNA中的点与从面试者那获得的信息联系起来，例如，你说过你有客户服务的热情，那很好，因为那是我们公司使命的重要部分。

最后，如果应聘者有潜力，告诉他，并邀请他进行第二轮面试。面试后，招聘小组讨论的过程中会产生更多的问题，要进一步做背景调查并开展自我反省。欢迎某人加入你工作的大家庭是一个改变生活的承诺。我一般会面试三次以避免老员工的错误——“希望他们是美丽的，但愿他们是优秀的。”

复试的技巧

了解应聘者以前的工作状况和薪酬水平还不够。有时，应聘者隐藏在合适的回答后面，推着招聘者转移到新的问题。不能这么干，要坚持下去。回答某个问题的抗拒越强烈，就越有必要根据他的回答进一步提问。下面是从应聘者那里获取更重要信息的两种方法。

漏斗向下技术。如果他犹豫，或者是在仔细考虑问题，或者不想分享答案。你可能想打破沉默，千万别，尴尬的沉默（我曾见过他们无休止的等待）经常会泄露重要的信息。感谢漏斗技术，我迅速地结束了珍妮特的面试，节省了彼此宝贵的时间。

我：你对上一个职位的喜欢程度如何？

珍妮特：还好。

我：有哪些地方是你不喜欢的吗？

珍妮特：我喜欢那份工作，它还可以。

我：没有一点你不喜欢的吗？

珍妮特：哦，可能是我的老板。

我：嗯，老板们可能会这样，你不喜欢他什么呢？

珍妮特：他太爱命令人了。

我：你说得太爱命令人了是什么意思？

珍妮特：哦，他对我实在是太苛刻了。

我：是的，有时候老板们会那样做，他要求你每周工作多少小时呢？

珍妮特：40 个小时。

我：40 个小时，哈？（红灯，又问了几个问题后，到此结束）

通过角色扮演获取真实信息。你能想象以为导演仅凭女演员跟他说自己是多么的有才华就让她扮演主角吗？他需要看她是否适合，这正是我们的面试官要应聘者践行理论——但是在真实的情景中——的原因。对于一份客户服务的工作，例如，面试官扮演一名怒气冲冲的顾客。试图破解这个管理难题？我们将他置入员工冲突或预算困难的情景中。销售方面的问题？我们让他卖我们一个轮胎或镀铬阀杆。我们不期待下一个罗伯特·德尼罗（美国最具影响力和最受欢迎的演员之一），我们只是想进行几分钟的测试。

我面试过的一些应聘者会积极反应，“嗯，在那样的情况下，我想我会说……”我会让他停下来并说，“不，我现在是顾客，你是销售人员，我们来扮演一下。”经过一段停顿后，他会重新开始。“好，我会这样处理……”我再次打断他，“不，我不是让你告诉我你会怎么处理这件事，我希望你做出来。”没有人丢下我不管，但是一些人发现全心投入是困难的，我注意到了这一点。应聘者的现场表现体现了其心理舒适范围，创造性和反应能力的好坏。没关系，每次面试都具有很大的意义。

成 交

讨价还价。确信它是一个神奇的匹配吗？准备好在第二轮和第三轮中的问题了吗？首先，判断他的兴趣，可以问“你认为这个职位真的适合你吗”，接下来是“你对赢得这个职位感兴趣吗”，如果回答是肯定的，那你可以说“很好，我们也觉得这个岗位适合你”。

接下来，确定他期望的薪水，你可以问“我先前听说你能接受的工资大概是 × 美元，是这样吗”。如果你们无法达成协议，那么就结束交易。“如果我们为你提供这个职位，试用期的月工资或日工资是 × 美元，你能接受吗？”如果可以，你就说“既然你选择接受了，那你就从月工资或日工资为 × 美元开始吧”。

在相互握手并指引你的新成员去人力资源部门进行情况介绍前还有一个重要的工作要做。如果你的新雇员像你想的一样好的话，就要强化他确定会为你工作的决心。

你：约翰，仅是好奇，如果你的公司为了留住你，承诺摘下月亮给你，你会怎么办？

约翰：哦，我觉得，任何事情都不能改变我的看法。

你：约翰，我必须通知你，这个职位的其他应聘者我们已经有人选了，所以我不得不问，有没有可能你会受新的承诺的影响？因为如果你以后告诉我你重新考虑过了，那会让我很难办，我将被迫叫回我的第二人选，其实没有人愿意成为第二人选。

约翰：不会的，汤姆，这是确定的。

你（伸出你的手）：好的，我非常高兴你成为我们的一员。

这仅需一分钟，不要错过机会，巩固仅仅需要口头同意的承诺。带他参观一下你的公司，并介绍几个同事给他认识，以此作为结束，让他有在家的感觉可以帮助他减轻换工作所带来的压力。

寻求反馈。通过下面的方式收集信息，可以完善你的招聘流程。

应聘者。面试结束后，问他在他曾参加的其他公司的面试中，哪些环节是他喜欢的，哪些是他不喜欢的。简单地设计一些问题是一种奉承，多数人都乐于分享他们的经历。

你的员工。请他们升级你的雇用流程，既然他们是多数，他们让你知道什么让他们吃惊，什么又让他们出汗。

离开的人。充满敬意地问那些委婉拒绝了岗位的人拒绝的原因，多半你会得到有价值的反馈。

CHAPTER 14

第14章 熟知劳动法

清楚劳动法中允许与禁止的条例

你正在与一位应聘者握手并开始面试。“那么，你结婚了吗？有孩子了吗？我儿子10岁，你孩子多大？”仅是闲聊，对吗？如果你去问一下联邦政府就不是了。你需要知道他们划定的法律界限。知道工作面试中在许多方面哪些问题是能问、哪些是不能问的，是熟悉劳动法的核心。

实际上，这很简单。在决定是否雇用的时候有7个因素——年龄、性别、种族、宗教信仰、生理缺陷、国籍和性取向——是不能影响你的。陪审团按照惯例，会判定向任何类型的受歧视者进行工资损失补偿和惩罚性赔偿。你可能并不是骨子里歧视他们，但是问错了一个问题或做了一个不恰当的评价，可能会导致你被迫签下一张带有许多零的支票。

在面试应聘者之前做好关于职务、责任、工作时间和向谁汇报等岗位描述。提前定好对每个岗位应聘者受教育程度和工作经验的要求。同样重要的还有面试后对详细记录进行留存，用于解释每个应聘者为什么被拒绝或被留用。

避开任何与岗位素质要求无关或可能被认为差别对待的问题。所有的问题应该围绕招聘启事、招聘广告和其他招聘信息展开。这要比你踮着脚尖更容易避开雷区。记住，面试过程中你写下的东西同你说的话一样都可能让你自陷法网。不要就应聘者的年龄、种族、外貌、健康问题或其他类似的观察做笔记。如果他提供了这样的信息，不要记下来甚至不要对之做出反应。确实，这听起来有些妄想和偏执，但是确实有一类人会拿这个来指控你。

个人经历、种族和倾向

可以问的问题有：

- 你的教育背景是什么？
- 你会去学一门其他的语言吗（如果工作需要的话）？
- 你住在哪里？
- 你的联系方式是什么？
- 你在这个城市住多久了？
- 你是这个国家的公民吗？
- 你曾经犯过重罪吗（如果岗位职责包括管钱或机密信息，你才可以问相关的问题）？

不可以问的问题有：

- 你是本国出生还是入籍公民？
- 你（或任何家庭成员）是何时获得公民权的？
- 你是在哪里长大的？
- 你来自哪个国家？
- 你的血统是什么？
- 你的母语是什么？
- 你在这个国家住多久了？
- 你是否曾以合法方式或其他方式改过你的名字？
- 你婚前的名字是什么（例外，如果应聘者教育背景或工作经历中的名字不一样）？
- 你加入了什么俱乐部、协会或组织？

- 你认为自己是男女平等主义者吗?
- 你信仰的宗教是什么?
- 你参加哪个教派?
- 你过哪个宗教节日?
- 你的性取向是什么?
- 你有任何朋友或家人在这里工作过吗?
- 你是租房还是拥有自己的住房?
- 你曾被拘留过吗?
- 你曾犯过罪吗?

年 龄

可以问的问题有:

- 你有驾照吗(只能是与驾驶有关的工作)?
- 你到了法定年龄吗(仅限负责烟草、酒或其他限制物质的工作)?
- 如果你不足18岁或超过65岁,那么你到底几岁?

不可以问的问题有:

- 你多大?
- 你的出生日期是什么时候?
- 你是什么时候毕业的?

家 庭

可以问的问题有:

- 你不能在已向你解释的岗位工作,有什么理由吗(只能问所有的应聘者)?
- 你有什么理由不能出差吗?

不可以问的问题有：

- 你结婚了吗？
- 你是离异、分手还是丧偶？
- 我应该称呼你小姐、夫人还是女士？
- 你有同居的恋人吗？
- 你打算结婚吗？
- 你有孩子吗？
- 你的孩子多大了？
- 你准备组建家庭吗？
- 有人帮你带孩子吗？
- 如果你将来有了孩子，在你工作的时候谁来照顾他们？
- 你的配偶的名字是什么？
- 你的配偶有健康保险吗？
- 你的丈夫/妻子/儿子/女儿从事什么样的工作？
- 你是家里挣钱的主力吗？
- 你的家人在哪里供职？
- 你的伴侣会如何看待你要去外地出差？

工作经历和要求

可以问的问题有：

- 你有什么样的经历可以让你胜任这份工作？
- 你有从事这个工作的必要认证（许可）资格吗？
- 你能够提供什么文件以证明你可以在这个国家合法工作吗？
- 你有没有用其他的名字做过别的工作？
- 你有没有加入与这个领域相关的什么组织？
- 你愿意出差吗？
- 你可以加班吗？

不可以问的问题有：

- 你曾提出过劳工赔偿要求吗？
- 你曾受过工伤吗？

残疾和健康

可以问的问题有：

- 你有什么理由来解释为什么不能承担这份工作的职责吗？
- 对于这个职位公司入职体检是必需的——你有什么理由解释为什么不能同意吗？

不可以问的问题有：

- 你有特殊的疾病吗？
- 你曾因特殊疾病接受过治疗吗？
- 你有什么身体上的不便会导致你不能胜任这份工作吗？
- 你身体上的残疾会不会危害到你从事这份工作的能力？
- 去年你病了多少天？
- 你在吃什么处方药吗？
- 如果有的话，你曾因为什么住过院？
- 你曾因为酗酒或药物成瘾接受过治疗吗？
- 你的家人中有残疾的吗？
- 如果有的话，在什么情况下你曾寻求过精神病医生或心理医生的治疗？

CHAPTER 15

第15章 欢迎新员工

从第一天开始就让员工感到舒适

就像公婆欢迎新媳妇，我们热情且有条不紊地欢迎新员工的加入。让一个老员工带领新员工参观新家，一路介绍其他的员工和企业文化。我们将新成员的情况通过邮件群发给其他人，详细介绍新员工的工作经历、家庭背景、爱好和情趣等。这有助于消除大家与新员工的陌生感。

我们以尽可能快的速度让新员工融入到教练文化中。他们的部门领导会问一些开放性的问题以了解他们的情况，建立紧密的联系，并进行有益的交流。“你觉得在新的岗位上，什么是你最大的挑战？”“你愿意增长哪些新技能？”“我现在可以做些什么来帮助你？”情况介绍会议上，领导会就态度、道德和行为几个方面简要说明公司对他们的期望有哪些，同时说明他们可以期望公司为员工做些什么。

从有人创造了比较大的竞争优势那天起，让新员工感觉自己是有价值的。作为一个服务机构，我们的成功取决于雇用并留住性格良好的人。我们明白第一周是关键的——那是人们判断在一家新企业里是否可以看到未来的日子。用于迎接新员工所花费的时间和金钱，比起不断雇用和培训新员工以取代那些不开心、也不努力工作的人所反复发生的费用要少多了。

献身精神衰减定律

曾经在领导研习会上斗志昂扬以至于迫不及待地想快速回到办公室去进行尝试？直到你回到自己办公桌时，还是情绪高涨的。然后常规事务开始挤压你的时间，日子一天天过去，你学到知识的热情开始逐渐消退，最后在你的脑海中曾经那么新鲜的想法，蜕变成了尘封的记忆。

大多数人在第一天工作的时候，都会表现得同心协力且乐于奉献。幸运的话，明智的领导团队和健康的企业文化会促进事情的发展。否则，官僚作风、各自为政、低效系统、无聊的事务会泯灭他们的热情，让他们变得平庸。

为了避免这种消沉，在公司为期一周的入职培训课程上，我会亲自给新员工上课。新员工是乐于接受新事物的。我连续 6 个小时给他们灌输公司的使命、愿景和价值观，说服他们在偶然遇到叛逆的员工时保持警惕。尽管我们注意保持乐观积极的企业文化，我还是会偶尔看到新员工被表现欠佳的员工带坏。

你怎么与此作斗争？我强调每件事——从做心脏手术到驾驶飞机——都有最好的解决办法，与我们的制度相关的是找到最快的成功路径并坚持公司的运转体系是最快完成任务的途径。我告诫他们如此紧密的追随进程可能会遭到取笑："哦，看新来的小朋友，让我告诉你在这儿我们怎么做。"可能描述得有些过分，但是我们也通过角色扮演找到了一种应对这种情况的方法。我做了这样的建议："谢谢！听起来那种方法对你会有用，但是我想去查查资料，这样有一天我就可以达到和你一样的水平了。"达到了新的高度是本书接下来要介绍的。

精彩回放

精选优秀员工

> **把自己想成超级天才的侦察员。**物色合适人选需要勤奋和足智多谋。同时监控多件正在进行中的事件——询问业务上有往来的商业伙伴，提供员工推荐奖金，参加校园及社会招聘会，考虑猎头公司。确保你公司的企业文化可以吸引并留住优秀人才。

> **不要让你眼中的明星遮蔽你的视线。**不要认为在其他团队的显要人物具有更多的经验，或者会与你公司的企业文化融合得很好。多做功课——不要破例跳过标准雇用流程的一些环节。

> **提升策略。**工作面试就像捉迷藏。应聘者试图隐藏他们的缺点——你试图发现他们的不足。问一些探索性的问题以判断应聘者的个性、心态是否成熟，并分析他们的优势和弱点。越抗拒回答的问题，越需要就其回答进一步提问。角色扮演这样的考验方法有助于避免受到看着新员工成为失败者的刺激。

> **让面试成为相互的行为。**给应聘者留下美好印象，同应聘者给你留下美好印象一样重要。如果他让你感到吃惊，很有可能他也令其他雇主大加赞赏。他与工作岗位完全匹配吗？在核实过他的推荐信后，尽快把工作机会摆到桌面上来。

> **遵纪守法。**了解在面试应聘者的过程中哪些问题可以问，哪些问题不可以问，警惕欠考虑的评价会导致应聘者的误解。张贴强制公开的条例，保存详细记录以说明每个应聘者被录用或被拒绝的理由。要求新员工签署保密协议或《竞业禁止协议》，确保你的商业机密不被泄露。

> **欢迎新员工。**从第一天开始让员工感到舒适。为他们指定“伙伴”，将他们介绍给其他同事，与管理者建立和谐关系，向他们简要说明公司对他们的期待。健康向上、团结合作、纪律严明的企业文化可以防止新人沦为平庸之辈。

第四部分

营造积极向上的企业文化

文化是需要不断经营的

员工就像植物。为了能够茁壮成长、开花结果，他们需要扎根于适宜成长的肥沃土壤里。他们需要用关怀来浇灌，用欣赏的阳光来温暖。然而，太多的领导者，都是笨手笨脚的园艺师，他们只会像对待仙人掌一样对待自己的员工。他们期待着自己的员工们在干旱、贫瘠的环境中也能枝繁叶茂。

透过用心经营或自然生长，每个公司都会形成自己的企业文化。但是我怀疑太多的商业人士都很难详尽地描述他们的企业文化。在我看来，“文化”是（有人更喜欢用“风气”）涵盖了下面这几层意思的词语：

- 定义办公环境的条件和标准；
- 员工们共享的对于团队动力和他们如何适应的理解；
- “部落”行为、着装、仪表和礼节；
- 团队共同的品格和特性。

不管你是否能确切说出如何构建好的企业文化，在你见到它的时候你肯定会知道。置身于其中的人们会：

- 盼望去那里工作；
- 为成为团队的一分子而感到骄傲；

- 将他们的同事看成是朋友；
- 为组织的愿景而兴奋；
- 重要的时候愿意做职责以外的事情；
- 当团队表现突出的时候能享受到个人的满足感；
- 与组织的经营价值观能产生共鸣；
- 相信他们的工作对团队的成功是有所贡献的。

忽视企业文化的领导人会自食苦果。确实，改变现有的文化是困难的，但却是可行的。运营一个公司的压力会把你对员工的关注吸走。保持对员工满意度的专注是困难的，不管怎样，确保它是不可或缺的。对人们提供价值与感到有价值这一基本的需求关注得越少，决定经营额多少的凯旋门转动得就越快（当然，对于没有健康底线的开明企业家，士气是个争论点）。尽管员工的士气有助于提升健康的底线，当心证明以士气的名义让员工做的事情的正当合理性。那样可能危及底线。

最好的人们——富有成效、有创新精神、热情——不会满足于至少可以激发人的、充满了热情的、富有团队合作精神的工作室里工作。约翰·拉斯特，皮克斯动画工作室的执行副总裁，会同意这一说法。在他的带领下，工作室的卡通巨片《怪物公司》、《虫虫特工队》、《玩具总动员》、《海底总动员》、《超人总动员》在世界范围内创造了超过32亿美元的总收入。正如《新闻周刊》评论的：

> 取得这样的成功，你可能会想所有竞争性的工作室会把皮克斯动画工作室当成没有防备的金库去抢夺——它，技术上，是的，不像在其他工作室，除了约翰·拉斯特，没有人是合约式工作，到目前为止每个人的人事关系都在原来的地方。“一张纸不能把他们留在这儿，”约翰·拉斯特说，“你要留住的是他们的心。所以你让他们的创造性得到了满足。”

CHAPTER 16

第 16 章

重视团队合作

把员工个人的雄心融入团队的抱负

驰加的团队精神是不能被忽略的。我在一次公司聚会上讲话时，一位轮胎提供商与布拉德·伯利，一位地区主管耳语道："汤姆让你们所有人都喝了同样的潘趣酒（混合甜饮料）吗？还是其他的什么东西？"布拉德在一旁微笑着，供应商继续说："你们的人都在说一样的话，你们不是拥有'麻烦'，而是拥有'机会'。"布拉德把它看做是恭维。"它是企业文化从上到下得到认同的一种表现。"布拉德回忆道，"这种态度融入了我们做的每一件事，从高管团队到对待顾客的方式。"许多企业主对"团队合作"这个话题侃侃而谈，但是很少有人会付诸实施。是的，个人观点的表达是被提倡且不可缺少的，但是让每个人达成共识是同样重要的。6 个构建团队的方法可以将个人的集合转变成团队合作的整体。

环境熏陶。我们的工作因团队合作在有条不紊地开展着。任何处于培训阶段的人都会被灌输这样的观念：我们的成功取决于大家的共同付出。彰显极端自我主义者，就像是穿着毛达短裤去参加鸡尾酒会一样格格不入。当然，这并不意味着我们希望每个人的想法都一致。事实上，保持他们的独特思考能力是很重要的。就像乔治·巴顿将军所言："如果每个人想的都一样，那么有人就根本没有在思考。”

付诸行动。一诺千金。我们让我们的员工称呼他们的同事为“队友”。它强化了3个火枪手的座右铭——我为人人，人人为我。当我们的管理人员向他的下属说“这是团队需要的”而不是“这是我所需要的”时候，一切就变得不同了。当外人批评公司的时候，每个人都觉得是在批评自己——如果确需改正的话，并承担起个人的责任。公司不是纸上的一个印章，它是由人组成的团队。所有那些人拥有一个共同的目标——让这个团体一天比一天好。

雇那些有团队合作精神的人。我们问应聘者这样的问题：“如果用0～10分给团队合作精神打分的话，你给自己打多少分？”和“你是什么时候发现自己不善于团队合作的？”千篇一律地，他会在脑海中带着我们的公司使命——向我们的顾客、我们的社区和我们彼此带去关怀的、世界级的服务——离开面试现场。对“我们彼此”给予特别的关注。表达的信息是简单明了的——独来独往的人不必申请。

识别与奖励。如果你没有积极地促进团队合作，你也可能认同以自我为中心，不管什么时候你发现别人在进行团队建设时都会甩出一句“走开”。在员工会议上，好的转变赢得荣誉——有的则是现金奖励。那只是我们激励冰山上的小费而已。我们奖金的大部分取决于取得的团队目标。我们甚至建立了一个棒球式的“饷码制度”去奖励表现突出的教练。例如，如果商店A需要一位副经理，并且看好了商店B的一位有前途的销售员，那么商店A必须为组织竞聘掏钱，培养了“最有可能的人”的经理会得到相应的回报，商店A必须支付300美元给商店B，作为输送了未来副经理的奖励。这笔费用反过来提高了商店B的利润，增加了每人的红利，同时鼓励团队继续培养能干的人。

植入。你能够一周7天都充满活力，但是只有老板才能提升最高水平的团队合作精神。早期的我总是关心于我、我、我，而不是我们、我们、我们。当我放弃了凭感觉做事的方式后，我意识到了这一点，约翰·海杜克，一位副总裁也注意到了。我们的执行委员会曾审议关于在新的各和各样的市场上插上我们的旗帜的战略时间表，“驰加是一家私营企业，汤姆拥有大多数股权，”约翰回忆道，“他在镜子前刮胡子的时候都有做决定的权利。”约翰欣赏我反对委员会其他成员的意见，并且少有地行使了否决权。“在做决定的时候，我们都拥有所有权意识，”约翰说，“所以，不管一家商店是否成功，士气从来不是一个问题。我们没有闲等着事后批评，只是推动事情的进展。”

庆祝取得的成就。我们一直在庆祝。“汤姆是一位严厉的管理者，”布雷德·伯利回忆道，“但是他希望我们能为取得的成绩感到高兴。”我们建立了为辛苦取得的胜利和意外事件做标志的传统——分发雪茄、在一些多米尼加岛（拉丁美洲岛屿）上开香槟、给团队放半天假。宣布成功的产品发布、超出了过去的预测、达到了巨额账目——此时大家会高喊“我们是冠军”。

CHAPTER 17

第 17 章
遵守卓越领导的 22 条法则

凭经验和感觉行事的老板可以借用这些定律

打破了这些定律，你的企业文化等级将被评估为糟糕的 D 级。

1. 要真实可信。遗憾的是，员工常常戴着有色眼镜看老板。他们认为老板们是非人类，缺乏感情，像机器人一样，整天都插着电源。这给了员工们一个借口去忽视老板好的方面，夸大他坏的方面。然后，当工作上的挫折达到一定程度的时候，他们会冲动地离开。同样不公平的，还有一个理由：太多的老板总是刻板老套、一成不变。所以，请老板们放弃表露情绪或错误就会是显得不够专业的想法吧！

2. 提供全面的通道。想象你就是一个小孩。有些人像对待污垢一样对待你，你的父母却不会去聆听你的委屈。现在你很受伤，也很气愤。好了，作为一个老板，你被认为是围绕在你身旁的一群人的代理父母。在他们需要你的时候出现，给予他们你全部的关注，他们对你的感谢将体现在生产率和营业额这样的简单指标上。“公司里的任何人，从商店经理到轮胎技工，只要有事都可以去找汤姆。”戴夫·乌尔施普灵，我们的一位高管回忆道。我确实有两个约定：首先必须先向他们的直接领导反映问题（假定不是家庭和健康问题）；其次，他们必须至少带来一个解决方案。“这是严格的规定，”戴夫说，“知道我们在被最高级别的领导倾听，我们得到的对待方式让我们觉得自己的想法真的很重要，这是我们取得成功的最大秘密之一。”

3. 树立正面形象。极端自我主义者可以激发许多感情，但并不包括忠诚和热情。如果他被跟随了，仅是不情愿地。负面的、不可信的领导同样如此。开朗的企业家将自信与谦逊融合得恰到好处。他对待生活和工作很严肃，但对自己并不过分苛求。“汤姆的自我意识把握得非常好，”特伦特·斯托纳，我们的公共关系与市场总监评论道，“但是与此同时，他特别乐于奉献与关心他人，他从不以任何方式拒人于千里之外。汤姆是在用他的大脑和心在领导。”

4. 当心你的影响。我仍然记得高中时代我对琳达·哈恩斯的痴迷。我丝毫无法确定她是否也喜欢我。她笑了吗？我们在说话的时候她看我了吗？不管你喜欢不喜欢，员工就是这样想老板的。这是不公平的，也可能显得有些奇怪，这就是事实——来自老板的一个错误的眼神可能毁了某人的一天。它是保持关注的歧见分界线，但是你的警觉是有限度的。在一次销售会议上，我忘了把眼镜带到会议室，我没当回事，第二天我了解到，一位年轻的销售助理，正因为他在扫视整个房间的时候朝我点头和微笑而我却疏于反应而令他感到难受。我立刻给他打电话并开玩笑说没戴眼镜仅能看到人的模糊的轮廓。他笑了并接受了我的道歉，我也再没忘记过拿眼镜。

5. 像神探科伦坡一样调查。开明的企业家应像警察一样探明真相。如果关键的细节漏掉了，当然无法做出正确的选择，解决重大问题，制定有力的策略。当员工告诉我事情还好的时候，我会进一步问：“有什么我可以帮上忙的吗？”“当汤姆选中了某个区域的时候，我们需尽其所能做好每件事以确保商店在全速动转。”首席财务官帕斯卡尔，一位爱荷华州的地区经理说。每次我检查工作之前，首席财务官会将我经常问的问题一遍又一遍地问他的全体工作人员。“果然，”首席财务官回忆道，“汤姆停止问许多我问过的问题。但是他得到了20个新的答案！”

6. 不能留情面。人们会本能地不想让老板知道坏消息。有些人会试图保护表现不佳的同事，或隐瞒尴尬的细节。也有时候，真相难以捉摸，因为没人明白问题表象和事情本质之间的关联。尽管如此，也要小心。我有时会打击神经而不是打击经络。“有几次，”韦恩·西莫说，“当我想伸出手喊停的时候，最终，汤姆是对的，因为每件事总是要摆到桌面上来的。我不关心其他人怎么说，那才是置身其中的积极向上的企业文化。”

7. 练习“手风琴”。最好的决定既不单纯来自自上而下的领导发令，也不完全来自自下而上普通公民投票。它来自于共同的努力，我称之为“手风琴”。你可能想说自上而下的决定更明智，因为高层管理人员对于经济、文化和与使命相关的事实拥有更广阔的视角。然而管理者如此频繁地外出，以至于不了解底层和不好的细节，即使仅仅因为员工不愿意传递坏消息。补救的方法是：尽可能通过更多的渠道收集原始资料。我喜欢告诉人们：“如果有些事情需要讲，不要简化或改编，只要求坦白地讲出来。”

在太多的商店，底层员工不是被忽略就是被贬损。理由是可以预见的——嗨，如果我的雇员比我聪明，我就得向他们汇报了。可能一个普通的军事格言能散发一些光芒：“在与敌人接触的时候作战计划永远无用。”没有从前方来的持续的反馈，决策者制订的计划会显得幼稚可笑或存在致命缺陷。那正是韦恩·西莫从维修车间开始进行店面检查的原因。为什么他主动同指甲下满是油污的小伙子们交谈？高中时，韦恩曾为名为迈尔的家中好友盖过房子。每天早晨，迈尔在他的旅行车停下来后先直奔电焊工处。一天，韦恩问他为什么和领班最后说话。“韦恩，”迈尔说，“和小伙子们聊过之后，我知道是否在以正确的速度砌墙，我知道是否在运送沙子，我还知道水泥工是否来过。这样我走到领班那的时候，他不能蒙我。”

8. 消除障碍。我在位于芝加哥的壳牌石油公司工作的第一天是令人振奋的。我当时 21 岁并做好了服务世界的准备。我希望当我的老板想起我的工作表现的时候，映入脑海的是“卓越”二字。我从没放弃去做伟大的工作的愿望，但是，一点点地，膨胀的官僚主义和难缠的日常事务，磨灭了我的斗志。我还学会了不去硬把大家从不能再等一分钟的计划中生生拉出来去进行下一个，不在非常必要的时候不开会。人们在深陷于制度的烂泥中的时候是没法飞翔的。

9. 确保他们在决策圈内。我离开壳牌石油公司的其中一个原因，是我不知道自己是否重要。每一条重要情报都是封锁的，那样做是没有道理的。各个级别的领导都需要获得真实的数据以做出明智的决定，并鼓励大家去实现他们的目标。信息共享也是有价值的安全保证措施。比如艾尔，我们的一位副总裁，因为他的老雇主很少与之共享最初战略和财务影响，感觉受到高层保密文化的疏远而选择了离开。在驰加，所有部门的领导都知道每个阶段的收入费用流，每个部门都可以相互提建议（所有员工都了解他们商店的详细收益表）。“没有那种文化性的彻头彻尾的信息共享，当我们流失了一个关键管理人员的时候会受到巨大损失，”艾尔说，“我们也不能在避免混乱的情况下很好地接管他们的部门。”

所有的员工都应以简要的形式被告知公司的表现和计划。通过企业内部网、群发邮件、内部刊物和团队会议等形式让他们了解最新的情况。透明激发忠诚。就像山姆・沃尔顿指出的：尽你所能地与员工交流每一件事，他们知道得越多，也会理解得越多。他们理解得越多，也会关心得越多。一旦他们关心了，就没有什么能让他们停下来了。

10. 面对事实。我对一项计划的热情曾被认为偏离了常识。我只是希望实现自己的想法，细节确实烦人。正如《纽约时报》评论家 A・H・魏勒嘲讽的：“对于不需要亲力亲为的人来说，没有什么事情是不可能的。”有时我需要花几个月的时间才能意识到计划是注定要失败的。我曾叫韦恩・西莫在我们所有的商店都提供爆米花。他挠了挠脑袋，按时给出了购置机器和外部供应的报价，还调研了用高质量的玉米做爆米花的情况。

他抓住每次机会告诉我爆米花不会吸引顾客，更不要说经理们有更好的事情需要做。"汤姆催促了我6个月来完成爆米花计划，"韦恩回忆道，"一天我准备足够充分去让他理解我们还需要食品许可证，那意味着迎接定期的城市食品检查，还要为销售人员配塑料手套。最后，他举起双手说'好吧，我放弃'。"一年后，当我交给韦恩一个新的计划的时候，我在他脸上看到了熟悉的表情。"这是另一个爆米花计划，是吗？"我笑道。日后这成了我们内部的一个笑话。

11. 无话不谈。拉里，一位咨询客户，想缓解他位于明尼苏达州阿波利斯市的小型包装企业的紧张关系。"我只是不明白为什么这里的人不能愉快相处。"他告诉我，"我告诉他们应该做什么，但是他们好像连简单的指令都完不成。"与他的员工谈完之后，我直截了当地告诉拉里他才是制造紧张关系的人。我了解到拉里经常发火，当员工询问工作方法的时候，他常说"因为我这么说"或"只是去做，好吗？"这样的话。我告诉拉里："那样做不会让别人认同他的想法。他们会把你的话当耳旁风，然后按照自己的方式做事。如果他的建议有道理，告诉他你会考虑他的建议并给他反馈。如果他的想法不具操作性，解释给他听。如果他依旧感到心烦，说一些这样的话'我知道你不同意，但是我想这样做是对的，因为我希望为了公司的利益你能支持这种做法。'即便他不同意你说的，如果你在乎他的想法，并解释了你的理由，他更有可能接受你的决定。"

12. 需要你来引领大家用新的眼光看事情。不幸的是，领导们习惯于制造一个什么都知道的假象，直到遇到很大的挑战。去聆听新的想法，不要去反对他们。他比任何演讲都更能影响人。记住，你说"我不知道"的次数越多，你越容易听到"我们去解决吧"这样的声音。

13. 把错误看做是机会。在受挫最严重的时候，可能恨不得员工在犯错的时候撞破他们的鼻子。我以前就这样。很明显，去批评本来已经很自责的员工是一种病态的残忍。此外，当老板严厉责骂你之后，你的士气和自信都会消失，尤其是在责骂无礼、小气的时候。开明的企业家会提出一些引发思考的问题，直到理解的光芒闪耀。下面的对话可以说明如何运用基于问题的教导方式将工作失误转化为教育的时机。

你：既然这样，约翰，在因为你把表格填错了导致我们失去了那份订单的时候，你有什么感觉？

员工：非常糟糕。

你：嗯，是很不好受。这样的事情以前也发生过，是吧？

员工：是的，几个星期前。

你：当时是怎么回事？

员工：我不知道。我想当时可能有些着急，疏忽了。

你：这次也是这样吗？

员工：我想是。

你：好的，现在看着这个1分钟，如果你发现自己又着急了，你会以怎样不同的方式来做？

员工：我想我会告诉自己慢慢来，确保每个细节都是正确的，因为一个错误的数字会把整个事情搞砸。

你：是的，你的工作要求在所有的“I”上打上点，在所有的“T”上打上十字，不是吗？帮个忙，在关注细节上给你自己打个分。

员工：可能是C-。

你：好，很诚实。你变得更好的愿望有多强烈？低、中等、高？

员工：高，当然是高。

你：这正是我们所希望的。现在，你愿意努力提升自己的技能并得到认可吗？

员工：当然。

你：太好了。让我们一起想个行动计划来使之成为现实吧。

与听讲座只能发表一方的观点不同的是，与员工合作可以获得双方共同认可的解决方案。它只花费了一点点额外的时间，但是却会节省大量的时间。这种方式可以维护自尊并帮助员工吸取教训。当员工运用自己的大脑来找出解决方法的时候，他们也更愿意欣然地去运用这些解决办法。这是人类的天性。人们希望展示自己的才能，他们渴望那些受欢迎、受鼓舞的瞬间。

当然，有时行动本身就说明了这一点。故事里讲到托马斯·爱迪生和他的团队工作了整整24个小时来生产第一个商业灯泡。实在是太累了，爱迪生将珍贵的灯泡放到了他年轻助理的手中让他带上楼。小伙子紧张得发抖，以至于在上楼的时候不小心把灯泡摔碎了。团队又花了24小时制造了第二个灯泡。又到了把它拿上楼的时候，爱迪生微笑着再次将灯泡交到了小伙子的手里。恢复了信心的小伙子将灯泡送到了楼上，这次没有发生意外。出于信任的简单动作，使爱迪生赢得了这个小伙子一辈子的忠诚。

14. 严格但不粗暴。一天，一批高性能轮胎送到了我们的一个商店，而不是它真正的目的地——我们的主要竞争对手那里。戴夫，这家店的经理悄悄地接收了这批货，结果在不久前的一次稽核中被查到了。在被追问细节的时候，戴夫交代杰里，他的区域经理，建议他扣下700美元的轮胎。我碰巧去看望生活在印第安纳州的妈妈，只能匆忙地去参加远程会议。审议意见是很粗暴的。我的人力资源和损失预防管理人员极力主张同时开除戴夫和杰里，按照他们的推论就好像戴夫和杰里闯入了竞争对手的商店并偷了他们的轮胎。另外两名管理者争论说应该停职，因为戴夫和杰里记录清白，且有过多年的出色表现。

我带着挑战的口气插话道："我希望从未接受过银行里的钱或杂货店里的货品的人来举一下手。"沉默。"他们做错了什么吗？"我问道，"绝对是，需要承担什么后果吗？当然。但是它不能等同于闯入了另一家公司的商店。也不要告诉我这值得摧毁两个优秀的人的事业。那样做就反应过激了。我们当中有谁不需要第二次机会的？"我们把轮胎归还给了UPS公司，并且处以戴夫和杰里两周的停职，当做他们的教训。当两个人听说我们要开除他们的时候他们几乎要垮掉了。我的管理团队也学到了一个教训，影响员工人生的重大决定不应在激动的时候做出。

15. 轻装上阵。公司开业几个月后，我们将“总部”从一个加油站的里屋搬到了一个郊区的小型办公楼里。正如我在第一章里提到的，当时资金紧张，所以我说服房东同意我在公共休息室里安一台售货机以帮助我支付房租。我在售货机里装满了格兰诺拉片、坚果和水果，期待着能抵消房租。但是，一直以来我是唯一一个往售货机里投币的人。我很困惑，于是我去问其他的房客他们是否知道售货机的存在。“是的，”他们说，“但是里面没有任何像士力架巧克力、好时巧克力或薯片这样的好东西。”这时我才恍然大悟。如果我喜欢健康食品，其他人也会喜欢，这种想法是不是不对？天啊，原来不是每个人都喜欢我喜欢的东西。突然，我的“良好的自我感觉”和换位思考能力的缺失显得那么可怕。

16. 集思广益。我们在为位于明尼苏达州阿波利斯市高档住宅区的第一家商店的开业做准备。有几位关键的管理人员和商店经理站在旁边，我看到了机会。“诸位，”我说，“在市场营销计划上我们再进行一次头脑风暴吧。”围坐在一堆轮胎旁边，我们碰撞出了很多个好点子。20 分钟内，我们构思了基本的营销活动连带十多个具体的行动步骤。

经验：抓住机会展开头脑风暴。当我跟店面销售团队讲一件重要的事情时，我喊一下暂停并激发动力，每个人停下手头的工作，用 15 分钟来搞定问题，然后备受鼓舞地回去工作。因为他们在重大决定中感受到了自己的分量。如果我在一个部门感觉到了气氛紧张，仅是举个例子，我会毫不犹豫地把大家叫到一起，询问发生了什么事情。通常，改变不良局面所需要做的，只是一次人们可以发表个人观点的讨论（提示：头脑风暴仅适用于你确实是在寻求意见而不是为已经做出的决定寻求认可）。

17. 快速反应。回想从前，不管下属什么时候来找我办事——审查草稿、商谈重大事情——我的条件反射是一样的：嗨，伙计，我会在我愿意的时候叫你回来，我是这里唯一说了算的人。然而，时限临近或错过了，我会非常生气。我会问其他人他们的报告在哪？他们解释说他们一直在等我的反馈。这样的情况持续了一段时间，最终留下了这样的信息：

第一，有一些事情我叫他们做过；第二，反复让老板做什么事是吓人的；第三，将意见反馈给下属的速度越快，事情处理得越快。先生，我想，从现在开始无论什么时候有人需要我处理什么事，我会以最快的速度把球给他们踢回去。

18. 弥补过失。在一次管理委员会成员会议上，尼尔提出了一个我并不太喜欢的建议。我当时心情很糟，就责骂了他。当我回到办公室的时候，我右肩的魔鬼催促我忘了它。"你确实对他有些粗鲁，"他说，"你给他发工资，他会克服的。"但是我左肩的天使不让他走。"那是不可原谅的，"她悄声说道，"如果是你受到了那样的对待方式，你会作何感受？去他的办公室向他道歉。"

我警示自己不要让自我意识战胜自己。我不得不将自己的身体从椅子上移开。深吸了一口气，我敲开了尼尔的门。"尼尔，"我说，"我为我让你感到难堪而深表歉意。那样做是不合适的，我答应以后不会再发生了。"幸运的是，尼尔接受了我的道歉。

出于种种原因，"对不起"这句话就像是企业家的氪星石（美剧《超人》中主人公超人一见到氪星石就会失去超能力），但这也是领导词典中最重要的词汇之一。对于感受到误解而生气或委屈的员工来说，这也是一剂良药。只有真诚的道歉，才能消除痛苦并修复关系。我们都会犯错误，但是拒不承认是所有的错误中最严重的。

19. 欢迎不同意见。丹佛的扩张计划在进行中。我的共同创始人，丹·古力特，已经花费了一年半的时间用来在富朗社区学院学习市场方面的知识，并从事商业房地产经纪人实习工作。我们已经在几个发展计划上达成了一致。本来是已成定局的——直到首席财务官比密斯，我们的特许经营副总裁在一次管理团队会议上突然提出："我觉得我们还没准备好。"不知所措的沉默。"我们已经进驻了堪萨斯市、奥马哈市和俄克拉荷马市。"他继续说道，"看看那些市场的现金流和现金收支情况，它们还不成熟。进军丹佛会削弱我们的实力。"

几乎围坐在桌子边的每个人都不同意，而且是强烈地不同意。我往里坐了坐，权衡首席财务官的观点，我最终说了一句："首席财务官是对的。"我们需要进一步关注数据，我转向首席财务官比密斯，"吉姆的评价准确吗？"比密斯点了点头。我们放弃了扩张丹佛的计划。决定暂停科罗拉多州的发展计划直到我们新的市场成熟了。一年后，我们在丹佛开了新店，曾有一次我打击过反对意见。但是那仅仅相当于给一个热火朝天的公司泼了一盆冷水。"汤姆开始鼓励我们保持自己的独立见解并分享观点，"吉姆说道，"尤其是当大家的意见与他的不一致的时候。"

20. 不要厚此薄彼。约翰是一位具有敏锐行业直觉和机智的应变能力的全明星人物。他曾执掌西方汽车用品公司，拥有美国轮胎和 NTW 这两家全国最大的轮胎连锁机构的西尔斯公司的一个分公司。在约翰开始参加执行委员会后不久，不管怎样，两个成员分别走近我并指责我视约翰为"黄金男孩"。他们抱怨我相对他们更看重约翰的建议。下次会议，我问是否其他人也有类似的感觉。他们都说是。我与为自己的偏爱进行辩护的冲动斗争着，取而代之的是，保持缄默并从他们的角度出发来看事情。

再没有什么比明星制度更打击士气的。确实，引入新成员以求得新见解是明智的。但是我做得有些过头，忽视了其他人而只倾听一个人的想法让整个屋子的人都难受。当然，你无法平等地对待每个想法。你也不能为了一个好的想法而抑制其他人的想法，要找到合适的中间地带。避免持续地重视一个成员的观点，或者以其他人为代价获得外部顾问的观点。

21. 表达感谢。很少有事情是值得感激的——或激发心底的忠诚——就像因工作做得好而送出的表达发自肺腑的感谢的镇痛软膏一样。在向我的管理者表达感谢的方法中，有一种是撰写一年一度的生日祝福，诸如下面这个是送给我们的财务主管吉姆·沃尔夫的。

吉姆，生日快乐。再次感谢你为我们团队做出的努力。你的贡献是非常重要的：降低利率，严格预算和预测，管理现金和赢利改进小组。在几个关键人物当中，你带着兴趣、纪律和专注来做这一切。你有着很棒的精神状态。再次表示感谢，希望你保重身体。汤姆。

真没想到，吉姆保存了每一封信。“那样的手写字条，”吉姆回忆道，“记录着我的表现，告诉我汤姆真的花时间去想他正在写的内容了。”埃里克·瑞安达，我们的损失预防“独裁者”，他以前待过的公司老板从来没有给他写过感谢信。“那是我人生中经历过的最好的瞬间之一，”埃里克说道，“我现在在我的新公司也在这么做，我的一位管理者跟我说，读那些我写给他的美好文字对他意义非凡。”感谢他人和将之看做理所当然的区别仅是一两分钟的事。

22. 公开庆祝。韦恩·西莫，一位16年的同事，从未抱怨过，总是很友善，他只是卷起袖子去干活。对于韦恩来说，工作很好地完成就是它自身的回报。1992年是辛苦但卓有成效的一年，我开始在我们年度大会上颁发“最有价值员工奖”。这就如同在我们小小的轮胎界里获得奥斯卡似的荣誉。我让韦恩整年都非常辛苦，但是我们创造了良好的经济效益，于是我给他颁发了首届大奖。“完全出乎意料，”韦恩回忆道，“在500多人面前，汤姆叫到我的名字并给我颁奖，我当时激动得根本讲不出话来，我真的太激动了。”人们渴望得到认可，不光是为结果，还为他们的想法。把握你能获得的每次机会称赞他们的努力（以文字形式）——团队会议上、非正式场合、群发邮件和内部刊物。斯科特·麦克菲，我们的零售部主管建议我们成立一个“汽车服务领袖奖”，我从未让他忘了这个事。几年后，我开始向和他一直工作的每个人炫耀斯科特的这个好主意。“你就是汽车服务领袖，斯科特！”我会和其他人说，“你们知道这家伙每年为我们赚多少钱吗？”当然，在你对某人大加赞赏的时候，他们可能会脸红，但是别犯傻，哪怕是一秒钟，他们对表扬是不会嫌多的。

CHAPTER 18

第 18 章 以自己的下属为荣

优先考虑创造力高的人并给他们一些特权

这已经不是你父亲创业的年代了。曾几何时，工作和家庭之间不可逾越的障碍已经被婴儿潮出生的孩子们踩在脚下了。在这一代人中，对于生命意义的空前的渴求在后“9·11”时代激起了对完整性（在员工自身生活中）和互联性（和其他人的生活）的渴望。

高技术的快速发展对摧毁那些事业发展的壁垒也起到了作用。现在用电子邮件将工作发送到家里进行办公已经是非常平常的事情——或者通过网络对办公室的工作进行远程遥控。我们可以坐在办公室里关注证券公司的投资组合、eBay 上的产品销售情况；用电子邮件给孩子们发饮食建议；我们可以穿着睡衣用手机给客户打电话安抚他们的同时，到热带海滩上享受“远程度假”（我还能带着滑稽的大鼻子面具：手机怎么会泄露你是不是穿着睡衣、戴着面具呢？我永远不会知道）。

心理学和技术的巨大变革也会引发文化上的余震。员工们对履行责任和灵活性的呼声越来越高，他们还想知道他们能否有一个不受手机或者即时信息（IM）干扰的个人时光。为了抚慰这些焦虑的员工，企业家应该：

尊重员工。在一次对驰加位于明尼苏达州阿波利斯市的门店进行的例行店访时，我向一位年轻的销售人员加布·洛佩兹询问店里情况如何。“实话实说，”他说，“不算很好。”加布说他最近才被告知，经过每周工作70小时后，他已经从小时工“提升”到一个受薪职位。他感到受了愚弄，而且没有补发加班报酬。他按部就班地向企业晋升制度提出了申诉，但是他感觉他的抗议石沉大海。

听了他的话后，我立刻给人力资源部门主管打电话，告知他加布的情况，并要求他解释。加布处在一个“灰色地带”，人力资源部门主管告诉我，而且我们有正当理由不付给加布加班薪酬。我对主管说，如果真有灰色地带，员工应该获得无罪推定；毕竟，当出现争议的时候，这也是我们能为客户所做的。挂掉电话后，我向加布道歉。第二天他就拿到了他的加班报酬。“那时候，我只是一个刚从学校走出来的19岁的公司菜鸟。”加布回忆说，他现在是驰加地区经理助理。“我真的要为汤姆花费时间听我诉说，并毫不犹豫地解决我的问题而喝彩。我会永远记得这些。”

加布的故事表明你不能忽略员工——你的内部客户，而只关心你的外部客户。这只是个简单的衔接的问题。尊重你的员工，关心他们的福利，他们会用忠诚回馈你，并且为客户服务建立新的标准。

期待崇高。不用担心期待过高。这些期待会激发他们最大的努力。吉姆·帕斯卡尔，我们主管特许连锁的副总裁非常看重这点。“为汤姆工作就好像为一位说‘我们希望在这里拿到冠军’的教练比赛。”吉姆说，“你发现了自己的能力，你会尽力达到他的标准，然后你自己就会拥有更高的期待。”

不过要当心。除非员工个人的期待设置非常明确——和团队的目标挂钩并且所有参与者都非常了解个人和团队之间的关系——否则设置高标准可能会破坏员工的生产能力和士气。这也是战略计划过程（第23章）的重要所在。战略计划清晰、可量化的组织与个人之间的关系。

把家庭放在首位。和那些商业神话相反，在一个纪律性强的、以完成既定目标为出发点的企业文化氛围中，把家庭放在第一位会提升生产力。我已经记不得有多少次员工们因为家庭缺席后而充满热情地处理工作了。也许双亲不用参加每场孩子们的足球赛、演出或者各种亲子活动，但是较高的出镜率对于孩子来说是意义重大的。如果在这种时候，你还要强迫他们留在工作岗位上，那么“身在曹营心在汉”也就不稀奇了。

> 7年了，每个夏天，拉里·勃兰特每周都会早走，去给他儿子安德鲁的棒球比赛呐喊助威。他是我们的一位重要主管、第三大股东。他还会巧妙地抽出时间陪他另一个儿子巴瑞特，他正在为取得跆拳道黑带而努力。为了补偿在工作时间的缺席，拉里会在晚上和周末加班。

需要记住的是，产出＝工作时间 × 效率。允许你的员工，不论是单身还是成家的，为了重要的家庭活动而旷工（如果他们不参加，会对家庭活动造成很大影响）是提升士气的良好心愿。这也是组织针对有不满情绪的员工跳槽的有竞争力的优势。

守旧的管理者们当然不会把自己对待员工家庭的态度和员工的忠诚度以及表现联系起来。我永远忘不了那一次我和妻子拜访好伙伴、在壳牌石油公司的同事，住在俄亥俄州代顿的阿特·戴维斯，我们已经有30多年没见面了。我们正在交谈，电话铃响了起来，阿特的妻子走进厨房去接听。过了一会，她回来了。打电话的是阿特的老板。阿特出去接电话时，他妻子说：“那个浑蛋，他甚至都不向我问好。只是问：‘阿特在家吗？’”现在，说真的，说一句：“嗨，朱迪，我是比尔，最近怎么样？”会死啊？！想想就知道，员工的配偶对他的影响力可是要比任何人都大。一年后，当阿特告诉我说他辞职了时，我一点都不感到惊讶。

信任员工。我们公司的企业文化是关爱、以家庭为中心的同时还要努力工作。这两方面是相辅相成的。当然，我们的管理体制也是很完善的，比如每周汇报、一对一辅导，以确保员工们工作正常。如果人们没有辜负自己的承诺，他们的特权系数就会被收紧一点。尊重并珍惜员工，尽量满足他们的个人要求——不要超出你的承受范围，但是因为这件事情是正确的事情——会造就乐于奉献的员工。

记住，高质量的员工希望得到信任和平衡的生活。正是出于这个原因，百思买集团（Best Buy）设计了 ROWE（从结果出发的工作环境）——来吸引一流的员工。这个流程在灵活性方面超出压缩工作时间、远程办公太多了，人们可以在他们愿意的时间、地点办公。所有这些所关注的就是结果——这项工作完成了没有？显然，这个办法并不是万能的，在很多公司也是不可行的。可是事实表明，百思买的员工们遵守了他们的诺言，提高了工作效率，百思买也因此获得了收益。

与此形成鲜明对比的是，守旧的公司办公室就好像监狱。它会吸干员工们的热情，让他们满腹牢骚。他们唯一期待的就是每两周一次的公告。从那种惧怕、灵魂窒息的环境中来到我们公司，让我的一位高管道格感受到强烈的文化震撼。道格在一家著名的国有公司工作了 19 年，“执行副总裁处处和员工们对着干，还挑拨主管们的关系。”道格说，“因为不愿意对要他负责任的事情做决定，只是让我们自己揣摩应该往哪个方向走。”不可避免的障碍就是使有能力的主管们离开了公司。他们虽然是很聪明、有追求的专业人士，道格的老板还是把损失当做胜利。他甚至向董事会吹嘘他又清除了一棵“杂草”。道格这样回忆着，“他的这种行为使主管们害怕做决定、承担风险、提出有创意的建议。那里完全变成了一个压抑的工作场所。”

CHAPTER 19

第19章 把人力资源部当成战略合作伙伴

将注意力从文档转向合作

人力资源部门就像爱丽丝岛一样。每个人——你那些簇拥的新员工，渴望着薪水——通过了人力资源部门的考核进入一个充满机会的新世界。对于守旧派们来说，人力资源部门不过是花钱的部门，他们唯一的工作，就是分发薪水支票、员工手册和效益报表。我要对那些老朽说，醒醒吧，朋友们睁眼看世界吧！

理念先进的公司把人力资源看做是战略合作伙伴，认为它可以通过与政策和流程相一致的任务、愿景和价值观把企业中的员工鼓舞起来。人力资源部门向员工们传递一种坚定的品牌信息。人力资源部门同时也配合管理层塑造企业文化、形成质量和安全流程、招收员工、员工培训、留住明星员工。很多小企业把人力资源功能外包出去以保持自身人力资源表现以配合与工作流程和标准。人力资源顾问和外部机构也可以对从利润、工资和工人赔偿金到招聘、雇用等多方面起到帮助作用。考虑到你所处的环境，可以通过对比这些提示并将它们混合起来提高员工素质。

人力资源是公司文化的保持者。最好的人力资源部门代表既支持公司，也要支持员工。他们是双方沟通的桥梁。你的公司的文化基调就是由人力资源部门在和员工们一对一、小组的沟通过程中奠定的。在理想状态下，员工们从人力资源部门接待人员那里离开，感觉自己的心声有人倾听、感受到尊重和珍视。如果认为公司所做的决定对与员工的关系有害，也要直言不讳，哪怕是面对最高领导层。一项惊人的调查指出了它的重要性：平均来说，只有 50% 的新员工逗留期超过 6 个月。人力资源的提升文化并提供出色的内部“客户服务”的能力可以使员工流失率降低从而降低培训成本。

将人力资源置入内部循环。在主管委员会的大会上和战略计划阶段，为人力资源的主管设置一个座位，他会结合公司的能力和目标提醒你关注通过员工的眼睛看到的各种问题。说真的，哪些问题不是员工的问题呢？人力资源关于各种草案和法案提交的引导也是有价值的。考虑到人力资源部门“为了大局，去向领导反映”的思想，它对人员、财务技术和市场都起到了平衡作用。

打印出你的政策。一份综合的员工手册证明每个人得到的是公平和一致的待遇，你的公司尊重工作和生活之间的平衡。这份手册涵盖了方方面面，包括公司利润、补偿指导、工作纪律、雇用条件、请假等各方面。把政策打印出来会表明上级领导会正确地据此管理。这份手册也会保护你不受虚假法律声明的伤害（第 6 章）。

提供有竞争性的报酬。最健康的公司会支付有竞争性的报酬，但是也会在财务上负责任。关于财务问题可不简单。太多的企业拥有者会为自己挖财务方面的漏洞以占用更多的资源来吸引和留住人才。我们的基本薪水是公平的，不过没有吸引力，尽管有进取心的员工会通过个人和团队表现分红提高自己的收入。使我们公司处于“最好的工作单位”清单上的是我们对企业文化的关心。别嘲笑我们。不断地学习使我们明白员工们比报酬更看重的是企业文化（第 37 章）。当周一早上，办公室里充满了欢声笑语，你的工作状态自然而然就出现了。

提供正常的健康福利。提供有吸引力的健康福利（涵盖医疗、牙科、伤残、视力、脊椎）对招聘和留住优秀员工大有帮助。这会提升员工们的士气、生产效率和对公司的忠诚度。将近 50% 的员工比其他福利更加重视健康保险（提示：要明确成本分担）。

很明显，小企业的雇主更倾向于保留健康福利，这样做不会受到后续影响。根据一份由员工福利研究所进行的小企业雇主健康福利的调查表明，提供健康福利的公司，要比不提供健康福利的公司有更强的企业文化。除此之外，没有福利的企业所支付的薪酬也明显偏低，他们的全职员工比例也相对较低。也正是这些没有健康福利的公司报告说，他们的员工在入职不久后就会离职。很惊讶吧？

提供员工帮助计划（EAP）。EAP 提供者可以为你提供电话银行，电话银行的员工都是训练有素的顾问。你的员工可以打电话就任何问题进行求助——包括情绪问题、家庭危机、经济压力、药物依赖等方方面面。这些问题都会对情绪产生极大危害、工作表现危机四伏和危害企业的文化。很多 EAP 都是与健康保险计划同时推出，也可以帮助你避免各种法律问题，并且大多数计划都会受到每个员工的青睐。

CHAPTER 20

第20章 放松可以减少抱怨

别那么高高在上

你的员工是身负重任的，他们对愿景充满干劲，有自己的价值感和荣誉感。只要稍稍努力，你就可以营造这种氛围，使公司成为最理想的工作场所，而不会像在任何其他地方工作。就像西北航空的先驱、前CEO赫伯·凯勒赫所说的：

> 如果他们来到一个他们认为有趣、能够激发他们斗志的地方，他们的思想就会被激发，他们在找答案，他们会找到。

从你开始，不管公平不公平，你和你手下的关系决定了你对全体员工的语气。我父亲和他的第二次世界大战时的战友告诉了我同样的事情："有的领导，能和我们一起跳出散兵坑，冲锋陷阵，我们会很高兴。"他们说，"可是有些领导，我们只想在背后给他一枪。"散兵坑里的同伴们是一样的，可作为司令官，你可以让每天都像一片天堂，也可以让每天都成为地狱。

放下戒备，别那么高高在上。聆听，要不时地问问别人，分享他生活中有趣的事情，或者用一个幽默、自嘲的故事暖暖场。有没有在一次重要篮球赛中一球未进？有没有把自己锁在门外，还穿着浴袍？

你得体的笑话和幽默感会鼓励别人也来凑热闹。有了这个基础，大家可以不定期聚在一起或吃个便饭或者一起叫外卖吃。如果天气允许外出野餐也是不错的选择。这样可以巧妙地把人们聚在一起并加强他们之间的联系。填满人们的胃是你对他们出色工作表示感谢的不错选择。每天，我们的管理团队都要围上围裙犒劳大家一顿午餐。暴风雪期间，员工们每天工作 16 小时为惊恐万状的司机提供服务时，我们则尽力保证他们能够有热比萨吃。

不过，这些还不够，不要停步不前。组织垒球、高尔夫球或者保龄球队，排球或者射箭队也不错。那么，园艺或者国际象棋小组，有人参加吗？欢迎夫妻雇员和前雇员——想参加的都会找到乐趣。这些活动可能会占用一些办公时间，不过也没有关系。因为这并不是浪费时间。人们互相不知姓名地坐在一排排的小隔间里，相约于某个下午在一个保龄球道上一决胜负。这样认识彼此的方式比 3 年中只在过道里的点头之交效果要好得多。

这样的同事友谊是非常有价值的，特别是当领导也加入进来时。我是公司篮球队的护理，参加一年一度的高尔夫球郊游，还参加乒乓球挑战赛去迎战大量想击败自己领导的员工们。通过保持这种一臂之隔的普通士兵的角色扮演，管理形成了一种“我们 VS 他们”的状态。如果上述这些活动都没有参加，也要在边线上亮亮相。每次我出现在现场鼓励我们的垒球队时，都会得到观众们的热情欢呼。

明智的投资者们也发现员工们的生活忙碌、复杂。要尽你所能帮助他们减压。如果环境允许（而通常是不允许的），可以实行灵活的上下班时间，使人们在工作日高效工作，当工作按时、保质完成后，就可以适当放松管理，因为大家都是负责任的成年人。

你想成为雇员们的英雄，并帮助他们不断实现目标吗？把一间未充分使用的房间改成“打盹室”。这样的决定很好理解：一个筋疲力尽的员工生产能力低下。《上班打盹的艺术》的作者，波士顿大学精神康复主管威廉·安东尼和他妻子卡米尔就认为一周每晚损失 1 小时睡眠会大幅度降低工作效率。当美国工人感到睡眠不足时，根据国际劳工组织（ILO）

的调查显示，51% 的人会降低工作量，而 40% 会承认工作效率会受到影响。我知道很多主管会认为允许上班打盹是个愚蠢的想法，可情况是在不断变化的。ILO 调查的 16% 的工人是可以上班打盹的。我希望这个数值将会有所提高。可以打盹的员工们犯错更少，工作效率更高——更重要的是——他们会从心里感到可以在这样一个尊重雇员的地方工作，是件幸运的事情。

形成“等不及要到周一”的氛围，不仅可以帮助你留住员工，甚至可以使已经离开的员工回来。当一位离职的员工经过大门离开公司时，我要确保他能够看到大门另一侧写着的“欢迎回来”那几个大字。很多雇主把离职的员工列为不受欢迎的人。这可是大错而特错的。我们把前雇员看成“终身校友”，会邀请他们回来参加一些特殊活动，就像高中的返校周一样。我们还会调查他们的现状以确定他们的情况（我们知道人的口味提高后，很难再降低）。如果一位前雇员在新公司很快乐，我就快乐。如果他像一条离了水的鱼，我就得看准机会，让他重新回到我们的“池塘”。

曾经有一家更大的公司向我们的止损指导埃里克·兰达提供了更高的薪酬和职位。在了解情况后，我握着他的手，“真不想失去你，埃里克，”我说，“不过显然你做的决定是对的。”将近 5 年后，我们的分店从 40 家上升到 150 家。我很兴奋地给埃里克打电话问他是不是愿意回来担任副总裁，拥有股权。“我对我目前的情况很满意，”他回电话说，“可现在的这份‘新’工作对我来说，不那么有趣了。在驰加我投入了大量时间，学到了很多。回来工作对我来说很有兴趣。所以我没有犹豫很长时间就接受了汤姆的条件。回去则像是呼吸一次新鲜空气。”

和前雇员保持真诚的关系是我们企业文化中重要的一部分。这不只是因为我希望他们回来，这也是我们的价值观之一。如果我听到有个雇员对我说前同事的坏话，我就会立刻打断：“他走了你很高兴是吗？”我会说：“是的，他是犯了一些错误，可我们谁不犯错呢？不管怎样，他是个好人。他作出了贡献，我希望他在新公司能够干得开心。”积极评价你的同事表明你的关心是真诚的，而且你不会把他们当做该扔的面包一样。这种真诚是把健康氛围凝聚到一起的黏结剂。

好吧，现实表明：不论你投入多大精力使办公室成为一个有趣、激发热情的地方，总会有一小部分人会抱怨。这是个让我感到头疼的情况——别人看起来越高兴，他们看起来就越不高兴。这是“如果你OK，我就不OK”，不过这没关系。

改变文化是困难但有回报，而且效果明显。但是没有捷径可以走，而且需要用心。一旦你决定全身心投入工作会令人兴奋并享受这个想法后，整个过程就到了转折点。斯坦福大学教授埃弗雷特·M.罗杰斯说过：“当大约5%的人改变想法后，这是并存的，当20%的人接受这个想法，那么这个想法就是不可阻挡的。”

CHAPTER 21

第21章

工作场所的福利

这部分产出一般是投入的3倍

健康的文化需要健康的员工。当我提议在我们的明尼苏达州阿波利斯市郊区的总部设置健身中心、桑拿屋时，执行委员会表示反对。“为什么把有价值的空间浪费在这些奢侈玩意儿上？”我说。“这不是奢侈品，这是必需品，当我们关心我们的员工时，其实是在关心我们自己。”执行委员会不是唯一的怀疑论者，戴夫·威廉密，我们的市场部副主管对这个提案满腹狐疑：“我们总部要建冥想室、练习室、篮球场，下午还要有减肥和瑜伽课？”戴夫说，“我的第一反应是，你没开玩笑吧？我们是轮胎企业，这没错吧？”

没用多久，我们就说服了戴夫。“现在回想起来，”他说，“我还记得当我向客人们炫耀我们所有的装备时所感受到的骄傲。当我走过他们时，看到他们两眼放光。”戴夫解释了公司提供这些舒适的辅助设施的原因，有一个内部大学，带有展示教室和服务区的模拟商店，一间可容纳100人，配有艺术气息的厨房。森林气息浓厚的休息室，来访者们对那个能够俯瞰池塘的巨大楼梯印象深刻。

在你感觉不佳时，不论是身体还是情感上，荣誉和工作效率都很难持续。常识告诉我们如果不锻炼；如果吃太多的垃圾食品；如果压力太大或者睡眠不足；如果自我感觉不好，那么遭殃的是工作效率。我不是在建议刺探雇员们的个人生活。出于良好愿望，告诉他们“应该”干什么，其实，这也算越界了。未免造成误解，我想出了3步走的流程。这个过程在过去的几年里启发了上百名雇员做出更健康生活方式的选择。

设置健康行为和习惯的典范。一位超重、脾气暴躁、烟不离手、整天狂饮不健康饮料的老板所传递的信息和一位身材健美、充满活力、情感真挚、总是面带微笑，鼓励下属的老板所传递的信息是完全不一样的。不过不要等着你成为健康习惯的领军人物时才传授积极的、关心自己的氛围。其实，雇员们与跟自己一起工作的人可能关系更好，他们也会对自己不健康的生活方式负责。

更关心他们。当我发现一个雇员明显睡眠不足、昏昏欲睡时，我会说：“我的老天，肯，你没事吧？你不像平时那么充满活力了。”从他的反应来判断，我会强烈建议他补充睡眠或者抽出时间经常锻炼，哪怕这意味着略微减少工作。当然，如果他不接受建议，我会希望他没事然后走开。很多守旧派表明了无声的信息：“这些去健身馆啊、吃健康食品啊乱七八糟的是什么？你以为这是什么？休假？我们付给钱是让你努力工作的。”明智的企业家应当对员工们每周在自我护理方面花费一些时间表示理解，他们在工作时间的效率会更高。

守旧派因为不鼓励人们请病假而不得人心。带病上班会传染病毒，没准连其他雇员也会被传染。如果有人打喷嚏、发抖或者流鼻涕，感谢他的忘我工作精神，告诉他回家休息一下，直到恢复健康。

创造机会让雇员们选择健康。我们的健康计划由一位健康教练指导。这不仅限于营养教练，而是涉及从减压、体重控制、戒烟、背部保护、情绪健康和药物滥用方面。人们可以通过现场练习课、函授，邮件提醒我们的内网、室内图书馆和EAP获得各种信息和训练计划，从办公室人员到店里的机械师，每周都可以花上5美元参加公司预定的15分钟指压按摩。

当然，不是所有人都能抓住机会，但是参加按摩的人的改善是明显的。以前拖延午餐时间的人现在都开始积极参加锻炼，受情绪问题困扰的员工们可以更好地解决自己的问题，这还要感谢内部的支持和专业的帮助。很多人只是不知道如何改变以使自己的生活更健康。看着他们抓住机会，开始改变，我很欣慰。

由于主动保持健康的结果很难衡量，所以这可能是公司所有者提供的福利中最容易被误解的一项。但是据我掌握的数据保守估计：产出是投入的3倍。这个结果合情合理。收益是非常明显的——保健费用和缺勤率都持续下降，创造力、工作效率和表现都有所上升。人们喜欢并感谢这些增进主雇关系的项目。

CHAPTER 22

第22章 善意面对员工的低迷表现

帮助承受巨大压力或处在严重危机之中的员工

乔是个“半机器人”。这个面带微笑的家伙熟悉当地情况，性格坚毅，为公司效力20余年，是个资深员工。他看过各种销售方面的书，在爱荷华州经营着驰加专营店，而且销售额总是名列前茅。所以当我发现他的销售额在3个月的时间内猛降时吃惊不小。当客户和雇员们的投诉、抱怨开始涌进我的耳朵时，我知道我们手头有个谜团急需解开。我安排了一次去南方的快速旅行。并抽出一些时间和乔及他的区域主管一起吃了顿晚饭。乔看上去显得有点担心。直到开胃菜上来之后，他才放松下来，他告诉我们他正在处理一场令人备受煎熬的离婚大战。难怪他的业绩这么糟，他分心了，失去了奋斗目标而且压力巨大。

对于令人痛苦的离婚，我毫不陌生，我问他怎么照顾自己。他说，咬牙忍过去就是了。乔是个硬汉子，是个真正的蓝领硬汉，并且认为向别人寻求帮助是软弱的行为。我问他愿不愿意听听我是怎样熬过相似的经历的。他点点头，于是我告诉他咨询心理医生会有所帮助，我希望他考虑一下。乔当时将信将疑，但是他承认这至关重要。乔随后两个月的销售报告表明，他正在向正确的方向转变。之后的几个月，情况更佳。后来，他给我打电话，告诉我关于他去看心理医生的事情。“哇哦！”他说，“这真管用！”然后，他对我的建议表示感谢，并保证不会让我再因为他的事情临时飞往爱荷华州。真的，他做到了。

在一本关于商业发展的书里要不要设一章基本全是心理健康的内容呢？因为工作岗位中最麻烦也可能是最危险的挑战，不是来自于知识的缺乏而是行为上的缺乏。

机能障碍行为是企业中致命的问题，而企业所有人很少会处理。后果就是摇摆蹒跚，不仅是指脆弱员工的情况损失，也指冷冰冰的营业额。在过去的十年里，精神与身体的抽样研究结果已经证明：如果没有干预，情绪，心理的混乱状况会削弱人们免疫机能系统，从而导致身体上的疾病，结果怎样？更多的缺勤，工作效率骤降。飙升的健康保险费用，大量人员调整，一个雇员的问题可能引发一连串的反应，可能危及整个组织的健康。那个谚语说的一点儿没错：“捡了芝麻，丢了西瓜。”

乔的挣扎表明：不管是婚姻危机、家庭矛盾，还是自儿时就挥之不去的恶魔，每个人的感情包袱都会在办公室有所暴露。这是不是意味着你得成为一个业余的心理学家呢？可能的。我们还是先来看看开明的企业家：一个意志坚强，充满热情，纪律严明的领袖。他可以促进员工主动体现该组织的愿景和价值。

在我看来，不了解人们的行为动机，就想成为一个激发大师是不可能的，所有领导都要好好学习一下心理学，这也是用来帮员工解决问题的基本工具。我没那个福气生来就能识别周围人们的危险信号，或者用一个开放式问题进行沟通，也不能将他引向不健康的态度或生活方式。几乎所有的成年人都曾经深陷游戏无法自拔——控制情绪的反复无常，防卫心理，工作狂，蓄意破坏，完美主义，拖延症，无名火，受害心理学，仔细看一下这个名单。这些都是你的雇员们正在玩的游戏。

建议：可以考虑要求关键雇员进行标准化的心理测试（之前要先咨询一下律师），迈尔斯－布里格斯型指标或瑞所－哈德森九型人格指标可以帮你更好地了解多种人格。当你掌握人际动态发展后，这些测试就不重要了。

作为领导，你要充分同情地面对雇员的低迷表现和火暴脾气。你会发现员工们告诉你他们的所作所为的原因后会有如释重负的感觉。情况经常不像你想象中的那样，比如在乔事情中，并不需要大动干戈，只需要一个建议或忠告就可以了。当你冲破机能障碍的阻隔和对方建立真正意义上的沟通，你帮他建立自信，给他鼓舞，同时也增强了你们的职业纽带。

如果你的运气不错，几分钟的探究就可以揭开秘密和耻辱。经过和迈克，我们公司的一位中层管理人员不算顺利的沟通，我推测他对某些方面缄口不言是因为他很在乎这些方面。在我们之后的单独面谈时，他假装忽略了很重要的细节，我很有礼貌但坚决地提出疑问，直到他把自己逼到无路可退，他泪流满面地说："我很抱歉，我要崩溃了。"

我告诉他："不是崩溃，是要突破心魔。"在极端的案例中，我会使用一种叫"两把椅子技术"。我想不出更好的办法来消除压在人格或职业风暴上的乌云了。一天下午，我的一位副总非常沮丧，并对自己的人生价值产生了疑问。"马克，"我说，"你工作那么努力，做了那么多事，这样听着可能有点怪，可如果你愿意和自己来一个交谈并且从积极的角度审视自己，我们可以试试，我从治疗师那里学了几招。这办法在我的处境和你差不多时对我帮助非常大。"

有点吃惊和兴奋，马克耸耸肩，说："到底是什么？"我搬了两把椅子，面对面放好，自然地把一把椅子叫"积极"、一把椅子叫"消极"。我告诉他积极一面的对立面就是消极。考虑到他的情况，这样做并不困难。"马克，你总是把事情搞砸，你继续努力，到底有什么意义？"然后，我让他换一把椅子回答坐在"消极"椅子上的马克所问的问题。用他积极的品质和他所做过的了不起的事情为自己辩护。这跟法庭上的辩护不太一样，却是很能说服人的争论。15 分钟后马克感到他还是个有用的人，心情也好了很多。之后的几个月，迈克用两把椅子的办法解决了自己不少的个人问题。

赢得信任。有的人只是不愿意开放他们的私人领域，这没关系。不要强人所难。如果你提示一下，很多人会主动跟你说出他们的心中所想。赢得信任，就会向你敞开心扉。他们需要知道你关心他们，而且和你分享的信息，不会在将来的某一天从别人那里获得。建立信任从今天开始，开始相互尊重的互动吧。如果再出现问题时，雇员们会相信你会为他保守秘密的（就像前国务卿科林·鲍威尔说的：人们不会用各种问题来烦你之时，就是你无法领导他们之日）。

停下来、放下手里的事情、聆听。当一个雇员有话要说，别想着业务，放下手中的事务，专心听他说。我们的一位区域主管布拉德·伯利，他3岁的女儿有耳朵痛的毛病，不断恶化的病情让大夫束手无策。有一天到门店巡查，我问布拉德她怎样了？“正常吧，汤姆在我们不在的时候全力照顾着店里。”布拉德回忆着，“可我敢打赌他每天要花上一个半小时和我坐在停车场，就替代药物一事进行讨论，他还告诉我可能有帮助的医生的名字。他甚至说：如果我约不到这些医生，他会帮助我预约。”布拉德和妻子采纳我的建议在饮食上做了些调整，最终她女儿的耳病治好了，而且她的健康也有所改善。“这真的很管用，”布拉德说，“你知道吗？一个领导可以花费那么多时间和我讨论孩子的病，我这辈子都忘不了他。”

要谦卑。乔在离婚过程中的挣扎说明，雇员在面对一个有同情心的领导时，要比面对一个永远俯视下属的专横独裁者反应好得多。和乔分享我的伤心过往，告诉他治疗如何有助于刚离婚的那段难熬时光，可以在主雇之间架起沟通的桥梁，并使我们建立更深的联系。想想如果我因为我的“自尊”而和人们保持距离，只是告诉他去看心理医生，我觉得乔在爱荷华州的销售业绩到现在也许也会不错吧？

消除障碍。老板应该从那巨大的装腔作势的精致的桌子后面走出来和员工们像朋友一样坐在一起促膝谈心。如果办公室有两把额外的椅子，它们都能派上用场，或者到公共区域——可以是空间的会客室，也可以是一张咖啡桌。

获得同意。显然，把个人话题引到工作场合需要雇员同意。怎样征得同意呢？我想可以从下层的表现入手，然后强调：“我们都知道你能干得很出色，可是是什么阻碍了你的发挥吗？”“你愿意告诉我是什么影响你的表现吗？”“我感觉工作中有个大问题，你觉得我们谈谈怎么样？”

如果你不去询问怎样帮助他们，你就没法击中问题的要害。

保持客观。如果你也受到类似的困扰，不要认为你的解决办法是普遍可行的，它与你的恢复周期是相关的，当然与你的经历也有借鉴作用。可要知道员工们的环境和生活节奏是完全不同的，要小心谨慎，耐心，对他的观点执开放态度。

言行一致。有一件事可以确保下属什么话都会跟你说，告诉他们你会理解他们，帮他们解决问题。可如果你的保证里掺杂了谎言，你的信誉就会受损。你不能带着评判的态度，不能屈尊，不能轻描淡写。只要破坏了信任，哪怕只有一次，也会让员工议论纷纷，最终成为一个笑柄。

指明方向。作为指导，你的目的就是将队员们的价值最大化。为了达到这一目的，永远不要忘了员工福利要先于他们的工作责任。异端邪说？对一个用保守旧观念来领导企业的老板来说，它是。把员工的快乐和利益放在第一位，毫无疑问可以有形或无形地造福企业。时刻准备接受外部资源，有时候你不得不面对各种专业知识的挑战——药物依赖、临床抑郁、婚姻不幸、虐待。你要做的第一步是向 ESP（雇员计划）求助，给专业法律咨询打电话。不要到此为止。列出一个计划单给支持小组组织，这些组织的责任就是帮助承受巨大压力或处在严重危机之中的雇员。把名单贴在办公室（内网或公告牌上）以提醒人们——帮助在这里。鼓励员工们考虑外部帮助以增加上述信息的可靠性，还可以帮员工消除羞耻感。有一点要记住：身陷麻烦的员工并不都知道该采取什么办法。给员工们指明方向可能是最重要的一步。

精彩回放

培育氛围

> **文化是不断培育的**。保持有活力的氛围是一个正在运行的过程。

它由实际领导创建，该领导可靠地规划了组织的任务远景和价值观。领导必须要关注人们的社交活动、身体状况、情感和动机需求。

> **把个人的雄心融入团队的抱负中**。没有什么能够比成为一个节节胜利的团队的成员更让人兴奋的事了。使用正式或非正式的方式进行沟通，同事间的协调合作才能让公司取得长足的发展。最重要的是，领导要以身作则。

> **借助一些法则来领导**。伟大的领导者有的是天生的，有的是后天塑造的。凭经验和感觉行事的领导可以通过学习这些必要的定律并将它们付诸实践来提升自己的领导水平。

> **以自己的下属为荣，并给他们提供一些特权**。了不起的雇员们追求满足和灵活性。他们希望受到重视，喜欢有挑战性、有意义的工作，他们以家庭为先。他们讨厌微观管理。

> **充分利用人力资源部门的有利条件**。把人力资源部门考虑成为战略伙伴。它可以激发你的雇员与你的任务、愿景和价值达成统一。让和人力资源部门合作形成文化的价值观，在财政上提供最基本的保证，开展质量和安全计划，招收新员工，培训并留住明星雇员。

> **让雇员有机会更加健康快乐**。建立健康计划，鼓励员工通过彼此尊重、幽默和偶尔的分歧形成友谊，你越关心员工，他们就会在工作方面越努力。

> **对个人问题渗透到工作中要有认识**。人首先是人，然后才是雇员。这句话的意思是人生中总会有问题或者偶尔的危机出现，这些都会削弱你的表现。要能够对出现的问题有所预兆和认识，这样才能帮助员工应对或向他提供适当的外界帮助资源。

> **在问“一切都好吧”时不要犹豫**。别忘了出现机能障碍都是事出有因的，因此很多机能障碍的人也是可以接受询问的。可有的人只是挤出一丝苦笑，不承认自己出了问题。你并不是万能的，所以，你所能做的就是帮助、辅导那些对你敞开心扉的员工；对保持沉默的员工，你只能满怀同情地看着他们。

第五部分

各就各位

建立一个结构完整的组织

想象一下你在肯塔基赛马大赛上观看罗斯赛马，这是一场在超级体育场举行的赛马。人们投注很踊跃。马儿们在各自位置上迫不及待地等着电动门弹开，骑士们也已各就各位了。旗子举起来了，铃声响起而电动门没打开。骑士们骂着，马儿们嘶叫着，场地官员们乱成一团，时间一点点地流逝，人们耐心维持的礼节亦随之而去。很快抱怨变成了怒吼，这绝对是一场噩梦。

你可以成为公司的任务、远景和价值的活动布告板，你可以有稳定的人才储备，他们完全为了公司，你可以为你有启发的、健康的文化氛围而感到骄傲。可你没有让他们各就各位，没人会行动。

质量大师 W·爱德华兹·戴明声称 80% 的错误属于系统错误，而戴明主要指的是制造业。他的观点的核心内容可以应用到公司的系统或流程中。即使戴明所说的错误比例在你的公司减半，但显然如果研发一套精密的用户友好的流程——从战略计划到进行会议再到电话礼仪——就可以帮助你们在竞争中胜出，结构完整使流程可以很容易地：

- **明确分工，责任和关系；**
- **合作，交流，做决定；**
- **分配布置资源；**

- 对变化进行回应；
- 发展员工；
- 提供稳定性。

结构性的关键是“组织结构图”要保持更新并让所有的人都看到，这样大家就对谁干了什么、谁向谁汇报一目了然。即使是一家小公司，人们一人多职，组织结构依然让所有的人都明确自己在图中的位置，这张图越扁平——意味越多的人向你直接负责——越好。你和各部门领导之间相隔的层越多，而且你和客户之间相隔层数也越多，那么双方的沟通就会越混乱。比如CEO们通常都让对海外成功有关键作用的IT（信息技术）和人力资源部门（人力资源）直接向CEO汇报，而不产生直接联系。你所指的重大项目就变得更难了。别担心，让更多的人直接向你汇报不会耗尽你的时间——当然，如果你用对了人，给他放权，并定期单独谈话的话。组织结构图是官方的权力，可是知道谁行使非官方权力同样重要。比如一位CEO的执行助理会比高层主管对CEO产生更大的影响。

如果没有一定的框架，任何组织——公司、政府、非营利性机构——都会无一例外地陷入混乱，一个纠缠的体系就像蹦床——总能让你蹦得更高，一旦有所改动就会被拉回来。而更大程度上依托结构，对有创造性的领导来说是很艰难的一步，这些领导者认为，设置分明的组织系统就像吸血的官僚。挑战在于要在太多官僚之间找一个平衡点。在安排上“头重脚轻原则”企业愿意随意更换，原因很明显。大企业家不愿意被庞大的官僚机构绑住手脚，所以希望自己经营，可这样做会因为规矩太多或没有规矩而造成效率低下和浪费，最终这也是小企业倒闭的常见的原因。

管理者要确保员工们专注于框架之内的选择和自由。一长串的“不能做”——不断地重复——会压制创造性。更糟糕的情况是过于关注不要做的事情，可能是你极力想避免的结果。1978年，大瓦伦达马戏团（这是一个以表演有生命危险的杂技而著称的“不怕死”的马戏团）的创建人卡尔·瓦伦达就悲惨地证明了这一切。卡尔以73岁高龄，在波多黎各和圣·胡安两个饭店之间尝试表演走钢丝。事后，他的遗孀说她丈夫生平第一次“把精力都放在不掉下去，而不是如何走钢丝上”。

CHAPTER 23

第23章 制订战略计划

开发实力和机遇，消灭弱点和威胁

当我们实现了战略规划时，我们就将竞争者变成了市场的主导者。战略规划是一切的核心，代表所有的请求、所有的过程和所有项目的目的。所有事情都以战略规划为核心，一切事情都以它为出发点。它从团队目标、操作计划、个人目标到行动计划乃至最低限结果，无处不在。“我们的战略目标把我们放在同一条船上，”我们的CFO，吉姆·比米斯说道，“让每个人都起作用，并帮助我们更紧密地在一起工作。没有战略规划，我都不敢想象我们能获得什么样的成功，从战略规划出发的每个选择、每个决定、每个行动并没有太多可说。”

凭感觉，尤其是在小公司里，把战略规划认为是浪费时间。他们会说市场变化得太快。没错，长期总是要向预见不到的事情妥协，战略规划是概念性的，5年或7年之后的展望，可短期或中期规划是有必要的。当然，你可能想不到所有可能性。可如果不知道进行有系统地展望一两年后的情况就是致命的错误。

计划赶不上变化

让我看一个不愿意改变计划的领导，我会说他是一个害怕改变的领导。这是人的天性，原地不动窝，在槽里是安全而且舒服，可太舒服了会让感觉迟钝。当你已经如履薄冰时，也以为自己是大赢家。冰球手如果只冲向球而不关心球会去哪里，是进不了太多球的。

优秀的领导是期待变化接受变化，并用变化带来的机会激发其他人接受变化，但并未忽视日常工作。同时他还会督促下属通过培训提高素质。沉溺于现状的管理者——由于恐惧而拒绝——只会加速自己地位的变化，我还记得一位参加“变化管理”研讨班的女士因为该项目是管理变化而不是改变管理者，就失望地退出了。

不要像新世界面食一样陷入措手不及之中。这家全国最大干面条制造商于2004年申请破产保护，而此前两周KK美国甜甜圈的业绩公报显示，上市4年来第一次净亏损1/4（2400万美元），谁是罪魁祸首？那场全民追求低碳水化合物饮食的风潮——新世界面食的副总则称这场风潮是人们一时兴起，很快就会退去。事实是退了，但在给我们的文化意识留下深刻的记忆及一大批企业倒闭之前，它是不会退潮的，对体制变革的误判暗示你的公司才是“退潮”的那个。

珍妮特·多兰知道应该如何保持敏锐。2000年3月，这位能源清洗设备行业龙头老大——坦能公司的CEO，召集她的50位高管进行了长达两天的战略会议。她告诉他们这次的目的就是完全转型。大家都表示非常惊讶。公司的情况前所未有的好。坦能在如期结束能源清洁设备行业的业务时销售额达4.54亿美元，利润为2800万美元，这家公司的上市股价已达到历史新高，它的资金流也非常健康，基本没有什么外债。

可珍妮特没有沉溺于这些数据中。一个月前她就感到将有大变化，她和她的执行团队相信迅猛的衰退和工业发展会彻底改变能源清洗行业的版图。更加灵活的竞争者，正在拉走坦能的客户，而其他竞争对手则将制造部分移向海外，新技术发展将使很多清洗方法被淘汰。

坚信变革才有出路，珍妮特的团队废除并重建了每一个前提和过程，调查表明相比起来应更关心健康和安全，而不是工厂干净的地板，他们也需要专业化的清洁队伍。坦能团队通过充满活力的头脑风暴，整理出如何建设并利用公司品牌的方案。这个办法很管用，由于2001年的衰退导致利润缩水86%。如果坦能没有从古老的“至今赢利”的商业模式转变成新模式，那么这样的降幅可能是致命的，坦能的业务数量保持稳中有升，最主要的是公司做好了在未来进行井喷式发展的准备。

不管你是“熊”还是“牛”，战略计划都是直接面对的问题，用一个探索性问题将它具体化：“我们怎样做才能在实力、机遇上占得先机并消除我们的弱点或危机？”关注SWOT（实力、弱点、机会和威胁），正确的计划就显现了。

战略计划有以下8个步骤。

定位SWOT。明确你所面对的每一个问题。7月（或下一个财政年度之前6个月）和各执股团队代表召开一系列的长达两个小时的头脑风暴会议，从部门主管客户、经销商到普通员工，每个组都应有自己的观点。把各种观点收集起来——宏观的、微观的和介于两者之间的——关于“自身实力和弱点，外部机遇和威胁”这四项的表格信息，然后把结果放在报告里即可。

设置优先级。到了9月召开主管会议，也邀请其他重要人士参加，对设置优先级进行商讨（“主管会议”可以是个小团体，只需要所有人或两三个高级雇员参加即可），首先通过总结行业发展，竞争对手的动态，去年表现和今年的财务预期使大家对整体情况有所了解。然后踊跃讨论从第一步SWOT清单中收集的哪个问题可以在下一年优先处理，由此推至2～4年，最好用铅笔标出18个月以上的事件。把问题分类到大标题（每次周期的大标题不要超过8个），现在优先级和分级已经完成，把它们分配给相应的主管。

要有工作压力并且要计划，计划，再计划。每一个优先级事件都有自己的专责小组，公司的项目问题由专家组成。接下来的两个月，他们会对优先级问题进行研究，制订责任和问责的明确方案，确定完成时间，分配资源，并建立控制。

提示行动计划。安排一个评论会（一两天之后），最好在11月上旬，与会人是上次参加优先级讨论的人，在这里专责小组负责人提交他们的行动计划，每一个计划都像一个博士论文答辩——必须要有辩护。辩护意味着尊敬的分歧是核心重要的，它促使专责小组细节准备标准程序，ROI（投入产出）预期和其他必要事项。

专责小组计划提交后，要给予放行，有的可以进行得很好，其他的则需要根据现在情况进行微调（需要修改的计划应该在两周内重新分配），当然每个战略目标是多个部门共同的工作成果——即团队协作，比如开设12家新店负责地产的主管要确保地点并监督建设过程。同时CFO要安排财务方面，零售操作人员培训的主管市场部门则要研究市场、制订计划、就广告费进行谈判，IT部门分析准备数据系统。

现在行动计划已经形成，把它们合并成年度大战略计划（我们的计划有10页），这个计划分为两大部分。随着年度任务、愿景和工作价值揭开序幕，基本的业务计划流程——产品和服务的提供市场而且你会以它为目标（很多计划都是在年复一年地不断微调中的），第二部分的SWOT和行动计划的细节。听上去是凭直觉办事，可你的战略计划也不是绝密文件，有一部分是适合合作的银行家，零售商和替代客户的联系方式。

提交部门操作计划。现在把所有行动计划的细节分割成碎片，打包分给相应的这些人，要求下属就分配给他们的任务做出个人运行报告，部门的主管将报告收集起来，批准通过后放进自己部门的运行计划。12月（或财政年度的最后一个月）把11月份开会时的人再召集起来评估并批准部门计划。然后更新部门和个人操作计划。

预算。在1月上旬就要开始预算，完成4个组合部分：项目盈亏声明，项目现金流月报，项目平衡表，资金开支计划——都应该考虑去年的情况以及今年的SWOT计划。

跟进。一个难以执行的计划是不值得费纸费墨地打印出来，跟进是至关重要的，热情会消逝，注意力会不集中。以下3种是避免上述情况发生并能起到监督效果的方法。

- 6个月之后（下一次也是6个月之后）召开主管会议对这个运行计划进行回顾。每个部门主管都可以请一位关键代表（从会计部门开始，他们可能是控制者；财务人员，也可以是应付账款的经理）来展示进程报告，并同操作计划设定的目标进行对比。报告人员，即部门主管为自己的表现评分。团队的成绩和评分（随后计入员工每年的效益考核中）可以是赞扬，也可以是挑战。部门主管最后可以总结一下过去6个月的成功和不足，也要展望一下后6个月的前景，报告完成后，除了报告部门，其他与会部门也可以补充。
- 每位主管要通过不断与雇员进行一对一的沟通，每月保持2～4次的汇报工作。
- 定期的1～3个小时的主管会议可以使战略计划维持正轨，可以每周或每个月开，这要看团队经验和变化的频率（我们每两周开一次）。议程包括：

  （1）半月盈亏总结，包括部门间的反馈；

  （2）主要部门指标的总结；

  （3）部门内外间的头脑风暴；

  （4）循环分享新观点和最近的成就；

  （5）提高竞争力；

  （6）介绍新企业政策和项目。

团队升级。每个月或每3个月用几个小时的时间将全公司员工召集起来，要求部门主管通过总结成败得失，得出下一个周期需要做什么及该怎样做来提高每个员工的能力，征求大家的观点。当然，这也可以是庆祝生日、迎接新入职员工的好机会。

为成功而压缩

当然，制订战略计划要开 6 天的会，对于小公司来说肯定是受不了的，不如放弃或压缩成一两天的内部会议。我们可以事先给与会者发邮件征求他们对公司 SWOT 的看法。CFO 或执行官要汇总意见并删除多余的反馈，这张综合的看法清单，显示了按照频率提出的 SWOT，这样可以取代整天的闲聊和坐在圆桌边的无谓的争论。

现在可以去开会了，在介绍了会议流程后（第 26 章），介绍一下会议整体情况。这部分大约可以用 90 分钟总结一下行业的趋势，竞争对手动向，去年公司的表现和今年的财务前景。把余下的两天分成头脑风暴和之后的 SWOT 调查。

对在清单上排名靠前的问题，多抽一些时间来讨论，因为这些问题要一对一交谈，高管会议和董事会上都被简短提到，现在他们在公司关键人物之间可以得到充分讨论（你应该把每个议题限制在 2 个小时）。这几天有工作午餐，肯定是漫长的。可相对于你们得出的方向和由此产生的凝聚力还是值得的，你们在获得的工作计划之外，还有高涨的责任感。设置的时间期限分配了资源，建立控制。把会议决议记录下来，并分发给公司的每一个人。

首先，创造和执行战略计划可能有点像学外语。但是这 8 步依然可以让你通过更新战略计划达到目的，利润提高 10 倍，营业额在 8 年内从 4 千万涨到 2 亿美元，是巧合吗？

CHAPTER 24

第24章 执行是王道

明确预期，然后激发、学习和跟进

再好的战略计划如果不认真执行，就不值一文。我的四步执行办法可以帮助员工克服障碍，而且在他们停滞不前时让他们明确目标，奋勇向前。

太过简单往往具有欺骗性。我们假设一个员工难以执行既定计划，并将这一情况归罪给同事们——因为他们没能正确及时填一份表格给他。

- 首先，他**明确期望**了吗？问问他是否知道需要完成什么，以及时间限制。他有没有填写备忘录。
- 其次，他**有被激发**吗？问问他为什么准确地填写表格很重要，而且为什么速度也很重要。
- 再次，他**学会**了吗？问问他是否能证明会填写表格，对于更复杂的项目，他是否用到项目清单。
- 最后，他是否能**跟进**？问系统运行是否正常以确保准确及时。如果是，对于该系统的不服从是否需要及时反馈。

每一个问题他的回答都是“是”吗？如果不是，告诉他你很乐意知道在他做完该做的事情之后，还该做什么？在完成了前面提到的四步以后，他才真正掌握了主动。

CHAPTER 25

第 25 章 有条理地解决问题

持续的思考可以解决任何问题

指责、羞辱、惊慌和迟疑——有远见的企业家不会在员工面前做出这种与身份不符的事情。当然，主管们可能会有挫折感。员工和企业家之间要共同合作和探讨，而不是相互争斗和指责。他们知道纪律严明的态度，严谨的工作流程，再加上巧干才能使问题解决起来像拼图那样有趣，而不像拔牙那么痛苦。

假设你部门销售数据表明比尔的业绩一落千丈，你问比尔怎么回事，他列了一大堆理由表明自己无力控制。“我尽力做好每一件事，”他坚持道，“可情况已经持续了几周了，生意不景气，老兄，那些新来的家伙开价太低了，就连天气也和我作对！”

面对这种情况要采取以下两步方略：外部对比和内部分析。说话时要直接和乐观，要表示出你的好奇，而不要显得过于傲慢，不然，他们会从心底里对你产生不满。“真的吗？”你可能回答，“但根据报告，黛比和马克思在相同条件下都刷新了他们的纪录。我们再来看看你的情况，计划上你需要每天给潜在客户打 12 ~ 15 个电话，可我看你的记录单每天都不足 5 个电话。怎么会这样？顺便问一句，你通知你的客户查收我们先前寄出的特刊了吗？我查了一下，你只通知了一半的人。暂且不说这个问题，可你新账户后续矩阵上，只有几个‘小鸡爪印’——你确定是尽力做事吗？”他能说什么呢？他陷入了困境。其实，他知道，你这样做是希望可以让他惊醒，从逃避中解脱出来，承担他应该承担的责任。然后，你再用一些有友好的话鼓励他：“我知道，你可以做得比现在更好。如果继续按照计划做，你就可以步入正轨了。”

我得说，流线型系统在面对解决流程问题时是有用的，但对解决人的问题时就没什么用（第 22 章）。情绪和感情的问题需要的可不只是精密度的引导工作。

不是所有的问题都可以一对一解决的，这也是学习群体问题解决技巧的重点所在。当我上路开始店访时，大家以组为单位确定症结所在并解决掉问题是件很有趣的事情，这个办法不论在哪里都可以大获全胜。

以下是解决问题的 7 个步骤。

建立和谐气氛。要学会或确定每个人的名字，“很高兴见到你，玛丽，你能参加这个团队很好”或者“真高兴我们又见面了，乔治，你今天气色不错”。询问他的配偶和孩子们的情况或者询问人们最近取得的成绩和进步。要真诚努力，使人和人之间建立起有效地工作关系。这样做的目的在于让每个人张弛有度。轻松愉快的俱乐部氛围对创造性地解决问题很有帮助。

提供帮助。确保每个人都能得到他们需要的帮助。有的人总是在想如果我们连现在所做的事情都得不到支持，还能得到什么新的支持呢？可能某个员工没收到一份重要的报告，可能市场部没有在升职问题上考虑某人。确保你会检查这些情况并给予他们满意的答案。有的人在表达自己的不满意见时会显得犹豫，因为他们不愿意被贴上“爱发牢骚”的标签。可如果你表现出愿意疏通闭塞的渠道的意愿时，他们就会对你敞开心扉。之后，当你和相应主管讨论这个话题时，不要提及名字。如果你的话以“吉尔说这和你有关”开头就会引起反感并导致不健康的三角关系和不好的氛围，如果你必须要说明源头，可将他的建议设计得更积极："吉尔有个很棒的建议，我们的流程可以调整得更好。可我需要你的帮助。"

评价数据。询问数据——营业额。顾客满意度调查、广告反馈水平——这些都体现着群体的表现。比如我会问商店经理上个月的收支情况和实时数据。那些信息提供了有价值的内容，也可以检查"一切都好"综合征的实事（过于乐观绝对也是个警示）。

赞扬和祝贺。指出和祝贺个人及团队取得的成绩，要为他们欢呼雀跃，如果是意外的成功，可以许诺请整个团队吃饭，称赞某人时要当着他同事的面，这样做可以鼓舞士气并向大家表明你的期待，感谢他们的出色表现，当然，他们也会以更加努力的工作来回报你。

认清障碍。询问每个人哪里最需要改进，哪里有困难。在一个信任和安全的环境中简单的一句"出什么事了"，可能获得各种有价值的信息。从问题的第一条线索开始，像哥伦布一样不断探索，直到你找到真正的问题。如果销售没有起色，可以查询一下遵守的基本守则。在我们这里意味着各项工作按序完成，提出问题："刹车检查了吗？""这些检查表上注明了吗？""告知客户了吗？他的反馈信息被准确记录下来了吗？"记住：每个问题的答案都在这个房间里。

再一次收网。为了确保信息真实，分发空白表格，并要求每个人匿名指出该单位最出色的地方和面临的最大挑战，这个办法可以让你大开眼界。如果这个单位不大，可以将反馈收集起来放在一起（保持匿名），然后一个个念出来。对积极地反应提出表扬，并挖掘挑战。对于较大的单位，可以随后安排一次会议，助手可以把反馈、评论，分门别类进行整理。将结果进行分类，不论你多么支持还是会有些员工不支持，尤其是当议题针对某一个同事时，可以有所保留，并且你随时可以就敏感话题采取一对一的沟通方式。

获得承诺。在同事面前被认为是阻碍团队发展的人会感到尴尬是很自然的事情，就敏感话题你可以热情地指出员工这样是对的，并把这个时刻作为教育大家的机会："我很高兴有人提出来，因为这可以很好地提醒我们，整个流程的每一步都会对客户服务、店里的销售情况以及最终的分红有影响。"然后，温和地问员工怎样才能做好。如果你对他的回答满意、对行动的部分表示同意。然后——下面一步就非常重要——要对方作出承诺，会付诸实现，接着定一个日期作进展报告，最后可以拍拍对方的肩膀由衷地称赞"很不错，约翰是个厉害的家伙，我知道你能做到，我们都祝贺你"。这样你会有很大的收获，当然前提是这房间里没有人感到自己成了牺牲品。

坦白、正直的团队，它的神奇之处就在于可以明晰问题的每个方面。这种情况可以使领导做出更合理的决定，并且对所做的决定更加支持——流程已经全部就位，头脑风暴无法产生有效解决方案的情况还很少见，就像伏尔泰所说的，持续的思考可以解决任何问题。

CHAPTER 26

第 26 章

让会议更高效

严谨的会前准备和严格的会议纪律

有人说开会是一件留住了一分钟却失去了几个小时的事情，那么为什么我们还要开会呢？很简单：巨大的回报，你集合了大家的时间把至关紧要的信息告诉很多关键人物，所以整个团队可以步调一致地采取行动。大家挖掘头脑风暴的潜力——一加一可能等于三。开会可以压制势力范围的争夺地盘——当一群人解决彼此问题时人们会很奇怪地变得对势力范围的争夺不那么敏感了。不过你还是将生命中一年的时间浪费在开会上——除非你用牛角号宣布日程安排和期望，这样做就太困难了，还要设置更硬的指标。否则，你就要听缺乏思维组织能力的人唠唠叨叨，然后跟着他神游天外了。我在“斗争”中总结了几条原则使自己在松饼被别人吃完之前抽身回到桌边。

会前准备

- 取消或至少问一下这个会议是否真的有必要开，很多议题都可以通过备忘录、电子邮件或者单独面谈解决。
- 还要开吗？好吧，不过不仅要邀请高层人士参加，还要保证达到公司规定的法定人数。

- 核实会议房间，还要补充一点，视听设备在开会前必须安装好而且要好用。
- 如果是电视会议或电话会议，要和参会各方敲定时间，不要和廉价话筒纠缠。技术先进的电话设备不会浪费远方参加会议人员的时间。用电子邮件发送日程、宣传册和各部流程给所有与会者（标明你时区和对方时区的时间）。对参加电话会议的与会者来说，还要增加一条：在发言前表明自己的身份。

安 排

- 准备好一份日程，包括出席时间和讨论时间的限制，通过电子邮件全部通知到，明确会议的时间、日期和地点。
- 提醒与会者要带好宣传册，这样可以将提问和记录时间最小化。
- 安排一个时间器提醒用时过长的人。
- 设一个记录机，录下日程项目所形成的会议进程。

行 动

- 按时开始，一分不差，这样做有助于准时。众所周知，乔治·W·布什开会时，就会把会议室的大门锁起来。10分钟后会议开始会给人们传达一个不好的消息——不管什么时候只要他们愿意，都可以拖拖拉拉。
- 我们开会的前60秒总是安静时间，只是呼吸和放松（有的人为了不迟到，是跑着来到会场的，他们可以用这段时间调整一下呼吸）。这简单的办法可以很神奇地使人们做好准备开会。
- 如果可以，尽量自然地围着桌子简短地和与会者打招呼，了解他们最近生活得如何？这种行为可以调动大家的情绪并团结整个队伍。
- 花30秒钟介绍这次会议的目的和重要性，不要指望所有的人就座后就可以集中精力。你需要把刚和丈夫争吵过的女士的注意力吸引过来。所以，一段很愉快的闲谈可以给人们以活力，让他们集中精力。

- 快速回顾一下日程表，然后询问是否有新发生的添加或删除。

保持步调

- 发言强有力但更要有技巧，把离题的发言打断。但在不要使某人难堪的情况下用积极的评论绕过这一点："苏，你的话听起来很重要，不如我们下次会议讨论吧。"
- 督促话多的发言者，哪怕他们正在发言。"嘿，托尼，仅供参考，我们讨论这个问题已经超过5分钟了。最好结束，这样我们有提问题的时间。"如果快没时间了，"嘿，托尼。好主意，你能总结一下吗？"
- 留意"积累"的趋势必须尽快结束，而不是允许每个人略有不同的方式说不同方式的事情，要求人们说"我也是"表示同意即可。
- 深入的六方会谈。要直视发言人。说话时提到对方的名字，"那么这个问题，吉姆应该可以解决。"
- 围绕难以解决议题的讨论并提出来说："我们还有2分钟，活动步骤是什么？"如果效果不大，也可以把这个话题留到下次会议或者约定委员会来讨论。我知道委员会的名声不怎么样。就像前下议院班内特·库克爵士曾巧妙地说："到委员会就是陷入困境。各种想法被提出来又被扼杀了。"可当委员会有纪律作保证时，就会节约时间，提高效率。

拉　伸

想象一下高风险的扑克游戏。把你的牌拿好，面部不要有任何泄露底牌的表情。为什么？牌打得太快，气氛没有时间形成。也就是说领导的观点会影响其他人的观点，道德等于一堆木片。要保持面目无表情，那就更有可能将自己描绘成无言的类型，并让谄媚者难以揣摩你的想法（如果你行动太快而无法控制的话，请一个你信任的团队成员为你提供线索）。

- 让所有的人都提出意见。你就会听到有深度、有启发的回答。
- 说一些俏皮话，你要把着谈话的语调，大笑和插话都可以使谈话保持轻松，而且还可促使彼此间的关系更加融洽。
- 每隔一个小时站起来伸展一下，活动一下身体能让员工更加集中精力工作。如果发现大家累了或坐着不舒服可以站起来缓解一下。

终点线

- 用明确的行动步骤结束每一个话题：“好！这正是我们该做的，谁要做？什么时候着手做呢？”免去关键部分，因为你在浪费大家的时间。此外，下次会议的日程就会变得臃肿而且似曾相识。
- 询问大家喜欢会议的哪个部分，也许他们的建议可以使会议更高效？
- 最后安排一下下次的会议。

冷却下来

- 当人们离开后，和开会走神的人谈：“嘿，吉姆你的想法很不错，可我注意到你开会时走神了，这可不像你，怎么样，一切都好吧？”
- 要求会议记录员把行动项目列表汇总并在24小时内发给与会者，简洁的条目可以比长篇大论更容易阅读。
- 记录员也更新了会议跟进条目，清单上面记录着接下来会议要评估的进程。

强有力的团队会议可以产生两个强大的副作用：第一，你以身作则教给下属如何高效地开员工会议；第二，你传达了这样一个在全公司都会“回响”的信息：我们看中效率和团队协作，我们需要你的帮助来解决问题。

CHAPTER 27

第 27 章 不断地发现问题、解决问题

持续的系统更新

有句老话说：成功有很多原因。公司的指数式增长源于我们对改进方法的孜孜以求，我们热衷于找出障碍，消除误会并对系统进行微调；我们工作的一部分就是标明好高骛远者，方法之一是进行集思广益的实地考察。有一次区域经理韦恩·西莫租了一架双引擎飞机，我们两个去考察一个全国顶级连锁的奥马哈门店。这家公司的信誉良好，跟进了一系列举措——他们计划将市场范围扩展到双城，那应该是我们赢利的最好市场吧。

我们分成了小组，租了车去采购，每到一家店，我们都要求更换机油，并观察他们的工作方式。在观察的过程中，韦恩回忆道："我得问一下经理，计算机系统是怎么工作的？"他向我详细解释了全过程。飞回总部后带着各种改进措施并将它们付诸实施。这就好像在通道凹进处安装了一扇窗，顾客可以在车里看到全过程。"回想一下，"韦恩说，"我们租了飞机飞到奥马哈，又飞回来了。的确够疯狂的。或者应该说我们有极大的热情把事情做到最好。"

这帮大孩子们想要通过"倾斜投资"的过程追求结构的精准性。倾斜投资结合了 TQM（全质量管理）和 JIT（工作指导训练）。倾斜投资的核心思路是完善质量的保证，消除浪费，让员工在结构优化的管理系统下投入

工作。它的基本目标是体现所有功能——从生产发展和销售到客户服务的出现——于是不会对终端客户产生价值的阶段就会被取消，这样做使创造价值的各个阶段可畅通无阻地进入到价值流中，很明显倾斜投资需要对顾客的需要的细致理解。如六西格玛原则，严格的，根据经验消除全系统缺陷的方法。六西格玛原则由已故的比尔·史密斯首创，他是摩托罗拉的可靠性工程师，他将缺陷定义为任何顾客说明之外的事物。通过用电器声明，六西格玛原则在仅仅 5 年的时间里给他们带来了 100 亿美元的巨额利润。

每年能够节约 20 亿美元的公司并不多，小型公司通常也没有 TGM、JIT 或倾斜投资的预算。不过你可以通过“发现问题（注意是问题而不是综合征）”的办法应对系统中的错误（综合征）。没有找到正确的方法去改正，按以下步骤进行就可以了。

- 寻求员工帮助，他们处于行动最激烈的位置，所以每个月要先问每个人“什么有效？什么无效？”要求员工报告发生错误的第一时间，要能接受错误，找出并改正他们可以避免将来出现的大问题。
- 当更好的方法出现后，要放弃系统的某些环节。
- 设立热线，有的员工不愿意引起，哪怕是最小的风波。止损公司的合作伙伴设立了一个热线电话，让员工们可以秘密地指出问题并提出建议。
- 建立系统改进委员会来发现系统中的“瓶颈”，从机器、原料到沟通和训练，只要能够修复破损的链条，做什么都可以。
- 请顾问做合作伙伴，限在倾斜投资、六西格玛原则或其他擅长系统改进的专家，前提是对时间和金钱方面投入小于产出。

精彩回放

建立有系统纪律的组织

> **关于策略和计划的制订。**这是一个有前瞻性、健康的组织的基础。

不要被流程吓坏，战略计划的制订可以开发你的实力和机遇，消灭弱点和威胁。

> **分4步执行。**明确预期，然后激发、教育和跟进。执行解决方案可以帮助员工们避免挫折，当他们偏离轨道时，要让他们回到正轨中来。

> **有条理地解决问题。**当个人或部门表现不佳时，不要责备，不要感到羞耻，不要害怕和彷徨，要合作、探索，不要斗争或指责。正确的态度和正确的系统可以把要解决的问题变成没问题。

> **掌握会议。**无组织的会议是完全浪费时间和精力的，有效果的会议来自于严谨的会前准备和严格的会议纪律。

> **发现问题、解决问题是长期的活动。**除了高端概念和完全质量管理那样的有序分类，告诉你的员工，他们的公司正在不断发展。建立内部热线，并考虑请一位顾问。

第六部分

零障碍沟通

少点自大，多点认同感

1968年，我从印第安纳大学毕业，进入壳牌石油公司西部地区位于芝加哥总部的人力资源部工作，那时我年仅21岁，我的工作就是确保建议的工资增长要和公司的改革不相抵触。我投入了一个充满理想的大学毕业生所有的青春和热情。开始了与社会的磨合。我引发了一场风暴，又把它平息了。我在上司那里碰了几次壁之后，我的主管尼尔·佩蒂特差点没被人们对我的抱怨淹没了。

感谢上帝，尼尔把这次怨潮看做是一个教育机会。他要求我跟着他走访了几位被我当做“南区斗牛犬”的“狮子狗”。尼尔简直就像是一个开外交诊所的，他以微笑和闲谈开始，慢慢转入探讨我之前被拒绝的要求，他认真倾听，并对上级的每一个处理方法表示赞许。可对一些他没有跟进的事情，他也毫不犹豫地表示不好意思。这是谦逊的。尼尔耐心地和每一位主管沟通研究解决办法，他不辞劳苦地补救各部门关系的努力让我吃惊。

尼尔给我上了两节简单但却很重要的课：第一，建立和掌握关系是有沟通技巧的；第二，你做的每一件事都需要建立和掌控关系，你与外界各种联系的质量最终决定你能否进行沟通，反之亦然，记住这句话，“少点自大，多点认同感”。

自大和怜悯是相反的，它们像磁铁一样相互排斥。你意识中进入了越多的自大，留给怜悯的空间就越少，可我们的文化对自大狂者们褒奖有加，对富于怜悯的人则不闻不问。如果你能看到美国的卡通化的行政套房上空飘浮的思想泡泡，很多都是大同小异的："世界要围着我转，我的需要是第一位的。"

尼尔让我明白，人们关心的不只是说了什么，还关心怎么说。多年后，斯科特·迈克菲，我们的一位高级管理者也学了这一课。一天下午，斯科特的一位同事哭着向我说斯科特的肢体语言表现出对她的蔑视，她对她的职位感到担心。我打电话给斯科特了解情况。"当汤姆向我解释时，"斯科特说，"我想，天啊，我妻子和我说过同样的事。"这次，我帮助斯科特了解了他留给人们的印象。他向同事道了歉并修复了关系。

如果你正在和同事争吵，让一步，把自己想象成一个复杂的沟通网络，需要处理接受的信息，并整理发送的信息。你的信息通道开放、干净吗？或者你的信号已经被自大产生的静电所干扰了呢？如果是后者，恐怕你要习惯面对数不清的沟通失误和误解造成的循环了。

CHAPTER 28

第28章

主动倾听

尤其是当这次谈话非常重要的时候

"嗨，我叫汤姆，我是个话痨。"没错，如果有这样一个关于对话的互助小组，我一定参加。以前，我把交谈当做是比赛——第一个让对方接受自己观点的是赢家，不过在没有考虑对方会提供什么信息就结束交谈，就好像在彩票获奖号码揭晓前就撕掉彩票一样。

当我还是个懒惰的倾听者时，从没发生过什么特别的事情。天啊，倾听就像呼吸一样重要——可我没想过这一点，让我茅塞顿开的是一次参加C·J·赫格特的"主动倾听"讲座，那是20世纪80年代中期，他的主题是：听是不自觉的，而倾听则需要技巧。当我知道倾听不光是注意从一张嘴里发出声音时，我向一个有洞察力的企业家的转变就开始了。

懒惰的听是浪费宝贵资源，同时还会伤害你的关系，如果我们没有倾听怎么能够真正的倾听他们的故事？如果我们不关心他们的问题和关注点，我们怎样让他们遵守时间完成任务？

在小公司——每个人都一职多能，赶最后期限、快速行走，就连语速都在不断变快——更好的倾听就是一个核心竞争力。想象一下性别、年龄、社会经济和文化背景都不一样的两个人在简单沟通过程中会出现什么误解和信息遗漏。

5 节倾听课程

首先要理解别人的话，然后再让别人理解你的话。让自己站在别人的立场上看别人的问题，增强了我的认知能力并加深了我与别人的联系和相互欣赏，这是认同战胜自大的更深层次证明，同时，还有一项好处是：你听得越多，在你说话时你所掌握的信息就越多。

成为一面人镜。我们总希望同事听进去我们所说的每一句话。如果我们先听他们讲完，这样我们可以锁定他们的交流方式并反馈给他们相应的信息。可如果你不先听他们讲，你会发现我们完全是处在鸡同鸭讲的状态。比如你正在和总是斟词酌句的同事一起进行头脑风暴。当你滔滔不绝、快速地向他讲述完你的点子时，可能会使他的思绪受阻而无法完全表达他的想法。在音高方面，也是如此。你简单的观点可能因为你的咆哮压过他的声音而不被接受。

尊重话语权也尊重讲话的人。人们很容易就判断出来虽然领导貌似在听，却没有倾听他们所说的话，没有出口的沟通道路是他设置的一堵墙——靠在椅背上，双臂环抱在胸前，不管他们说什么，他们听到的就是"我除了对你和你的想法表示蔑视以外，没别的了"。如果你的行动和上述领导很相似，大家以后就很少会称你为"动力先生"了。谁也不愿意与你分享他们了不起的想法了。相反，一个关心的接近——一个微笑投入的交谈，目光交流——让员工们认为你很真诚。心中设想：他所说的正确之处在哪里？我从中可以学到什么？错在什么地方我怎样表示反对？领导的倾听为部门和公司都设定了基调氛围，认真倾听的人会更加认真地倾听。

听弦外之音。面部表情，肢体语言和语音语调都会传达出各种细微的信息。在店访时，我向客户问询服务质量，对这种感受非常明显。我记得一位明尼苏达州的客户非常有礼貌，她对我们服务的评价是“还好”。可她不断地点脚尖和不停地翻杂志表明实际情况未必如此。“真的吗？”我说，“我能帮你解决什么问题吗？”她停了一下，然后告诉我她的提车时间超过20分钟了。掌握了信息后，我们找到了问题。

把听到的重复一遍。尽量模仿讲话者，但要把听到的解释给对方听，解释他所说的话表明你仔细听了同时也使你有机会澄清沟通中的失误（记住：我们最终的追求一定要表达给客户）。如果忽略了这一步可能会引起一连串的误解，从而积累对方的负面情绪，之后还可能要去道歉。

主动倾听的基础是礼貌，同感和不惜代价澄清误会，对于听到的不用全都同意。可你的专注和态度都在说：“我想知道你从哪里来，告诉我你怎么看这件事？”经过练习的谨慎，主动聆听，可以产生信任降低错误，并鼓励人们说出心中的想法。

把这种办法用于群体。埃里克·兰达在离开公司4年后又回来了，只是因为发现在会议桌上有了明显的变化，“在主管委员会中，包括汤姆在内，有一种趋势，将对手一击致命，”埃里克回忆道，“这样做会使人们感到很糟糕，并会在团队成员中造成分化。”埃里克是对的。真的谢天谢地，我用了聪明的一招。我告诉团队，腐败的报复性的行为不能存在。我提醒大家我们的任务和工作价值都需要关爱、相互尊重的互动。“当汤姆阻止了这种行为，事情开始运转正常了。”埃里克说，“人们不再害怕开会了，我们都知道在业务方面相互挑毛病，可以帮助我们所有人成长。”

CHAPTER 29

第29章 高效表达

写与说都要简单明了

有一天，我们的一位负责止损的副总裁给我3页备忘录。我扫了一眼后打电话叫他到我的办公室来。“埃里克，”我说，“这份备忘录写得很好，但我想让你压缩一下，写得简单点。”事实上，我要说的是所有的备忘录都要写得像写给公司的总裁一样。一位总裁每天要看100份文件，根本没时间看2页纸，何况3页呢？埃里克照做了，在下一次主管委员会的会议上，我把埃里克的备忘录展示给大家，并希望以后所有的备忘录都以这样的格式书写——短小的段落，副标题，书写简短，使用短句。“汤姆管这个叫‘兰达总裁格式’，大家笑了起来。”埃里克回忆道。

为保持直白、简短，几乎全民都在使用电子邮件、短信和电话提醒这些会让我们退化的东西。随着每天都有创新缩写在不断出现，数字化沟通层出不穷的速记和各种术语。为了避免疑惑，写完整句子，在礼节方面又犯了错误。同时将电子邮件看成是司机靠近自己车子的办法——如果疲劳或醉酒就不要使用，否则可能会将自己的企业引入歧途。

我难以忍受啰唆的交谈，终于在一次高层团队会议上我爆发了。一位高管陈述一个可能会推翻我们之前正要做出的决定的“事实”。我问她是不是完全确定。“当然！”她回答道。仅凭她的一个答复就草率地撤回决定，这不是我的作风。我请她提出有力的证据，显然她错了。不好的信息会造成混乱并破坏团队的目标，认识到这一点，这位高管为自己的错误感到很惭愧。我克制住自己的情绪向团队强调说："成功依赖的是严密的信息，而且要迅速有效。"我说道："我们需要用词准确，还要特别当心，不要把'可能'，'相当确定'认作是'绝对肯定'。"

进一步的沟通可以迅速传播言论。要抓住每个机会告诉你的团队，技巧超群的演讲可以节省时间，并扩大影响。当然，也不要超出你所限的范围，比如对社区成员传达你的公司的愿景（和经营范围）。那么，怎样表现才能像一个专业人士呢?

搭建舞台

了解你的听众。了解组员和组织者。首先明确事实参加人数、平均年龄、性别分类，接下来问 3 个问题来测评与会者的状态：他们知道我是谁吗？与会者是自愿参加的吗？他们对这个话题了解多少？最后问一下主要的"主导冷却者"是谁，于是你就可以顺利地掌握他们的节奏。

搭建框架。问自己 3 个问题：这次谈话的目的是什么？我如何引导听众？什么因素会阻止他们理解和接受？答案会向你提供完美的要点和表达你核心思想的交谈题目。

为交谈增加个人色彩。如果是你熟悉的领域，要在内容里加入自己的东西。引导听众的关注点，解释你说的话和他们的未来之间的联系。记住，听众一般都会在想，他说的这些对我有什么用?

保持交谈状态。把关键词记在回答卡上，以确保你的思绪不会跑题。如果你必须写出整件事情，边说边写，就好像在跟朋友说你心中所想的一样。

完善话题。把记下来的笔记放起来，一两天，然后以全新的眼光审视它们。想办法明确重点，丰富内容，你的开场白明确你表达的信息了吗？你的精彩结尾把你的观点进行总结并和实际行动相联系了吗？

练习，练习，再练习。和同事预先练习一下，或用一把空椅子代替听众。要像交谈一样进行演讲。不要讲太快，结束后再来几遍，直到能讲得自然、顺畅为止（战胜舞台恐惧的方法：戴尔·卡耐基的课程和面包大师的经历）。

证明你的介绍资料。了解谁会介绍你，事先了解一下介绍词，检查一下你的主题是否正确，改正错误并提供更新后的信息。

列出清单。列出你所有的需要：笔记本电脑，手卡，表格，调查表。需要使用视频设备吗？还是简单些，避免当天出现技术性错误。

候　场

在房间走动。在人们到达之前，先熟悉一下场地，练习一下上场和退场，测试一下扩音器。请工作人员确保一下坐在最后的听众也可以清楚地听到你说话。确保灯光和电源的位置，确信所有系统都能正常运转（如果有 PPT 展示，要使笔记本的屏幕正好面对观众）。

要考虑到软饮料。要在手边放一瓶水，时不时抿一口以保持声音有力。不过不要喝太多——除非讲座时间很长，会有休息时间让你上厕所。

放松。在走近灯光之前，深呼吸 30 秒，最好能够闭上眼睛，缓慢、从容的呼吸可以使你放松你紧张的神经，并打开思路。

提升你的关注。沉默地找出最合适的词语来帮助你的听众。

现场提示

不要躲在发言台后面。发言台是本垒，无线话筒可以使你在听众中走来走去，慢一点！新手一般会越说越快，使听众难以消化信息。不要低估停顿的价值，越来越快的语速很难抓住听众的注意力。

成为你自己。要和听众进行交谈。就好像你和亲朋好友在闲聊，头要抬起来，用目光和观众进行交流，如果你对自己的资料了如指掌，你就能顺畅地说完，最好要不时地重复一下，一定要自然，不要像机器人一样照着提示器重复所有的词。把关键词语写在记录卡上，或者写在PPT的文件上，这样可以避免缺失目光的交流。

演出开始了

精彩亮相。出于某种原因，听众并不会总是屏住呼吸期待着你的出场。他们的胃会咕咕叫，人也会犯困；有的人甚至刚和老板（或老公）吵完架还没缓过来。那么，抓住人们的注意力的关键点，从最开始的几分钟就为这次讲演定了基调。不要用低得只有自己听到的声音说来这里有多高兴。不要声称自己是个不称职的演讲者而降低听众的期待，也不要说你没有准备好，或感觉不好。如果你说了，你会听到嗡嗡的窃窃私语声，这会使你的演讲付诸东流，用心和灵魂去交流，用你的热情和激情去感染你的听众。只有你的最佳表现才让会场沸腾。

互动。向整体听众或个人提问，并记住他们的名字："莎伦，如果发生了那种事你会怎么做？"当情况合适时可以和自愿者进行角色扮演。"表演"总比"说教"有优势，讲故事、事实和数字会吸引他们的注意力。可是好的故事可以使听众思考，感受关注你的听众会欣然接受你如何靠第一份工作站稳脚跟并拯救了你的事业，或者你的销售王牌如何克服障碍完成了一场史无前例的交易，有激励意义的故事所传递的意思就好像把鱼肝油混到奶昔里——油很快就沉下去被吸收了。

激发行动。除非你证明了你能为演讲增加燃料，否则不要“点燃”听众。向听众教授如何把演讲内容转化成每天行动会产生的意想不到的效果。

准时、强有力地结束。把最好的留在最后，让听众们还想听更多，我一般会在演讲中加进去一些有趣的小故事。

CHAPTER 30

第 30 章 传递期望

让大家感受到鼓舞而不是失望

当你引起人们的兴趣后，直率的交谈就可以打开很多机会。不断缩小的期望会使员工们感到缺乏挑战而使企业发展陷入停顿。对大多数人来说，目标和热情像是有保质期的寿司。所以，我创造了问问题的 4 个步骤——告知技巧使人们放开自己，这些办法使主管和员工们保持着一份期待。

以下就是如何进行操作。

问："你的期待是什么？" 要了解你的团队队员的需求、愿望和期待——对于工作和生活，你知道你的员工们最看重什么吗？是赚更多的钱？升职？更有意义的工作？更多时间陪家人？

关系个人的工作方面，如果我们把它当成理所当然，如果我们只关注我们自己的需求，那么它们就会被破坏掉。在商业方面，这叫"人员更新"。别拿自己开玩笑，人员更新总和员工的需求无法得到满足有关，问问他们想从你这里获得什么？想从这个组织中获得什么，然后问问自己能给他们什么？

回答：“这是我的期待。”你的员工们知道你对他们的期待是什么吗？如果有机会发现，不要等到本书结束，明确说出你的期待，记录下来并定义你如何衡量他们后要求员工签字，无论是真实的或者象征性的。这样可以避免节外生枝，同时，也建立了符合的标准。

正式的定义期待是不是有点过分了？反过来想想其实也有一定的合理性。它使人们知道被寄予希望的期望后会更加小心翼翼，明确共同的期待会激发主动性并引导其向专业化生长，期待也为不断交换有建设性的反馈意见建立了平台。

问：“我该怎样做？”生活是不完美的。每天的琐事会使我们失去目标，使我们的承诺失去光彩。当你的同事向你汇报工作时，才会把你拉回现实。当然，我们要实际一点，不要指望员工对你“作为领导做得如何”能直接评价。有的人会把自己的想法毫无保留地说出来，而有的人哪怕有一肚子的牢骚，也会犹豫——除非他们注意到领导准备认真听取他的想法。即便如此，你也要诉诸于“3次技术原则”（每天问3次，挖掘更深远点，最后才能得到诚实的回答）或者试试ASU——问问题然后闭嘴，微笑地看着他，直到他开始表达自己的想法，人们道出了心里的想法，畅所欲言后会感到充满能量。

提问1：有没有我可以做的事情，让情况有所改善？

回应：呃，没有，应该没有。

提问2：我很在乎你的想法，斯科特，你说这里有没有什么可以改变的？

回应：不，一切都很好。

提问3（现在，可以更有针对性）：得了吧，我打赌你可以说出3件我做得对的事情和3件我本可以做得更好的事情。

回应：啊，好吧，是的。我想到一些事情。这没什么大不了的，可看起来，你牙齿缝里有花菜的叶子……

告知：“这是你现在应该做的。”使用训练的主要原则：

- 以身作则，而不是言辞苛责；
- 一点点鼓励可以使危机平复；
- 让人们感受到鼓舞而不是失望。

问/答技巧还帮助我了解了向我报告的主管如何对待向他们汇报的员工。我会经常地问主管委员会的成员们列出他们团队中所有队员的名字，然后我要求他们用问/答问题给他们和每个员工的关系评分。

- 你对他的需求、愿望和期待了解多少？
- 你觉得他完全了解你对他的期望吗？
- 他是否愿意让你知道他的好恶？
- 你是否定期给他以回复呢？

对于评分低于A的员工，我都懒得问原因。公司的主管们知道规矩：他们会踢开规划者们，安排和他们希望了解更多的员工会面。没人比韦恩·西莫更知道自己的员工了。他就是我所说的“内观”大师。在大厅里，午饭时间或者会议间隙，他都会和员工们聊上几句。一系列简单要求组合在一起是最复杂不过的，“你的孩子们怎么样了？”“你父亲感觉如何？”这些之后进行那4个步骤就变得简单多了。

韦恩了解他的员工就像体育迷看比分板那样清楚，“全职或者兼职，销售或者机械师，”韦恩说道，“我想知道你的名字、是否结婚、有没有孩子、养没养宠物，以及任何我可以了解你的信息。如果有人要辞职，我会比他们的主管还要早知道原因。”他们知道我真心关心他们。“汤姆总是目光直视着你，你可以清楚地知道他在聆听。”一位区域经理布拉德·伯利说，“因为他真的想知道。这是汤姆成功的关键：关心。”向下级和商业合作伙伴传递问/答技巧，对激发动力，保持每个人的期待明确和公开相当的重要。

CHAPTER 31

第31章 集思广益

新鲜的点子总是来自第一线

有一天晚上，我想在上飞机前吃点什么东西充饥。我浏览着机场餐饮站那少得可怜的选择：辣味奶酪热狗、巧克力松饼、冰激凌三明治——都不是很健康。我建议柜台后的孩子向经理提议增加一些蔬菜汉堡。他本来毫无表情，听了我的话后，却笑了起来。“你没开玩笑吧？”他说，“老板才不会听我们的呢！”这种情况使我认识到，有的管理者眼睁睁地让成功从自己的手中溜走。雇员们经常和顾客们打交道，就像一个小镇餐馆的服务员一样，他们对顾客的口味、需求了如指掌。

新鲜的点子是所有组织的血液。这些点子总是来自第一线那些了不起的员工。可悲的是，雇员根本没有机会向经验至上的企业家们告知如何把事情做得更好。那些公司都有类似于西伯利亚开发（The Transfer to Siberia）的传奇。所以，相关问题的交谈都在同级员工之间进行，而不会上达到领导（也就是你）。解决的办法？让各种点子和想法在员工中“流通”起来，你工作的“中心”要随着思路清晰、方便的员工沟通渠道一起跳动。这让我想起查尔斯·范多伦的一句诗：“接纳想法，并真诚对待，因为其中之一，可能为王。”

所有企业文化，不论多开明，都会有藏在暗处的怠工者。你发现问题根源需要的时间越长，问题也就越顽固——耗费的成本也就越高。挑战打破了员工的沉默，却没有破坏大家的道德和团结。

那么，如何发掘员工们的潜力呢？

在员工会议前要预见到头脑风暴。开会时，我会说："把你们真正的大点子给我吧。"然后，我们围坐在桌边，开始开会。一位员工可能会提出一个新政策或者新流程，另一个则会提出一项客户或者零售商那里反馈的意见，其他人还会描述一下团队成员的一项创新。头脑风暴非常猛烈，使会场气氛很热烈。如果你尝试一下，改变一下固定的形式，偶尔提供一些刺激以保持创意不枯竭。对于当天最好的大点子，我们还会奖励给那位员工一份餐券或者一笔小奖金。

让人投票。我们每天都会问员工们他们喜欢我们工作流程中的哪些方面、他们认为怎样可以做得更好。人力资源部门把问卷答案按照主题分类，并将总结提交给主管团队。有好建议，也有"烂点子"。你在看到一些建议时，几乎要忍不住高呼："吾得之矣！"我们会给员工发邮件"由于您的推荐，我们将对下列事情进行调整"和"我们不能实施一些建议，原因如下……"我们还会在每次战略计划制订会议期间对员工中进行一些调查询问。

询问新员工。新加入的员工会用新鲜的视角来审视公司，询问一下他们，还可以省一大笔高额的咨询费。不过要在他们适应公司的工作状态之前进行询问。对新员工的这种询问也会让他们感到自己的价值，这会促使他们更加努力工作。哪怕他们的建议很差劲，也要保持积极的反馈，这样沟通渠道才会畅通。

一天早上，位于明尼苏达州阿波利斯市郊区一位新来的销售人员向我提起，他感到机械师和销售人员之间似乎有点摩擦。"装轮胎的工人好像很不满。"他一无所知地说，"好像他们觉得我们的工作很轻松。"10分钟后，我遇到了那个门店的经理。我问他机械师和销售人员之间是怎么回事。他有点不情愿地说了双方之间紧张的关系。“哦，真的？”我说，“你觉得该怎样来解决？”我们俩想了几分钟，最后决定结束这种混乱的局面，并想知道大家都在想什么。这就像一个群体治疗过程，不满的情绪最终得到发泄。结果可想而知，合作也进一步得到了加强。

对离职员工的问卷调查。离职的员工是被忽视的资源。这些人知道你所需要的信息。你可以很简单地问：“你觉得我们还有哪些地方需要改进？”要做好笔记。这对于要卷铺盖走人的员工来说并没有什么损失，而且他们可能会乐于和你说点什么。有时候，效果可能会很不好，但也许也会产生好的反馈。最好的结果是，请一位即将离职的员工和老板谈谈，而且要单独和老板谈。

对于谈话内容要有心理准备，可能会有你不想听到的内容。但是你必须听，有的员工会偶然注意到他们说主管很少关注自己，他们没有得到足够的信任。优秀的员工很难找到，训练起来也是很费工夫的。

当你收集到各种建议、批评和公司的秘闻时，你一定要注意以下几点。

- 不管你如何吃惊和不快，都要对其表示谢意。
- 询问对方如何可以解决这个问题，人们通常会支持他们有份参与的解决方案。
- 保证机密性，如果无法避免消息来源，向所有人公布你研究的结果，并继续研究下去——这些信息会帮助整个公司和公司中所有人的成长。

至少破坏这些规则一次——采用单方面的，有冲击性的解决办法，或识别你的消息来源——那么你的智囊渠道就会萎缩，更糟的情况可能是，心怀不满的员工会报复这个告密者或者出主意的人。

CHAPTER 32

第32章 面对面交流

一对一表达批评需要技巧

优秀的老板会帮他的员工纠正方向，克服障碍。这也许很明显。可实际情况则未必如此。要小心地避免像《朱迪法官》剧中的CEO那样。换句话说，人们总是喜欢回馈，而不是害怕它。有一次，我和布拉德·伯利开了几个小时的车来到明尼苏达州的图卢兹进行店访。我们花了10分钟，才搞清楚状况——经理去滑冰了。我对此深感失望，对经理，也对布拉德。

我和布拉德走到街对面的一家加油站，随便点了东西喝，盘算着下一步该怎么办。

首先，汤姆盯着布拉德的眼睛说，你干得这么出色，却允许这种事情发生。在他们列出该做什么之前，汤姆说了所有布拉德做得正确的事情。在离开图卢兹之前，汤姆确信布拉德的思路处于正常状态。“嘿，”汤姆说，“你能做好，也会做好，因为你已经证明给我看了，不能让那个家伙再胡闹下去。”

如果一直抓着布拉德搞砸了这次店访的把柄不放的话，会使他处于消极、思路不清和缺乏创造性的状态。现在，布拉德对他手下的主管和他的家庭采取相同的策略。“当我对孩子们的表现不满意的时候，”他说，

"我首先跟他们说他们有多棒，我有多么爱他们。然后，我把不能容忍的行为单独提出来，然后盯着他们的眼睛说那些话。这些都是汤姆教我的。"

适时地把回馈发送给向你汇报的人，听起来有点无法抵抗。所以我把它们分成4个可掌握的部分。它们帮助我把刺耳的、有压迫感的过程变得令人愉快且有成果。

第一层：通过每周例会了解项目的进展（第32章）。

第二层：每季度的20分钟总结（第32章）。

第三层：每半年一次的执行计划评估（第23章）。

第四层：每年的表现总结（第36章）。

每一层都会提醒人们他们所肩负的期望，并在迷失了方向的时候指引他们回到正轨。注意：留心何种有组织有计划的反馈，并没有取代你尽可能对一个表现良好的员工或者对我称之为NTI（有待提高的领域）进行快速及时的现场批评的责任。不要担心杀伤力会过大。巧妙地重复是有效指导的关键所在。可能会用上几个月来改变人们的习惯，那么久会破纪录，人的天性需要不断重复。

三明治技巧

很多领导面对指责时，态度明显不一。他们可以在某人犯了重大错误时隐忍不发，却对一些小事情大发雷霆。这时候你就会看到员工们暗自摇头（或者嘟囔着"真是神经病"）。好吧，那就是以前的我。当发现有员工把事情搞糟或者做了有损公司利益的事情，我会毫不犹豫地痛斥他。当然，我会因为一些小的过错，让自己暴怒。这就是人们常说的，"反应太急，事后后悔。"我为什么会发火呢？经营一个公司，就好像骑着一匹不断跳跃的野马，为了活命就得死死抓住马儿的鬃毛，耐心恐怕是我支付不起的奢侈品。

在你申诉或改正错误后，人们会怎样想呢？准备好接管这个世界了吗？或者他们会不会在公休时诅咒你？谢天谢地，我及时把握住了自己。我学会让员工们“飞翔”，而不是摧毁他们。怎样办到的？使用三明治技巧：一片有问题的肉夹在两片积极的赞美词之间。

一片积极的赞美词：询问她是否接受关心，直视对方的眼睛、建立信任。微笑，对她进行善意的称赞：“萨莉，我不得不说，我很赞赏你对工作的认真态度。”

一片有问题的肉：问她正在承担的项目中的一两个问题，然后，专注于你的感觉、你的看法而不是她的行为。不是要告诉她，她搞砸了项目，这样会使对方陷入窘境；反而要告诉她你觉得她的作为会产生更好的效果。人们总是忍不住把你如何感受联系起来，他们没法和头顶的一记重击联系起来。别忘了，我们的自大很脆弱。当你感受到对方的防御情绪时，要说明你说的正是她的所作所为，你并不是在评估她的为人价值：“萨莉，这和你是谁没有关系。你知道的，我们看重的是你这个人，我们非常关心你。”如果不能当面解决，可以同意她之后带着建议重新讨论这个问题。

一片积极的赞美词：这一片上要洒满赞美，“不管怎样，萨莉，你的工作很出色，谢谢你的努力。”最后这一步，比让对方兴高采烈，无精打采，或者抓狂更与众不同。

口味提示：时不时尝尝这份三明治。如果你习惯性地在改正性批评后称赞对方，员工们会产生条件反射：你一称赞他们，他们就会皱眉头，向后缩（哎呀，高温来袭）——这是副作用。我敢肯定赞美—批评—赞美的习惯很难改。这已经列在我的 NTI 清单上很多年了。

促膝谈心

“不许找借口”，我对朗（他是我们的客户，拥有位于中西部的一家制造厂）说："你必须每周和向你汇报的员工单独见面。"他瞪大了眼睛，气急败坏地说："我哪有那么多时间？！我得打理生意。除此之外，我已经和人们说了很多话了。"我告诉朗，领导们犯的大错误之一就是我认为办公室的偶然拜访和大厅走廊上的碰面就是一对一的交谈了。为了巩固我的观点，我要告诉你一些一对一会面的好处。

- 清除了关键项目存在的迷雾，加速解决问题的速度。
- 为受误导的工人捋顺了思路。
- 通过公开你的安排使员工们对你更加信服。
- 通过在萌芽阶段就阻断错误避免了较大的损失，节省了时间和金钱。
- 让员工们为每周的项目检查做好准备。
- 加速创意付诸实施的过程。
- 减少推迟非重要问题到下次会议的次数。
- 通过开放式问题和全局考虑发现更深层次的问题。

每周或每两周举行一次会面，时间从 30 分钟到 2 个小时不等，在任何地方都可以。时间的长短看你员工的责任感和表现。日程安排可以简单直接。

检查。开门见山地询问事情进展如何。每个月都要询问员工们对工作感觉如何。对员工的精神状态保持了解可以知道他是否准备好应对挑战。对员工感受的了解也是你关心他们的表现，这种关心会对他们产生很大的影响。

评价任务。浏览他的目标行动报告（见表 32–1）。这个表格会跟踪预知性计划相关的项目。其他项目也会添加进来。每个目标都要列出 3 个日期：初步的草案日期、最终方案日期、实现日期。事业和行动目标也要填在表中（通常没有应实现的日期）以提醒他们的注意。目标行动报告可以提醒你记得在问 / 答技能中的前两步提出的期待（第 30 章）。这两份文件——打印出来或者作为电子邮件的附件展开，都可以满足你的需要。

表32-1　亚当·莱尔克的目标行动报告

目标	状况 / 下一步	草案日期	最终方案日期	实现日期
项目				
对供应商的重新投标（目标＝节省5%）	向鲍勃征求意见	7.12	7.24	8.8
重新评估黄页广告，重新安排广告位置	向代表询问成本	7.5	7.12	8.1
制订并实行频繁客户计划	和查克会面	7.7	7.12	7.21
评估劳务市场，并根据结果更新比率	和团队制定战略措施	8.3	8.28	9.15
和为TP提供信用卡的信用卡公司谈判	给审计代表打电话	7.6	7.17	8.14
计划并制定帐篷规模或者72小时促销	和琼妮商量	7.8	7.17	7.20
正在进行的任务	**频率**			
角色扮演售卖（显示轮胎深度，询问驾驶质量）	周二和周五下午			
安排每周报纸广告（星论坛、先锋快报）	周一早上			
对客户热情指数进行监督并报告	周四早上			
每周夜校课程	周三			

目标行为报告追踪所有行动，可以激励你的企业发展。有了这份表格的帮助，韦恩·西莫领导多个分公司就会觉得轻松多了。韦恩说："所有人必须全速前进，有135件事情要处理，然后汤姆会开始我们的'巡游'——店访。我不管他去哪里巡视，但回来后，我们必须开会。他可能会有上百件事情要处理，都是没有分类的。每件要做的事情都会

填入某个人的目标行动报告跟进中，然后我们要做的事突然就变成了175件。”

在我卖了驰加后，韦恩把这个报表带到了他的新公司。“这绝对有用，”韦恩说，“有了这个表格，我就可以知道每个人需要我做什么，他们优先要做的事情和时间安排。至少，这个表格会让他们干得更好。”

保持热门项目的运转。对于每个优先级较高的项目，要问以下6个问题（改变修辞可以保持新鲜度）。

- 对你的流程有没有什么看法?
- 你预期会有什么困难?
- 你怎么解决这些困难?
- 为了成功完成任务，你觉得需要别人做什么?
- 我可以帮你做什么?
- 你觉得什么时候可以完成?

抓住任何一个针对项目的NTI（有待改进的地方）：又一个要到期的项目来了又去了？归零：我们已经谈了关于紧急项目的到期问题，你已经错过了最后3个。出了什么问题？乔？

- 计划的重要性。
- 计划的时间结构。
- 计划的完成度。
- 你得到的警告数。
- 员工们达到期限的记录。
- 员工们的拒绝水平。

对每个计划来说，你都要慷慨地称赞它的进步。如果员工热衷于某项任务，要鼓励他。用赞扬总结该部分的工作：“团队里有个能勤劳工作的人真好。乔，我对你收集整理大家的资料，印象深刻。”

在整个流程中，避免是不是的问题。类似于“你有什么建议？”这样的开放性问题可以给员工思考的空间，使他们在漫游和微调的过程中得到自己的解决方法。用单音节词的回复提出挖掘性问题。“你觉得这个计划怎样？”“好。”“哪里好？”

回馈。要关注回馈。如果他说没想到什么，提示一下：“如果由你负责，你会做得怎么与众不同”。你还可以借助“3 条法则技术”（第 30 章）使他打开思路：“来吧，我知道，至少有 3 件事情你希望有所不同。”很多员工几乎都不满意于目前的状况。

季度回顾

多数人都不愿意知道老板是怎样看自己的。在壳牌石油公司时，我也是这样。所以，我也会帮员工一个小忙。每隔几个月，就像每周的一对一例会。我会问：“你能进行一个我认为进展顺利的快速评价，并听取一些可以使你做得更好的意见吗？”显然，很多人会对老板说：“不了，谢谢你。”可我很少感到阻力。实际上，每次我提供一个 20 分钟的小型会议让员工们表现自己时，他们的眼睛会因为兴奋而闪闪发亮。老板的批评会使员工焦躁，可他们非常希望能听你说些什么。

我开始用标点标出员工们做得出色的地方，并用各种逸事来增加趣味性：“你重新调整销售报表真是帮了我大忙了。萨莉，这是我放在办公桌上周一要办的第一件事。我说不出该怎么感谢你让这件事变成了现实。”我主要是靠记忆，有时候也扫一眼笔记本。

在会上，要简短地使所有人都有所认识，使大家感到与自己有关：“大家都很高兴团队里有你，萨莉，你好像总有办法发现该做什么，这很难得。我相信你能解决这些 NTI 的，也会和我们共同进步的。”

CHAPTER 33

第33章 正视自己的不足

尽管可能会痛苦，你也要知道员工是如何看你的

那是1994年，我还记得CEO们那张患了战争疲劳症的臭脸。一个在魁北克举行的美国管理协会的新闻发布会上，我刚刚分享了我们公司每年举行圆桌会议的结果，其中6位副总（部门的总指导）向我匿名汇报他们对我实力和NTI的看法。NTI在这里包括以下几点。

- 你很在意自己的时间，但不怎么在乎别人的时间。你过于注重一些小事，会使会议超时。
- 在深究问题时，你会在一些很小的不重要的事情上让大家花费时间去跟进。
- 你总想表现出关心我们，可你并不真诚。比如，你当着一位员工配偶的面问另一位员工配偶的名字。两对夫妇事后会把这当成笑话来说。

CEO们被吓呆了，“我不敢想象你的下属那样说你。”其中一个人说，“嘿，我想知道，如果他们都这样想，最起码，我知道应该怎么处理它。”从消极的员工那里获得信息很痛苦吗？当然你总是想象着你的员工很崇拜你，别开玩笑啦！如果你想尽力成为最好的领导，你得拉掉帘子显露

出你的所有缺陷。

对，“告诉我怎么做”步骤在问答技巧（第30章）中可以获得很多有用的信息。可有的事情员工是不会当面告诉你的。挖出真相需要以下3个条件。

密谈。在我们一年一度的圆桌会议上向我直接汇报的员工会写出他们的批评，上交人力资源部门，人力资源部门把这些汇总后再匿名交给我。

接受真诚的请求。坦诚的反馈要优雅地接受。以前我总会听到这样的评价：你说会接受反馈，可你真应该看看你脸上那扭曲的表情，就是那种像要“宰了发言者”的表情。大家说的没错，我言语上感谢都是用肢体语言在进行掩饰。有人说，我宁可光脚走火炭。我必须训练自己，学会坦诚倾听反馈意见，如果你的员工怕报复说出自己的想法，你的公司就存在危险了。

行动。保密的反馈必须得到保证，而且要迅速，目的是避免你的员工们担心他们的评论会泄露到大家的耳朵里，一般我会有3种反馈：“这是有道理的，我会尽力做得更好”、“我听到你说的了，这也是为什么我会这样做的原因”，还有“我不能完全同意，现在我告诉你为什么”。

作为正式记录，以下是我对本章开始的3项NTI所做出的回应。

- **你很在意自己的时间，可并不在意别人的时间。**有道理，我保证以后会增强时间观念，并且更加尊重你们的时间和安排。
- **在深究时间问题时，你会在一些无足轻重的小问题上，让大家耗费时间和精力去跟进。**总会有挑剔的问题存在。如果真的不存在问题，我会试着忽略它们。可是我知道有的问题可能不会自行出现在台面上被领导们发现，除非是有意识地探究。这是两害相权取其轻的问题。我要选的是没有找到更大的问题的一条。因此，我会继续主动找出我们团队将要面临的挑战。

• **你总是表现出想关心我们，可你并不真诚。**考虑到我们的员工以及他们配偶的数量，我没法记住所有人的名字。我已经问了，还会继续询问我不知道的人的名字。不过，不管怎样，我都保证不会再有类似的事情发生。我希望，即使如果有听到我这样说的人会想："问人们的名字有什么问题吗？"也比躲着某人或不在乎我不知道他们的名字要好一些。

有时候，面对批评我会感到很受伤或者没面子，但是我会努力接受批评，并改变要改变的，为的就是能成为更好的人，更重要的是——更好的商人。像鸵鸟一样，把头埋到沙子里并不能解决任何问题。就像温斯顿·丘吉尔所说的："我可能不认同批评，但批评是必要的，批评的作用和肉体上的疼痛是一样的，它会引起你对正常事件的注意。"

精彩回放

清晰沟通

> **少点自大，多点认同感。**这9个字可以清楚沟通中的含糊，增进工作关系。最终，成功取决于你如何沟通你的想法，如何接受。

> **学习聆听的技巧。**交谈不是竞争。只有在双方都获得胜利时，才算是成功的交谈。我们在觉察到别人对自己的感激之情时，会更愿意表达自己的想法。而在商业领域没什么比专注聆听更简洁：备忘录要简短、可读。用简称、短段落，书写简练，并用大量的标志符。语言交谈时要清晰准确，尤其是当交谈非常重要的时候。

> **磨炼你的公众交谈技巧。**对内部或对外部的公开讲话都需要通过你的语言来传达，这样可以传播你公司的良好理念。为了达到最好的结果，保持与听众的目光交流，使用故事和听众互动。

> **提问并回答。**级别较高的沟通，目的在于使人们投入、获得信息、彼此联系。

> **撒开宽广的思维之网**。新点子会给组织带来活力。要提醒你的员工，尤其是直接和客户打交道的员工们。要保证员工们在会议、调查和非正式交谈时把自己丰富的想法与其进行沟通。

> **组织反馈**。把操作交流分成各种表格和各种频率（每周、每季度、半年、每年）可以使流程更加易于管理。利用各种机会主动称赞，提出整改意见。

> **安排和员工固定的一对一会面**。私人会面对加强彼此的联系，磨炼分析技巧，鼓励员工关注细节，有效阻止引发经验主义文化不安的突发事件，可以让更深层次的问题浮出水面。把随机举行的一对一会面变成定期举行的20分钟会面，这样可以让大家知道员工如何做才是正确的，怎样才能够做得更好。

> **强烈要求真诚的反馈意见**。尽管可能会痛苦，你一定要知道员工是如何看你的。保持匿名，大度接受，并给出详细回复以表示你认真对待他们的投入。

第七部分

训练员工

鼓励、掌控，但千万别盛气凌人

人们会冲动地做出决定，然后理智地予以修正。这是一些企业拥有者在向我诉说他的员工使他难以施展拳脚时知道的第一件事。“老弟，”他们说，“我真不知道怎么对付这些态度问题。”很难向这些老顽固们解释，让他们明白激发员工仅靠一点小聪明或者什么天生神技是远远不够的，如果你们之间不建立某种情感，别人是不会为你披荆斩棘的。

我父亲从我记事起就强调幽默和认同感的重要性。我父亲在参加第二次世界大战时的连长路易斯·施密特辛辣地回忆起他经历过的事情。“当比尔在一排跟进时，他是主力军，因为我们都很照顾这些家伙。”路易斯停了一下，回忆着，“他关心他们比关心自己还多，别忘了，别人不关心你知道多少，直到他们知道你有多关心他们的时候。”

已故的前耶鲁校长，A·巴雷特·吉亚马蒂把领袖才能称为是“愿景的主张，而不仅仅是风格的尝试”。请允许我发挥一下，目光远大的领导需要用愿景来激发他的追随者，需要有带领他们实现目标的活力。有了这几样，领导就像是路上的灯塔，照耀着人们，说：“来，跟我走。”

牢牢记住这几个词：掌控事情、训练员工。不近人情的管理只会让他们觉得自己像是机器上的齿轮。按照个性对他们进行训练。员工们就会有成就感。选择权在你——你的员工要么变得更好，要么变得更糟。从管理到训练的转变难吗？看情况，如果你是头脑僵化的领导——那种总想着：该死的，定期支付的工资就是员工们所有的动力——那么转变就是一种折磨。如果你采用上述原则而没有深入了解他们，你只会把事情搞糟。人们能够感到你并不真诚。

经营一般有两个来源——A型：独裁者，以自我为中心，获得结果但是人脉全失；B型：受气包，消极，人们取笑的对象，忍受低下的效率。有远见的领导——我们叫E型。他们会通过强有力却细致入微的领导获得不同寻常而又持久的结果。他的领导才能结合了"最好的实践"。E型领导总是思维敏捷有培训员工的意识。他们利用智力、体力、情感和精神幸福以加深联系并激发成就感。

我们在谈论的是什么样的指导呢？我想起了一位无痛分娩指导教练或者高尔夫球或者网球教练。他应该是一个和行动近距离接触、提示指导、耐心纠正错误的人。好的教练是不可救药的乐观主义者。他们认为每个人都是独一无二的、每个人都可以成就一番大事业。他们会问一些深刻的问题，然后督促人们对自己的解决方法精益求精。

只要态度正确，任何人都可以成为好教练。斯科特·迈克菲成为我们的区域经理后不久，我们调他去了爱荷华州，明尼苏达州之外的第一个市场。我们的扩张计划很庞大。很多希望都寄托在爱荷华州的12家分店。麻烦在于，很多爱荷华州人都不愿意买我们的轮胎。斯科特艰苦地奋斗着，他在别的地方是个铁腕领导，可他的"不跟我走就走人"的风格和我们的氛围实在是格格不入。

斯科特做事很有条理，可他是个糟糕的听众。"我不会花很多时间了解别人在想什么，"他自己也承认，"我都是通过把员工们指挥得团团转来使工作取得进展。"可现在人们对此感到厌烦，他开始注意到爱荷华州的门店经理在和他作对。停滞不前的销售和很高的员工流失率都表明：我该给斯科特打个电话了。斯科特是个值得信任的人，他承认现在的情况让他难以应付。我再一次督促他要指导而不是操控，要了解团队，了解让他们行动起来的原因是什么，要更多地问问题，要和人们形成伙伴关系而不是发号施令。"我终于懂了，"斯科特说道，"我发现我必须从说教转向指导。我必须极力让他们自己做事情，而不是教他们做事情。"

我们谈话之后，斯科特为他那些经理安排了每周例会，有的经理不得不开车横穿半个州赶过来开会。他用新闻和闲聊使经理们放松下来。然后指导他们如何相互指导。“很快，一切都不同了，”斯科特说道，“同事之间的友情开始出现，经理们开始相互帮助，分享好的实践经验，共同努力提高招聘质量和员工素质。”几个月内，爱荷华州的所有门店一切恢复正常，销售上升，员工流失停止了。3年后，我们提升斯科特为主管零售的副总经理。

优秀的指导者的指导和领导要比亲力亲为重要得多。要花费更多时间去激励、教育向你负责的员工，否则他们会认为你不关心他们的努力工作。他们可能会想：我干吗要那么努力？干得过得去就可以了。反正也没人关心。员工的这种想法会使——你猜到了——你的工作负担加重。这个教训是从我在芝加哥的壳牌石油经销商那里获得的。罗杰是我认识的人里最聪明的，他也是最易怒的。每次我去拜访他，他都在忙碌，而员工们则围在周围看着他。我记得当时我在想：这是我见过的一个管理方面的教训。所以，几年后，当我听到罗杰离开了这一行业时，我一点儿也不吃惊。

1990年上半年，我开始感到对正在使用的头衔有时候并不合适——CEO、副总经理、上级主管等传统的头衔好像就是为了隔离、孤立人们。必须有个更好的办法来提升员工的发展和团队合作。当我观看了一场印第安纳大学的篮球比赛后，我想到了一个办法。归根结底，我们都是教练。作为终身的运动员，看上去把田径场上的精神转化到办公室是非常自然的事情。

在确认我发现了工作和谐的“圣杯”之后，我把主管委员会的头衔彻底检查了一遍。我用“总教练”替换了“CEO”。“CFO”则成为“首席财务指导”；“门店经理”则变成了“门店教练”。“员工”变成了“队员”，而“客户”则变成了“观众”（用“粉丝”来称呼有点冒昧）。我向委员会解释说，效果可能会相当惊人——我们的员工会有目标地前进，工作关系会融合、兴旺，士气也会高涨。

委员会的投票结果是全体否决——他们不喜欢。我最后的选择就是，变成仁慈的独裁者：否决他们（我很少动用这项权力）。抱怨没有持续多久。几个月内，新头衔就好像穿惯了的旧毛衣，感觉那么自然。一年后，几乎所有人都使用新头衔相互称呼，并且连来访者和新员工都在称赞这种头衔称呼（很多新想法生效后都会经过4个过程：抵触、嘲弄、接触和“据我所知，一直都是这样”）。

据我所知，我们是第一个使用“教练”名称的公司，至今也没有第二个。对于没有第二个跟随我们脚步的公司，我一点也不吃惊。这种改变是非常巨大的。为了不引起误会，有的队员会带两套名片——一套上写着他们的教练头衔，这主要是为了内部交流；另一套是印着传统的头衔，为方便外部交流用。

教练的头衔没有流行起来，可这种管理方法已经在美国公司流行开来。12年前，我在佛罗里达的奥兰多举办的执行聚焦国际的年会论坛上遇到了李·艾克卡。我问他愿不愿意给驰加做顾问。当然，他应承下来并向我要名片。他扫了一眼，看到的是“总教练”的头衔。“老兄，你这是怎么回事？”李说，“你不想当CEO吗？”我说不，我觉得总教练更好。他盯着我，好像在说我疯了。当在印第安纳波利斯举行的NACC最后4场比赛中，我把这段往事讲给在现场遇到的耐克的CEO菲尔·奈特：“你做的是对的，李的想法绝对有问题。这些都和培养有关。”头衔的改变可能算是一个大改变。可重要的是要把管理式思想转变为指导式思路。

CHAPTER 34

第 34 章

感同身受

心怀善意和认同感可以帮你赢得人心

Visa 国际的退休主席迪·霍克在关于指导的文章中写下了一些很英明的话。最核心的是他极端重视黄金定律：仔细列一张你很厌恶的事情的清单，然后，不要对别人做这些事情，永远不要做；仔细列一张你喜欢的事情的清单，对别人做这样的事情，而且要经常做。

仔细读这两句的含义，你会发现这其中包含了两项重要的教练必备的品质：善意和认同感。我说的不是性格软弱、易于屈服的人——一位能够感同身受的教练同样也拥有铁腕，对大家负责。他的角色像是集结了老师、工头、梦想家和纪律缔造者的综合体。他掌握着领导才能中“硬”的一方面——从战略计划到管理会议。毫无疑问还有“软”的一部分可以帮助他赢得人们的心和情感。作为教练，你应当用善意和认同感来领导人们，而不只是用头脑。首先要把人当做人，然后才是员工。

还不同意善意的重要性吗？一股卑鄙的暗流会出现或者被忽视，都会产生一种可怕的氛围。对于一个脾气暴躁，容易忘记自己不良影响的老板来说，这种情况可能更糟。对于他抛出每一个暗讽的评论都会使一个愤怒的员工冲到储物间去发泄自己的愤怒。

直到我 42 岁时，我还对“善意和认同感是建立领导权的基石”这样的概念嗤之以鼻。我当时信奉的是没有人情味的效率和损益表上冰冷无情的数字。说实话，我之所以对员工如此强硬是因为我一直处在对自己的企业处于崩溃边缘的担心中。关心员工就可以提高稳定性和利润的想法从没出现在我的脑海中。

当我开创自己的公司时，我曾经发誓只带走壳牌石油的优点，可是一些缺点也暗暗跟了进来。我就好像是有机能障碍家庭的后代，平衡自己家庭不健康行为的办法就不知不觉地在自己的家庭中保持了下去。很快我就发现了我正在同想象之敌作战。正是在壳牌的这种想象让我抓狂。我是典型的经验主义者：有一个比得州还大的自我意识，关心自己能够有多伟大多过成为一个老领导，对于用脑管理多过用心这个想法，我那时并不理解。

直到从创伤中摆脱出来，我才意识到成为一个更好的领导先要学会或成为一个更好的人。幸好，成为一个开明的企业家永远不晚。第一步是一个不断进步的承诺。就像法国评论家查尔斯·杜波依斯写的："最重要的事是可以在任何时刻牺牲我们的现在，为了我们更美好的未来。"

人们搞砸了什么？不要在意，顺便鼓励一下。当你注意到他们做得好时，他们会心平气和地听取你"有建设性的批评意见"，他们会想：我的老板人不错而且很直接，如果他有话要说，我要认真听，在这一点上没人能比多莉·瑟洛更出色了。她是我在驰加的助理。她聪明，行动迅速，在我感觉需要帮助之前，她都会知道。一天早上我把她叫进办公室。"多莉，"我说，"我只是想告诉你，你的工作超级棒。"我一边踱步，一边滔滔不绝地称赞她的技巧、决心和乐观。足有10分钟，她的努力对我的个人职业生活都意义非凡，多莉的反应有点奇怪，她坐在那里，面无表情，只是偶尔的点点头。总之，她看起来对此并没有什么兴趣，就好像一日三餐都可以吃相同的食物一样。这也没问题，我记得当我在想，我只是想确定她知道我感谢她所作的贡献，后来多莉的团队成员告诉了我完全不同的情况。一天，一个员工在大厅走廊拦住了我："你对多莉说什么了？她的嘴笑得都合不上，见人就说你夸她。"

对人格的赞美会使人与人之间关系更紧密，扩展你的称赞，可以称赞某人行动迅速有帮助，以及你为什么如此感谢。谁都愿意听到："嘿！干得不错！"可是为了给人留下深刻的印象，不如试试："哇，真的太棒了！这可真帮了团队和客户的大忙了！谢谢你这么认真实现了目标。"

如果积极的评价可以促进员工们更努力的工作，老板们为什么还要如此吝啬呢？最近，据盖洛普统计表明，在之前的65%的员工没有得到肯定，由此我得出了以下7种设想。

时间不充分。胡扯，10秒钟就能想起他是谁，你需要做的只要注意你面前的是什么？是谁？

他们的表现刚好合乎期望。老派管理者则会认为：什么？我花钱雇他们来做事，做完还要祝贺他们吗？没错！如果你希望结果能够重复，而不是消逝，如果你不希望员工跳槽。不要等到他们跨越界限，如果员工的完成度从70%上升到78%，嘿，这就是祝贺的理由。我的座右铭之一就是：就算你不打算行动，有这个打算的想法也是值得奖励的。

过于卿卿我我。当涉及员工的个人生活时，很多领导都会束手无策。要给某人真心的称赞，你要建立人与人之间的联系。没有不尊敬，不过如果有什么人阻止你，解决它。

我得不到回应。我在发现多莉的另一面后，当着她的面夸奖一个员工，她也会摆着一张臭脸。可赞美还是会产生巨大影响。告诉一个孩子他有多么出色，他会乐开了花。这种快乐不会随着年龄的增加而褪去，我们大多数人都过于保守，不愿意在权威人物面前表现自己。

不愿意做得太过分。没有听到过某人对你的赞美吗？你有没有对过多的赞美感到厌烦？我们对赞美永不满足，关键是"真心"。别费心养成"每周一赞美"的习惯，那样，员工们都能看得出来。

要抓住权力。要用很大力才能激励别人。有太多保守派凭借规则“高人一等”，并想象着：如果我认为你很出色，我就不出色；可如果我贬低你，我自己就会感到很好。零总和的人们会认为这样做对员工伤害很大。

我会负责。咱们明说了吧，你觉得闭紧了嘴巴就可以阻止人们认为自己更好，从而不会要求加薪？得了吧，动力十足的人表现会更好。这会形成更健康的氛围，更高昂的士气和更丰厚的利润，你的真正成本其实根本不值得一提。

CHAPTER 35

第35章 艺术而又科学地设定目标

最好是使劲跳后就能触摸到

一点差距都没有的话，设置目标就变得像毫无意义的练习。如果目标设定得太简单，生产率会在你清除了第一个障碍后迅速下降。优秀的教练指导推进多远，他的队员会因为击中靶心而一直保持兴奋。因为每次新目标都比他们上一次尽了最大努力达到的目标高那么一点点。把员工变得乐于追求目标，你可以注意以下两点。

目标是共同的。像我这样的领导，习惯于单方面给员工们安排任务。但是如果除了我谁都对此不感到兴奋的话，我会感到很困惑。我终于明白如果能让员工们有份设置自己的目标，他们会更加兴奋。于是我们坐下来，谈了一下。达成我们都喜欢的一致意见。可他们是带着自己的任务离开的，不是我的，就像罗伯特·弗罗斯特说的：完全不同了。

差距不要太大。如果过长，我的员工管理的哲学是“向着月亮射击，即使射不到，也可以射中周围的星星”。我猜想人们一定会快速行动直到筋疲力尽。员工们不能这样子工作，难以实现的目标会成为不利因素。缺乏信心的员工会想：每次尝试有什么用？我每天24小时、每周7天工作，还是距离目标太远。绝望是会传染的，团队的士气也不可避免地受到影响。

怎么解决？或者降低目标，或者帮助员工将目标纳入未来的规划。眼神目标不一定要成为实现的目标。把注意力转移到你努力增强的过程上，而不是专注于数字目标（销售额翻倍或上市时间提前 3 个月）。如果员工们无法实现，我告诉他们不用担心，前提是他们遵循了我们的工作方法并努力工作着。不论结果如何，眼神目标帮助人们意识到自己进步的潜力是无限的。

至于调动员工的积极性，并不像你举重那样艰难。询问团队成员提出 3 种方法来提升他们的表现。当你知道每个人的实力、能力和智力，也就更容易激发他们的潜能。记住，人们的行动都是有原因的——是他们的原因，不是你的。了解他们所想，帮助他们触摸到自己的目标。

CHAPTER 36

第36章
年度总结

把行为评价变成一堂生动的训练课程

20年前的一天，我正坐在办公室里，随意地翻着员工们的年度总结，随着时间的流逝，我不断地产生挫败感。记得当时我在想，老天，我真是在浪费时间，一定有什么更好的方法。公司里，满脑袋服从流程的人力资源部门的员工还是坚持，认为我应该进行这种自工业革命以来就实行的、累人的行为评价。问一些一般性的问题，圈点“达到预期”或者“超出预期”，然后将其放进员工的档案。

我想起全质量控制管理之父W·爱德华兹·戴明曾说过的话。他说，“标准的评估有利于短期表现，但会消灭长期计划，产生恐惧，削减团队工作，从而产生对抗，使人很受伤。”因此，也难怪很多企业家希望在评估到来时有度假的感觉。那时，我在想，这个多选题根本没有任何意义。我在评估的时候真的可以发现员工的问题吗？我略记了以下4个问题。

1. 在过去的一年里，他做了什么？他曾经承诺要做什么？
2. 他做得出色的方面，我可以提出更多支持吗？
3. 他可以把哪些事情做得更好？我怎样帮助他？

4. 他希望他的事业如何发展？我怎样帮助他？

我想，最好的快速观察是从以上 4 个角度进行观察：该员工的、他的下级（如果有）的，同级同事的和我的。于是我扩展了一下团队成员评估表。被评估的员工自己完成后，要求 5 ~ 6 个下级和 5 ~ 6 个同级同事（由我指定），填相同的表格。员工表格中还要填写他们的职业目标。这些匿名表格上交到人力资源部门，按照下级和同级同事的反馈进行分类。这样的第一手反馈是非常能够说明问题的。当然，人们会尊敬老板的评论，可是没什么能比自我评价和直接从下级和同级同事处挖掘到的信息更有说服力。

有了这种无拘无束的批评，我可以和员工们坐在一起阅读他们的目标行动报告和他们的行动计划（每年的计划会随着公司的战略计划而调整）。会议可以安排成下面这样。

评估结果。我们会简洁地检查一下员工的行动计划目标的情况和安排给他们的其他优先级更高的目标。基本上这是概览，因为我已经通过每周的一对一会面对他的进展有了详细的了解。

对实力和发展需要的评估。首先，我会要求员工列出他在自我评价中写的积极方面。我认可之后，会念出他的下级们的好评："好，乔，以下是你团队队员们要说的话。4 个人认为你真的很贴心，3 个说你加强了对会议的掌控……"然后是同级同事们好的反馈："哇哦，一些同事也认为你有了更强的认同感，你在这方面一定下了不少工夫，继续努力。"接下来该我了。我要肯定前面的人所做的评论，并就过去一年中我所注意到的事情进行表扬（哪怕我记忆力惊人，也要依靠过去一年中写在文件上的只言片语来提醒）。

团队成员评价表

2005 年度圆桌会议评价

对________________________________的反馈

对你看到我所做正确的事给予反馈，我深表感谢。

同时，我也希望你能够对如何提高我的表现和发展给出建议。

实力：

____

____

____

____

____

____

NTI：

____

____

____

____

____

____

接着，就该提到 NTI 了。我得说："现在我们看看大家的提示，还有你自己的。这些会使你干得更好。"在他读出给自己的建议时，我会对每个建议或点头或给出简单评价以代替之前认同的计划。如果这个员工脾气暴躁，他可能会需要参加一个情绪控制班．如果他收支不平衡，我会让 CFO 对他进行辅导。在扩展一下 NTI——"总是拖后"，比如——我会加上一条在他行动目标报告的"他的希望"中：赴约要提前 5 分钟。我可以通过每周一对一的会面对他的改进情况进行监控。另一个平衡行动：

我会记下行为评估部分的目标，这成为“留到下次年度总结”（我总是通过研究员工们上一年的总结，进行准备）。

最优秀的员工对评估实事求是，并将其用来发挥长处。“所有这些真诚的反馈可以教会我很多东西。”公司的一位重要主管汉克说，“如果我有 10 件或者 12 件事情需要改进或者处理时，我不会疯狂到全都要办。我会挑出前 5 件，在这一年中着重解决它们。”汉克着重关注抱怨最多的，而倾向于暂时忽视细枝末节。“如果你给某个人标出了记号，现在是回馈的时候了。”他说，“欢迎来到管理的世界。”

讨论过 NTI，我会重申进展顺利的事情。“不论怎样，乔，你干得很出色，你的发展前景很好，工作热情高涨，和员工能够进行良好的互动。你决定迎接我们之前讨论的挑战（比如控制情绪，保持收支平衡，更加遵守时间），这让我对你刮目相看。”

展望未来。我要求员工读出他的自我评价上设定的 2 年内或者 5 年内的职业目标。如果他的能力和他的抱负相配，我会帮助他制定行动步骤，帮助他把想法从梦想变成脚踏实地的行动。如果他想抓住升职的机会，我会给出我的建议和意见，这些可以记载他的目标行动报告中。最后，我会祝贺他，并感谢他所作的努力。

布拉德·伯利把他的升职归结为圆桌会议，“能够向上级表达我的职业目标让我感到很舒服，”布拉德说，“通过这些讨论，我从门店经理，到批发销售主管，到区域主管。这种提高是因为有了我们这种制度。”

圆桌评估会议是公司发展的强劲推动力。所以在一个位于密尔沃基的门店经理告诉我两年都没有进行总结了的时候，他有点心烦。我为此向他道歉，并告诉随行的门店经理和区域销售经理，要在本周结束之前进行总结。在下一次的主管委员会会议上，我提出了这件事情，并声明：这是不可容忍的。我要求每个雇员列出他们的圆桌会议清单，以了解他们是按时参加还是过期未参加。第二天，全公司的备忘录上都写着：违反评估总结政策的主管不仅要被老板询问，还要接受主管委员会的询问。问题解决了。

CHAPTER 37

第 37 章

奖励成果

取得成绩要给予相应的奖励

和所有倾尽全力的企业家一样，我的合伙人，丹和我，在公司稍微遇到一点状况时就会万分紧张。可是，刚开始的时候，让我紧张的是没有人感到紧张——不管有没有紧急情况。当时我在想，员工们只是单纯地拿着薪水，这并没有让大家获得更多的激情。如果营业额下降，我和丹也拿不到薪水。

但是这种情况有什么不对吗？看到缺陷改变了所有的事情。几个月后，我们实行了以激励为基础的补偿计划。这个计划需要一点时间让员工理解，但我们把几乎所有员工的薪水和他们个人、团队和整体组织的表现挂钩。这时，我们的销售额出现了突飞猛进，真正的懒鬼“现形”了。冗员被裁撤。明星大奖被一些员工收入囊中，生产效率得到了显著提升。

这些不全是因为钱。“高薪”几乎很难挤进员工行为动力调查的前10名。处在榜首的几乎都是无形的东西：“有挑战性”、“有趣的工作”、“可以参与决策”、“感受到尊重和珍视”、“有作出贡献的能力”，薪酬和假期几乎处在榜单的底部，不管你信不信。你知道老派人士怎样定义动力吗？把这张单子上的条目顺序倒过来。

高薪酬可以留住员工，但是没有必要让他们变成快乐的露营者。同样，薪酬水平较低，但是有刺激性的工作可以在一段时间内保持工作质量，但是表现最好的员工还是会因为钱而离职。最好的结果是给员工们提供机会，使他们能在开明的环境中发展自己，在这样的环境中，多劳就能多得。

分红可以很好地把以上所有的都集合起来。我设置了非主管级员工的分红目标是他们薪酬的30%。也就是说，如果他没有完成任何目标，他的薪酬会低于平均水平；如果他完成一半目标，他的薪酬会高于平均水平；如果他完成了全部任务，他的薪酬就会获得更多。

这里的未知数是人的本性。当积极性起起落落时，如果你把积极性和结果相挂钩，你就需要深入了解人们的想法。商业作家史蒂夫·凯尔在他著名的文章《奖励变异曲之张冠李戴》（这篇文章发表在仅供专业认识小范围阅读的《管理学院学报》上）中写的“主管们总是抱怨员工们积极性不高，”凯尔写道，“其实他们应该好好思考一下，是不是有这种可能：奖励体制鼓励的是一次性行为，这可不是主管们追求的。”以下是制度上的一些愚蠢之处。

- 我们希望的是团队合作，而奖励只针对个人。
- 我们希望的是个性并承担风险，而奖励的是不犯错的和保持现状的人。
- 我们希望的是长期的战略思考，而奖励是每季度都颁发。

听上去问题很明显也很容易解决，可当你了解了这些问题在商界的根深蒂固之后就会明白，情况大不一样。在看了凯尔的文章后，每当我看到不对劲的地方，就会问自己：“我们到底在奖励什么样的行为？”这样的思考促使我建立了“农场体系”来奖励培养助手的门店经理们（第16章）。如果没有“农场体系”，我鼓吹团队合作的努力就落空了。花言巧语可以获得奖励。把门店经理的分红和他们的团队表现挂钩，并指望他告诉我他的助手何时可以提升是不是显得有点不切实际？他会推荐团队里他看到的第一个人去其他地方任主管，也可能是他看到的最后的那个。他总会留一手的。

人的天性力量是非常强大的，我必须要将这一因素考虑进去。在开始一次主动创新时，先关上办公室的门，想几分钟——这个行动在真实世界会引起什么后果。闭上眼睛，站在员工的角度想一想。一点点感受你对新刺激的感觉。问问自己如果接受政策的是我，我的工作方式会有什么改变吗？记住，员工们可以透过华丽的外表看到管理的重点。这一点不难。他们会发现什么会使老板吃惊地扬起眉毛。如果你不注重行动迅速，他们就会减慢速度，如果你只注重速度而忽视质量，你的办公室就会挤满工作准时的庸人。

关于激励的最后一件事情就是问自己：如果没有这项激励，我还会努力工作吗？我们派重要主管对公司进行了调查，他们的反馈很明显。“我成为责任承担者后，我的任务和忠诚度都有很大提高。”主管营销的吉姆·帕斯卡尔这样说，“这让我关心公司的方方面面，而不仅是我负责的部分。”不管我们做什么事，我希望能够帮助每个人，并可以使大家加强合作。

CHAPTER 38

第38章 既要有同情心又要强硬

为了对在职的人公平

年轻的时候，我非常诚实。解雇员工的理由只有严重的表现不佳和恶意冒犯。主要的转变是因为我意识到福利管理——没能留住有责任感的员工，确认不称职的人待在重要岗位上——会对所有人造成伤害。既有同情心又强硬是需要多年修炼的。平衡我的个人决定和责任之后，裁员的措施就可以开始运行了。事实上，裁员的决定是由后进员工通过日积月累的行为自己做出的，所以我们在做出这个决定时，通常都会感到轻松。

以我以前的一位高管为例。他是个很好的人，我们共事多年了。但是对于重要议题，他总是无法提供及时、准确的报告。在经过太多次的工作失误后，我把他叫进办公室。我问他是否觉得坚持准时提交这些报告很重要，他表示同意。他也承认，我们共同建立的奋斗目标他总是无法完成。然后，我问："你觉得应该怎么处理？"他有些失落但还是能够保持体面，他说："我想我应该离开。"在那一刻，我有点犹豫，我知道这对他来说很艰难。"是的。"我说，"我想你是对的，祝贺你意识到这一点。我真的很感谢你为公司所做的一切。我们会尽力保证平稳交接。"看得出来，他也有所解脱，他走出我的办公室去写辞职信了。我们一直支持他，直到他找到另外一份工作。

决定是否保留员工的未来需要保持公正、客观、冷静的观点，超然而不是冷漠。超然并不意味着深度关注，只是从相反的方向关心。你可以问自己：这个人有能力完成这项工作吗？希望你有足够的证据回答这个问题。人力资源管理先驱罗伯特·哈尔夫对此有一段精妙的话：有种东西比能力更稀缺，那就是认识能力的能力。

精彩回放

训练他人

> **渴求 E 型（有远见、开明的）领导**。人们凭感觉做决定，凭理智修正决定，如果你伪造团结，人们就会冲破它。E 型领导通过强有力，但关切的领导获得持续稳定的工作成果。

> **管理事情，训练员工**。把员工们看做是可以成就大业的独一无二的个体。要成为稳定的有建设性反馈的渠道。提出有深度的问题，督促人们不断修正自己的解决方案。训练是将你组织下的人们的潜能发挥到极致的最好办法。

> **关心你的员工**。是的，企业领导需要掌握“硬件”技能，有战略规划及会议管理。不过别忘了心怀善意和认同感都是开明领导的基础。关心员工的福祉会对公司的赢利产生很大影响。

> **不断地称赞**。真诚的赞美是必要的，而不应成为奢侈品。赞美可以激发自信、支持自尊，有利于加强好习惯。当你不吝赞美时，人们会更加努力地投入工作。

> **共同设定有挑战性的（不是可能的）目标**。目标设定一部分需要艺术，一部分需要科学。一方面对于一个简单的目标，实在很难调动起积极性，而对于可望而不可即的目标也是很打击员工积极性的。上述两种极端情况都是要避免的。

> **开发行为评价**。把这种每年的述职变成真实的教育工具。考虑到

有助于成功、纠正错误、提升事业和个人目标，互动流程可以抛开一般性的表格限制。

> **采用适当的激励手段**。当感到奇怪为什么会有无精打采的员工时，要检查你的奖励机制。问问自己：我们到底鼓励什么样的行为？你可能不明智地对不当行为进行了奖励。

> **避免大锅饭管理**。忠诚的缺陷在于，当你对表现不佳的忠诚者不采取措施时，他会拖别人的后腿。有同情心，同时也要强硬。问适当的问题，让员工自动辞职，除非必须要解雇一名员工。要支持员工并帮助他们转型。

第八部分

员工教育

用各种方法提升员工的技能

几年前，一位IBM的初级主管因为搞砸了一笔交易而使公司损失了1000万美元。之后不久，CEO老汤姆·沃森打电话叫那位年轻人到他办公室。当这位满心愧疚的员工说"我猜你想让我辞职"时，沃森答道："你不是开玩笑吧，孩子，我们刚刚花了1000万美元对你进行了教育。"处理得轻松漂亮，我亲爱的沃森，你说得太好了。不管怎样，PR&D（员工的研究和发展）都应该是预算中的大头。

强硬的财务鹰派会大声抱怨，但是人力资本投入的提升所带来的收益会高于大多数其他资本的投入。它会有结果而且影响深远。接受教育的员工会将未来更加具象化，拟定计划并付诸实施。

我们的竞争对手总会滞后几步，思想守旧的那些对手总是跟在我们后面模仿：从店面设计到财务体系。他们甚至剽窃了我们客服部门的电话问候语。但他们无法复制我们的员工和文化。这种文化混合了对人的品格和价值观的尊重。无论是指导员工如何收支平衡，还是教他们处理事务更有条理，你的所作所为都不只是把各种信息塞到他们脑子里那么简单。你在教他们适应团队需求的智慧和技能。这样的训练可以增加有效工作的时间和休息时间。

有远见的领导对控制大多数人的事业曲线的学习和忘记这4个过程很感兴趣。就像阿尔文·托夫勒写的："21世纪的文盲不是指那些不识字不会写的人，而是不会学习、忘记和重新学习的人。”以下是我列出的几种不同类型的人。

意识清醒的无能力者。你门外的新兵完全不知道该如何做好工作。如果他了解了，就一定会成功。面对新挑战而产生的兴奋会促使他学习整个运营系统、提出问题、认真听取意见、遵守最琐碎的纪律。

无意识的有能力者。这是学习的有效群体。他会磨炼技能，然后开始展露才华。尽管他还很谦逊，并乐于应对之后的每次挑战。他看待事物时是以“新人的眼光”，就如同日本禅宗高僧铃木俊隆所说：“一个人的心智可以因为学习和成长而变得富饶。”

有意识的有能力者。他非常优秀，而他也知道这一点。教练们总希望拥有一队有实力登上竞争舞台的队员——自信、有能力、热情、有职业素养。可是要注意，一旦他获得了巨大的成功，成功很快就腐蚀他好的一方面，就像薛西斯和他的磐石。自信可以成为自负。现在，棱角要被打磨掉了。“当然”、“我会尝试”这些词要变成“不是已经在那儿”、“做好了”。一位优秀的教练会分辨出这种信号并发出提醒。我的一些员工会对此有所反应，有些人却会拒绝提醒，然后滑向下一个阶段。

无意识的无能力者。如果他不在意自己目前的状态，这就是他事业的黄昏。他不再知道为了能够跟上社会发展他需要再学习什么。光辉会慢慢褪去，而他则忙于享用悠长的午餐，看过去的简报而不自知。他会跨越经验，直接掉进混乱的旋涡——不断变化的潮流、技术的进步、竞争的压力——可他处于“自动驾驶”状态，完全不加以控制。那么好，我希望跌下来的时候，带着保命的降落伞。

有时候，不自觉地投入正是一个前明星雇员打破自己的神话时所做的。在成为顶级门店经理几年后，沃伦忽视了最基本的东西。动力不再起作用，警告也不管用，18个月后，因为担心这件事对其他员工产生不良影响，我们强迫他离职了。几年后，沃伦打电话来，衷心对他之前的所作所为表示道歉。他说他已经成熟了，并希望我能够再给他一次机会。经过两个月的重新训练，他高调回归，并夺回了自己的明星位置。

沃伦的回归证明了定制训练的价值。守旧的领导会行为冲动，且不会将员工视为个体。有时候这样的领导会在强烈需要教育的时候获得动力。当然，一个受到鼓舞的员工会跳过一条爬满鳄鱼的壕沟——可如果你能教会他如何放低吊桥，这对每个人都会更安全，接下来的规矩就像101项管理条款，可守旧者对它们就像限速牌一样，不放在眼里。

- 如果你希望别人把事情做好，并知道有人愿意做且想知道如何做——委派他来做。
- 如果有人知道怎样做，却不愿意做——激发他的主动性。
- 如果有人想做，却不知怎么做——教他做。
- 如果有人不愿做，不知怎样做，动员和教育都不起作用——裁掉他。

	知道如何做	不知道如何做
希望	委托（谁去做）	教育（如何做）
不希望	动员（为什么做）	裁员（让他离开）

CHAPTER 39

第39章
更多投入=更多产出

最好的员工教育应该涉及各方面的知识

员工教育的公式就像禅道一样简单：更多投入=更多产出。投资教育培训，你的员工就会用更高的生产效率回报你。你就是导师：和员工们分享如何经营的经验。如果你只是将这些经验锁在自己心里，你就是那个给员工发展设置路障的人，总是因为没人"明白"你而感到挫败，同样的情况也出现在分享最佳体验中。如果一个部门或者门店自己"研制"出更好的"捕鼠器"，一定要让全公司的各个部门都向他们学习。

员工教育可以拓展到很宽的范围，并不一定局限于和工作相关的领域。最好的教育要涉及各方面的知识，跨越各种人为制造的边界。知识范围很广的员工具有成熟、精到的见解，他们更容易掌握各种技巧。"关注与教育，会对我们较低的营业额有很大帮助。"吉姆·帕斯卡尔，我们主管营销的副总，这样说道，"你受到的教育越多，你就越有创造力，也就越容易有成就感。"

员工教育的模块建设包括以下几方面。

训练。占用了我们位于明尼苏达州阿波利斯市郊区总部近740平方米的面积，驰加大学（TPU）包括教室、会堂、展示室和服务区的模拟商店（一般来说，内部大学成本较高，可是我们这所大学的投入成本可以立刻被收回来）。我们给新入职的员工上了一周课，包括3个基本目标。第一，我们称之为TPU标准化——这是从密尔沃基到丹佛的员工都不能缺少的爆炸性装备。第二，TPU使门店责任成为员工的第二天性，所以他们在第一个门店就会旗开得胜。第三，TPU所教授的产品知识。在轮胎行业，没有谁比我们的员工更了解“黑金”的含义了。有安心的保证和微笑，员工们向客户提供制造商的规格——所有品牌的价值和安全指标。

TPU的提升管理计划挑选一些员工，让他们进入“快车道”——这是一个处于成长期的公司必须要做的事情。“最终，”TPU的校长克里斯说，“我们的学时从6 ~ 12个月降至3个月。”这个变化原因很简单，确认这些技能是不是该职位所必需的，确认员工的技能。用培训弥补两者之间的差距。

考虑到企业的多样性，这样的流程对于公司的领导者也同样适用。大多数人自己办公司是因为情况允许他们做自己喜欢的事情。而我不一样，我的竞争对手中有一些汽车发烧友，他们更关注的是刹车和油盘而不是预算和经营方案。引擎盖下的每一分钟后面都是他们不愿意提高自己的营销技能。可悲的是，如果饭店老板更在乎的是餐具而不是自己厨师的手艺，那么他就会被不断增长的行业需求击垮，随之而来的挫折感会将他对其引入这个行业的食物的热爱击得粉碎。

鼓舞人心的演讲者。熟识会产生无聊。办公室里的新人可以补充你的内部人才。戴尔·卡耐基培训的营销人员在一次为期半天的领导才能培训班上，给我们公司上百位区域和门店经理燃起了热情。“那时，我们需要彻底地改造自我，动员员工。”克里斯·科伊波西尔说。我总是希望能够有一个营销专家从天而降，他可以从业务到心理学无所不精，口若悬河。给我们留下印象的演讲者从篮球火把波比·奈特到心身合一的专家都有。公开宣布这是人之本性，可当一位外来的演讲者讲到什么时，人们会更加注意，并给予更多思考（外来的和尚好念经）。可不要简单地转移到日程安排就拉倒。迈克·诺尔曼登上台前，我们都相信他的发言会嘲笑我们的任务、愿景和价值观。

研讨班。把员工们送到符合他们岗位的学习班——也别忘了自己。我在很多课程、大会和研讨会上听讲、记笔记、收集发放的材料。我甚至可以向管理团队复述课程的内容。

图书。过一段时间，我就会要求主管团队看一本关于企业成长或者个人成长的书。我会要求每个人读一两章，并在下一次会议上总结给大家。大家的反应可想而知——谁都不喜欢家庭作业，可大家都喜欢这项。“我还应该感谢汤姆，他强调要下载成功人士和公司的重要信息。”市场部副总戴夫·威廉密说，“在驰加，我发现我看了更多的书，比在学校看的都多。好像每天都在边上班边学习一样。”

导师。指导是企业所有者以一个员工的实力来教育另一个员工的好办法。导师和学徒总是通过电话联系，有时候还会在一起吃午饭。如果合适的内部匹配无法形成，就到公司外面去寻找。公司负责止损的副总，埃里克·兰达，以前在蒙哥马利·沃德公司盖里·卡斯帕手下工作 20 年之久。后来，我们聘请埃里克来创建我们的止损流程。他经常会给盖里打电话讨教如何应对某些棘手的问题。“能向有这方面经验的人讨教是很有帮助的。”他说，“总比一遇到问题就彻底检查靠谱。”

学费帮助。以前，史蒂夫·沃纳是个渴望新挑战的销售代表。在我们的部门整合后，就将他提升为信贷经理。这个职位需要为了资金而严格控制申请人员。意识到新工作的素质要求后，史蒂夫报名参加了明尼苏达大学的信用与金融管理课程。我们知道后都吃惊不小，并为他支付了获得 B 以上成绩的课程的一半学费。“如果我没有重返校园，他们可能就从外面请一个人代替我了。”史蒂夫说得没错。公司的快速发展要求史蒂夫掌握从核算客户的信用度到诠释反托拉斯和征管法的各种知识。这种情况就是典型的双赢。史蒂夫的坏账率明显低于行业基准。他的管理工作对业务的增长起到了极大作用。

鼓励你的员工提高他们的素养以适应忙碌的工作。假想他们已经都具备了在商场上搏杀的技能是很危险的。晚上和周末的课程会很快产生作用。网上的远程教育学习比以前的学习方便多了。

CHAPTER 40

第 40 章 放权以求发展

放权比任何事情更能提升员工的能力

在守旧者的眼中，放权是一种过分的要求。公司的一位重要主管在他的年度报告中，把“放权太多”列为一项弱点。他的员工们却不同意——70% 的人说他放权放得还不够。我对放权的意见可以归结为这几个字：上不封顶！它可以比任何事情都能够提升员工的能力。放手让员工们干他们力所能及的事情：

- 可以干得比你好；
- 可以干得比你快；
- 可以比你更节省成本；
- 有助于他们的发展；
- 可以把你解脱出来去做更重要的事情。

放权不够是普遍现象。微观管理应该得到重视。很多老派人士对于把任务像勋章一样分发出去持抵制态度。其他的人则通过虚张声势来隐藏微观管理。“我自己可以做得更好”的综合征不会改变的事实是，你的时间如果花在其他方面，效果会更好——即使你自己真的可以做得更好。还有一种就是“我自己做可以更加节省时间”的综合征。当然，训练一个员工多一件重复性工作是要花费一定的时间，可是如果员工学会了，你就彻底自由了。做个简单的算数——每周把一项额外工作交给手下的7个员工 ×30项 ÷ 你每个月要做的。再有一弊病则是“别人会犯错”的综合征。错误的确会发生，这正是人们可以解放你，让你能够去做更有意义的事情的经验。

其他造成放权不够的条件还包括：“害怕留下一个错误的印象”综合征，特征是害怕你看上去不如实际上那么重要。其实，当你表示对某人的信任，并将注意力转移到更大的事情上时，会赢得对方的尊敬。还有一种是“我感受到威胁”综合征——害怕下级员工展露才华。这种担心会导致流于平庸的思维定式，懒惰、冷嘲热讽的员工和他们的糟糕表现也反映了你的无能。最后，还有“可能不在我掌控之内”综合征。放心吧，在办公室这样一个集中营里，人们愿意为一个控制狂人工作。

优秀的领导有时候会不时地通过故意不放权来强调一点。在一个周一的早上，公司的止损至尊，埃里克·兰达与招聘和客户维持部门主管，当时的零售部副总，韦恩·西莫在位于威斯康星州的一家驰加门店停了下来。他们绕过散落在草坪上的一堆汽水瓶子和其他的周末狂欢后留下的垃圾，走进店里发现经理和两个助理都闲站在那里。韦恩走了出来，看了一下店面的整体情况，捡起了全部垃圾。“你永远不会再有机会看到韦恩在门店捡垃圾了。”埃里克回忆道。

没人指责过我放权不够。“汤姆是一个坚定的放权者，”韦恩回忆道，“他强迫我把我认为我做不了的事情做得更好。不好的地方则是汤姆很强势，有时候可能会放权过度。他的逻辑是他永远无法知道你接受什么样的挑战。汤姆想知道你的极限在哪里。如果你的最佳能力是98分，他希望你能达到97.9分。”

我确实倾向于让员工们“超载”。不过他们也因此学会了要卸载优先级较低的事情。这之间有很细微的差别。回到第32章，韦恩提到他的目标行动报告上有135个项目。“我只是能够猜出汤姆希望哪些能够完成了，”韦恩说，“哪些项目价值10美元，哪些价值5美元，哪些价值1美元？我挑出10美元的项目，而且一定要把它们完成。如果他发现我没有完成5美元的项目，他可以盘问我。可他从没有提起过1美元项目的情况。他的座右铭是‘要强硬，但不要鲁莽’。他在晚上微笑着走出大楼的样子让我信服，我在想，我们看看他如何处理这件事情。”

经验告诉我，强硬而不鲁莽的放权使各方都受益。对于老派人士拒绝放手各种工作，我依然不感到惊讶：混乱的委派会产生更多的问题而不是解决问题。在敲定任务委派之前，要尽职调查。

以下是10个放权指导。

转移归属。要明确：带走吧，这孩子现在全归你了。

申明原因。在了解了为什么由他来承担任务之后，会更加细致地完成任务。

运转起来。对于复杂的项目，要通过提问开放式问题，诸如“你觉得这个展开怎样？”和“你预期会有什么阻碍，你会怎么克服呢？”来帮助授权者指定执行计划。

设定结束日期。双方要就结束日期和时间进行商讨，并最后做出决定。否则，这项任务就会在授权者的优先级名单上“沉底”了。

要求提供扼要描述。不要假设授权者完全理解这项任务。要不时进行检查：“为了确保我说清楚了，请向我解释一下你的计划和原因。”对方的回答可能会让你吃惊。

监控（可不要监视）。“解放”是重点，否则不要进行微观管理，除非被授权人没有经过检验或者时间真的紧迫。如果他一开始就走错了，你可以说一下“这样可能会管用，可你考虑过这个方向吗？你考虑过结果会是什么吗”。别忘了，每周的一对一员工会面（第32章）是你提供详尽建议的论坛。

不要收回。不要在麻烦出现的时候想着收回任务。这种行为会严重地伤害员工的自信。挫折是学习的绝佳机会，要知道让被授权人回到正轨上来。

发挥被授权人的强项。根据员工的实力分派任务。不要迫使长于泼墨绘画的人完成点绘作品。

不要复制。把特定的任务分配给特定的员工，不要有任何重叠。如果一项任务有两个人参加，要明确谁说了算。

平均分配。有进取心的人也需要挑战。要避免让你的明星员工负担过重。

CHAPTER 41

第 41 章
教授，不要说教

告诉他具体应该怎么做

“我告诉了他该做什么，怎么做——可他还是搞砸了！”当我听到这样的抱怨，我同意——确实有人把事情搞砸了。可在我看来，真正搞砸的，是发出这样抱怨的人。你不能把相关原始信息扔给员工，然后就指望他们能够像你一样处理。没人从你那里得到之前的经验和参考框架，那么他们理解的链条上可能会缺失几个环节。你怎样让他们理解呢？可以从美食的角度试试：消化和吸收原始信息需要称职的厨师把信息处理成可以一口吞下的小块，然后用鼓励进行“烹饪”。

而老派管理者总是在第一步之后就放弃，而没有注意到行进过程中训斥所浪费的时间比节省的时间占据了太多太多你要做的是：

- 告诉他；
- 演示给他；
- 看着他做并提供反馈；
- 看他再做一遍。

假设你在训练一个员工做现场呼叫，以逐点复习工作流程开始。然后，自己先接一个电话，并泰然自若地处理。挂断之后，微笑着让员工来尝试一下，仔细观察他的反应。当他结束通话后，评价他的表现：“干得不错，拉瑞。你有礼貌也很友好，是我们期望的效果。但有一些细节要注意：要先报上自己的名字，然后说‘有什么我能为您效劳的？’不要支支吾吾的，要体现出信心。好了，再试一次。”再观察员工接一次电话。如果他改正了，要竖起大拇指以表示鼓励，然后转向下一个学生。

CHAPTER 42

第42章 随时准备好继任者人选

让"成功"具有连续性

商业痛恨真空。很多个夜晚，我都辗转难眠，在想我们是否能够填补新的和即将出现的空白区域。这是一种很取巧的平衡行为，可是关注员工近期的表现和将来的发展潜力会使他们在融入大联盟队伍的同时也能形成一个资源丰富的农场俱乐部。

以下是10个连续性策略。

不要拖延。今天就开始为明天的领导者计划积累经验。大家需要机会来检验他们的翅膀是否强硬到冲破束缚。只关注一点会造成很大的损失——频繁的人员流动，工作流程受到干扰，人力资源的浪费。为了解释百老汇的哈罗德·希尔教授的《音乐奇才》，"只为现在而计划"以P开始，以T押韵，而意思却是"麻烦"。

培养很深的"板凳"。把培养能够承担更多责任的员工列入日常工作，就可以避免某人突然辞职带来的混乱情况。"我永远不知道什么时候需要一个新的门店经理。"区域主管布拉德·伯利说，"所以我总有两个或者三个候选人。这对于鼓舞士气有很大帮助，因为员工们知道领导有帮助他们前进的方案。”员工如果觉察到他们的离职会对你造成伤害，有时候会巧妙地利用这一点。

询问，而不要揣测。很容易就会这样想，杰克是个干销售的料；我觉得他干不了客户服务代表。好吧，杰克也许真的是干销售的料。不用等到年终报告时再讨论职业目标。在停车场讨论一下是很正常的。你可以问问员工们的兴趣，问问他们希望自己 2 年或者 5 年内会发展成什么样子。

交叉训练。让人们学习新的技巧，特别是在公司中他们不熟悉的领域。可以在同事假期、病休和太忙而没法考虑时要求他们的支援。如果他们拒绝了，可以推动他们离开自己的安逸区并鼓励他们向外延伸。如果你允许员工们舒服地蜷缩在自己的安乐窝里，他们就永远变不成美丽的蝴蝶。

不要妄想。如果员工们被要求训练某人来干他们的工作，他们显然会感受到威胁。要向员工们明确他们的工作没有受到威胁。向员工们解释清楚：为了公司能够在员工生病，或者因为公交车故障而使某人无法到岗等各种情况下仍然能够正常运转是至关重要的。结束这种附带福利：他们的办公桌不会在度假归来时堆满要做的工作。

让员工们忙碌起来。不要让员工们的脚钉在地板上。有的公司每隔几年就让各部门进行调换以保持他们的新鲜感和灵活度（报社会把记者们从一个驻地换到另一个驻地，这样他们就不会感到无聊）。这个办法为革新创造了环境，也让员工们更好地了解到，公司中的不同部门是怎样协同运转的。尽管这对于小型公司不是一个很好的办法，可是把各部门协调地结合起来可以磨炼各种技能。

让他们发挥才智或者失去他们。现在行业中有一种趋势，就是让有潜力的员工保持原位，因为没人愿意冒险让能力不如他的人来顶替。谁能知道克里斯所说的有多少人已经离职了呢？在 8 年的时间里，克里斯从兼职轮胎技师干到全职销售人员、客服主管、门店经理最后到特许经营店的所有者。如果你不允许员工们发挥上帝赐予他们的各方面才能，他们会转投至允许他们发挥的人门下。

从内部提拔。一方面，当出现职位空缺时，第一反应应该是把目光转向自己的员工。不断从公司外招聘关键职位的员工阻断了内部员工的晋升道路，会对他们的希望造成打击，还会产生一种自满的氛围。另一方面，调查员工的专业发展之后，用升职进行奖励，传递了一个强有力的信息：如果努力干，一切皆有可能。晋升可能会经过几年——还要经历很多爱抱怨的员工——在我发现值得提升的这个员工之前。

不要意气用事。当然有时候，培养一个重点员工需要多年的专门训练。有鉴于此，让内部员工们知道，你在乎他们和他们的感受是很重要的。就像我们效率不高的 CFO 辞职的时候。那时，每天的现金危机就好像在我们本来就已经千疮百孔的金融基础上又戳了几个洞。必须有人走上前去——动作还要快——弥补裂缝。很幸运的是，虽然我们门前有狼，但自己也有一头“狼”——吉姆·伍尔夫，他是公司的财富。吉姆在公司起步阶段曾经担任过一段时间的 CFO，可是我们现在的规模情况已经完全不一样了。“基本上，我们还处在生存模式，”吉姆回忆道，“对每日现金流的管理帮助我们渡过了最开始半年的难关。那时候真的很艰难，可那也是一个很好的学习和在危机下表现的机会。”6 个月后，我们聘请吉姆·贝米斯为终身 CFO，而吉姆·伍尔夫也在考虑范围内。“汤姆很在意我的感受，可我觉得聘请贝米斯的决定很好，”吉姆说，“吉姆·贝米斯带来了更好的理念并证明自己是一个成功的 CFO。”这个故事有什么寓意？尽管吉姆·伍尔夫没有得到 CFO 的职位，最后，他还是感觉到自己受到了重视和感谢。他一直在财务和规划部门担任要职。

收集姓名。为外公司的知名人物整理一个小名单，以备高层职位出现空缺时而内部人员又没有合适人选时用。当我偶然遇到，比如，一个给我留下深刻印象的 CFO，我会记下他的联系方式。对于别人推荐的高质量人才和我们没有聘请的出色的人才，也照此办理。

精彩回放

教育员工

> **对教育进行投入**。设置一个健康的 PR&D（人员的研究和发展）优先预算。对技能着迷的员工会对问题纠缠不止。他们为自己预想了更加美好的未来，并且知道如何把预想转变成现实。

> **了解人们如何学习和忘记**。学习和忘记有 4 个阶段：有意识的无能力者，无意识的有能力者，有意识的有能力者，无意识的无能力者。优秀的领导能够识别不同阶段，并根据他们具体的情况指导每个员工。

> **投入越多 = 产出越多**。要重视增加的员工教育投入和提升的生产率之间的联系。用各种方法提升员工的技能，从书本、研讨会到导师和教授辅助。

> **放权以求发展**。自在而不鲁莽的放权会使所有人受益。提高员工的责任会使他们的自信和专业知识得到增强。放权会把你解放出来去做更重要的事情。

> **向孔子学习**。告诉一个员工如何做，他总是会忘记。演示给他看，他就更容易记住。让员工加入其中，他才会理解。

> **准备好继任者人选**。发展计划把“成功”融入到继任中。力求平衡不断提升的候选人生产率和他们当前的工作，并且训练他们胜任下一个职位。

第九部分

自我训练

你越健康，你的企业也就越健康

在这部分之前，你已经学习了强有力的管理方法，但是要使管理每天都正常，则需要纪律和自我指导。啊？自我指导？这跟迎合管理和市场需求有什么关系？问得好。这有点像商业心理学。我们先从定义开始——自我指导是一种激励、教育、领导自己成为高效、开明的领袖的系统化方法。你是不是在想，让自己的利润翻倍没什么问题？我以前也这么想。我可以向你保证，自我指导——结合开明的商业方法——可以使你的利润翻倍。自我指导可以增强你的组织技能、智力、体力、心理和精神。这些都可以扩展你的领导才能。

你现在拿着这本书就意味着你和41岁时的我所处的情况一样。那之后一年，我的生活出现了巨变，也正是在那之后，我对自我指导产生兴趣。如果你能回到1988年，你就会看到美国梦经典的一面。我家庭美满，有漂亮的房子。每周我都去教堂，和朋友们打篮球。我的事业在不断发展，我在社区也很受欢迎。我可能会笑得合不拢嘴，用强有力的握手告诉你生活很美好。真的，太美好了。

而接下来发生的事情：离婚、癌症和失业危机把我狠狠击倒。我抽搐的神经使得周围的人都要蹑手蹑脚地行动。而我正试图把所有事情恢复原样。但我对让我照照镜子注意仪表的建议嗤之以鼻。在离婚后不久我对着朋友咆哮着："告诉我哪里写着理解我的感受是正常的？！"一场内部风暴开始撕裂我的防线。连续6个月我在不断打击自己：这次你真的完蛋了，你伤害了你的家庭，毁了你的事业，没有出路了。

我想，如果我还能找回自我，我之前生活的碎片可能还会被拼接到一起。我坚信我的智力和意志力会使我走出困境。我对朋友所说的空想"情绪崩溃"和"精神联系"熟视无睹。可能耸耸肩就会让我知道每个人都怎么了。我记得当时我在想，这个烂摊子显然不是我造成的。

联系心理医生布伦达·夏佛——和她联系是我打过的最明智的电话之一。她帮我认清了正是我的选择和行为成为我摔跟头的原因。治疗使我明白，也许对我猛击的生活大锤还有更深一层的目的。哲学家索伦·阿拜·克尔凯戈尔的话在我耳边响起：一个人可能会展示惊人的技艺并获得大量的知识，却对自己一无所知。他所经历的痛苦使其内省。如果成功，那么他读懂自己的内心将是学习的开始。

把自己的姿态放低，我开始探索更健康的生活方式。我看书，参加心理和精神健康的研讨班。我彻底检查了自己的饮食，冥想、按摩、打太极拳（一种源于中国的冥想运动），个人和小组治疗课程把我的日程填得满满的。我请求朋友和同事对我进行直率、客观地评价。没有涉及姓名，也不知道最终会指向何处，我开始了自我指导的历程。

我的生活开始回到原来的轨道，更清晰、更强的自我意识使我的工作效率和管理技能得到不断的提高。我的战略和工作思想变得敏锐，我还欣喜地发现我和团队成员的联系加深了。我有所改善的状态激发了员工们更健康的行为。创伤使我对我的优先级时间进行了彻底改变，还使我变得更加开明。也许你可以把我的失败看成是前车之鉴。

自我指导可以帮你：

实现诺言。对于专业运动合同来说，并没有多少空子可以钻，运动员必须自己照顾自己才能使自己的状态保持在最好。同样，你也应该在开展你的业务时，承诺给你的员工和客户提供最好的待遇和服务。如果你在生理上、情绪上、智力上和精神上疏于照顾自己，你可能就无法找到领导团队的经历和着手点。

训练团队。领导需要对实现目标的渴望、保持头脑清醒、对员工一视同仁充满活力，还要有交际技巧。不经过自我指导是不可能达到这种境界的。就像Visa国际的创始人迪·霍克所说的，如果你想领导人们，至少花40%的精力来管理自己。如果你无法管理自己，你就必定要像《呆伯特》里的怒发冲冠的老板一样才能激励员工了。

改善关系。格言是经得起重复的：人们不关心你知道多少，直到他们了解到你有多关心他们。如果你的议题比《国家地理》杂志的还多，你就会有太多的问题而无法抽身出来帮助你的员工，你也就会一直困惑于人们不会像你认为的那样尊重你。

节省时间。因为你的专注、有条理，会使你的时间管理得到很大程度的提高。好的人际关系和做决定的技巧，同样能帮助你在出现问题时分派出更多项目，从而避免在将来进行修正的烦恼。当然，找时间做完所有需要你做的事情是很困难的，但避免这种情况只能使职业生活更加困难。

保持消息灵通。和情绪、动力以及感觉保持联通，你就可以更好地感知使员工们兴奋的事情，也就对该问什么样的问题和如何提问了然于心了。解禁和安慰一位处在挣扎之中的员工是一项被低估的技巧，如果不经过学习，是很难成功的。

积极地影响他人。即使在工作中，也要像父母一样思考。不管你是否意识到，你的态度和行为会影响整个公司或者部门。如果你很乐观，你的团队成员们就更倾向于积极向上；如果你情绪低落、消极，整个办公室都会处在一种低迷的状态中。

让工作更加快乐。如果你更努力地提升自我，提高办公室生涯的质量也就变得容易得多。你开始随波逐流而不是想着独树一帜。当你对自己更加了解时，你就会更真诚地和人们打交道。你的思考也会更清晰，笑容也会更多。你会感到更多的关心和活力。也许你就会领悟到禅的思想：生活就像它本来应该的那样展现在你面前。

提升员工的技能。在团队环境下更有价值的沟通中，上级组织管理和人员技能是最重要的。掌握它们，你就会像歇洛克·福尔摩斯那样沉着冷静地应对危机。

所有的教练都应该有一本训练手册。记录他们的冠军战略，哪怕是自我训练。你自己的训练内容包括以下7章。它们以明确你的出生为开头，然后向你展示，如何通过设置和达到目标实现愿景，如何对待自己。记住：你越健康，你的企业也就越健康。

CHAPTER 43

第 43 章 人生目标可加深对使命的感觉

生命的目的在于有目的的生活

有一种锻炼你关注力的办法是：把笔放在纸上，或把手指放在键盘上——然后，开始描述一个使命陈述。这个方法对解释你为什么会在这里没有任何帮助。这只是我们思考关于我们给予生活和想从生活中得到什么的一个笼统的想法。把你的使命想象成黑暗中指引人们前行的灯塔，会帮你跨越优柔寡断，也可以防止梦想脱离轨道或触礁。不论是一段还是一页，你的任务意味着你会过着怎样的生活：是充满选择还是充满机会。

把愿景写出来可以使信念更加清晰，使自己明确方向，也可以明了这句谚语的含义：生命的目的在于有目的的生活。当我们齐心协力完成自己的使命后，机会就变得更加明显。做出重大决定也就很容易了。

当你忽然恐惧地意识到，你的梦想没有实现，就像风中的烟，消散了。此时，你不用沉浸在后悔之中。你要做的是需要你做的事情。写下我的使命愿景使我的头脑和灵魂重新联系起来。虽然我不指望能够避开生命中的起起伏伏，混乱和灾难可能再一次降临到我的身上，特别是当我无法集中精力、随大流时。现在的不同之处在于我可以比较容易地站稳脚跟。真要感谢我的使命陈述的稳定性和远见性。

先说重要的

看一场电影的时间，就足够你完成任务陈述的第一稿。代价很小——略去最新的行动变化——为了不使自己的人生负担过大，设置不同的阶段。

鼓励自己。找一个安静的地方，关掉手机，你甚至可以在门上贴一张“请勿打扰”。

进入自己的空间。闭上眼睛，慢慢地，深呼吸，达到精神上的平静状态——好比身处河谷、山间空地。全身心地体会，让紧张逐渐消融。

隔离评判。给你内心的批评家放一天假，让各种想法自由飞翔。

要耐心。这并不危险！把手从呼叫器按钮上移开，不要盯着表看。挖掘自己的渴望，想用多长时间都可以。

睁开眼睛。尽量宽泛地，展示叫停你的分析思想和对物质的需求。拥抱更深层面的智慧。的确，提升的利润和商业奖励是不错的目标。可如果你的任务完全建立在自我和对物质的渴望上，你就根本没有机会完成你的使命。就像卡尔·古斯塔夫·荣格所写的：只有当你深入自己的内心，你的愿景才会变得清晰。看世界，会梦想；看内心，会觉醒。

提正确的问题

深呼吸，克拉克·肯特，你应该躲到电话亭里去。首先要问：“我被送到这里是为什么？”把注意力缩小到生命最重要的部分。

我被送到这里是为了谁？

我的配偶？	我的孩子？
我的父母？	我的大家庭？
我的朋友？	这个世界？
我的事业？	我的同事？
我的社团？	我的国家？
这个地球？	我的灵魂？

你能够信任的使命来自于你的内心、精神和灵魂。抛开所有限制你的事情——金钱、年龄、家庭、地域和所有恐惧的根源、其他人的期待，全都忘掉。完全关注于你自己的命运。现在，草草记下你的思想。你的使命由很多小的路牌组成的，比如正常的饮食、锻炼、关心自己以保证身体健康。不用担心目标会发生变化——到下次过生日前减掉10磅体重——还可以。为了激发自己的思想，可以问："每天我做些什么可以完成我的目标？"以下是我想到的：

- 用更多的精神支柱来充实自己。
- 培养自己的沟通技巧。
- 排除阻碍成长的干扰。
- 更多关心，更多去爱。
- 引导我一对一地沟通和小组沟通。
- 建立健康的生活模式。
- 激发我更高层次的资源以获得智慧和处事原则。

现在想象一下这样一件很苦的事情，你死后可以在葬礼上偷听人们的说话。你的亲朋好友和挚爱会追忆什么呢？你希望他们会追忆你些什么呢？这两个问题的答案会有什么不同吗？

你希望性格中哪部分凸显出来？什么样的功绩可以定义你？以下是我思考后记下来的东西——我希望怎样被铭记？

- 他是个可爱的儿子、兄弟、伴侣。
- 他最好的角色是父亲——儿子的朋友和导师。
- 他分享他的智慧、帮助朋友获得他们想要的生活。
- 他和人们分享福祉。
- 他有幽默感，能使周围的人眼前一亮，有趣。
- 他有爱心，既关心他人，对自己也很友善。
- 他会为了信仰而坚持，以团体的名义挑战权威。
- 他支持与他有共同价值观的组织。

组合起来

收集所有这些观点后，我进行了筛选，加入了一些我的想象。天哪！我的使命我自己就写出来了。这是活生生的记录，以下是我最新的使命：

- 达到开明和充满爱的状态。
- 增加与我的高层、朋友、家人的联系。
- 通过学习，使身体、智力、心理和精神更加完整。
- 积累知识、磨炼沟通技能。
- 建立友谊与家庭成长和结交朋友的环境。
- 帮助同事提高他们的天分和生产能力。
- 教授领导组织的技能以改变世界。
- 善待地球，这样后代们可以有一个更健康的星球。
- 帮助人们完成自己的使命。

下面，研究一下手头的草稿，在接下来的几周里要不断修改。当你做园艺、打高尔夫或者玩摇滚时，在脑海中不断变化你的想法。如果可以，静下来问自己，是不是还有其他信息，静静聆听，准备好记事本。

当你认为得到之后，大声多重复几遍你的使命陈述，让自己的情绪被调动起来。不要只是说出来，要表现出来。把使命陈述装进相框，挂在办公室里，或者办公桌上，挨着家人的照片。也可以做成钱包大小，这样就可以经常看到了。但是要记住：你的房子不能只停留在蓝图上，你的使命只有在你付诸行动时才会开始。

CHAPTER 44

第 44 章

诚实是毋庸置疑的先决条件

不道德行为的陷阱

当然，你的任务可以被看成是能够照亮世界的。可它毕竟不是蒙娜丽莎。你可以把它用优美的字体打印出来、装裱好，然后把它挂起来。当它激励你拥抱工作开始正常的生活时，它已经不单纯只是一件艺术品了。你对“正常的”理解——你用来与世界发声练习的道德标准——连接你列出的理想和生活现状。道德生活，总是选择做什么是对的，是道德自己的奖励。不得不承认，除了诱惑，其他的事情都容易拒绝。很多事情看起来很有趣（也确实有趣），有的看起来是无害的（事实上却并非如此）。不道德行为会对你的业务、员工和你自己造成很大的伤害。如果它再让你的离职靠边站时，请考虑一下后果。

人们在关注你。先把能将陶瓷做成图钉的纳米技术放一放，看看周围，你手下的员工正在盯着你的一举一动。我们本性中的竞争意识使我们总会盯着别人。我们也会用对自己更高的标准来要求别人。芝麻点大的失误，会被无限地放大宣扬。对于老板来说，情况就更糟。员工以老板为楷模，就像孩子们以父母为楷模一样。我遵守所有的规矩，无论是购买轮胎，还是汽车维修等，我都和所有人一样享受相同的折扣。

你会了解的。有的人逻辑扭曲，却要对可疑的决定进行评判。但是在他们内心深处，有最美好的部分，他们知道得比你清楚。《纽约时代周刊》的专栏作家威廉·赛菲尔将其解释得恰到好处：做事情的权利并不意味着做这件事情是对的。

公司租用的车子到期了，我想把车的档次提高一下。然而，当时公司的效益不算很好，大家都处在“勒紧裤腰带创业”的阶段。我迫使公司掏更多的钱支付我的租车费用，虽然没有人说什么，但我知道很多人对此颇有微词。于是我要求人事部门每个月从我的薪水中扣除300美元。每年我都要求人事部门将公司和CPA公司的CEO调查作比较，以证明我的称职。

当我做出让步时，我就很少会感到良心不安，而且即使有也会不明显。过度的自责会扰乱你的思想，然后你会做出错误的决定，就像歌里唱的，“内疚会使人步履蹒跚”。

你感到某个员工为过去的决定感到内疚吗？告诉他们内疚的人不止他们，你可以扩展一点，告诉大家如何为过去的错误宽恕自己。告诉他们，现在他们的知识增加了，不会再犯以前的错误。明天是充满机会的，我们已经知道为了做正确的事情而做正确的事情。那么走高速公路吧，那里不会堵车。

你用自己的名声在下赌注。当亚瑟·安德森销毁安然公司的文件，并犯下其他罪行和错误的消息被曝光出来后，六大审计事务所的名声就永远被毁了。不久前，这个歌利亚（传说中的著名巨人之一——编者注）的轰然倒地还是不可想象的事情。而现在报纸的商业专版看着就像是商业刑事犯罪登记表。

我们生活在一个透明的时代，公司的墙都是玻璃做的。心怀不满的员工用电子邮件发送归罪文件的速度比你在法庭上说“我不认罪，大人”还要快。如果你放宽规定，哪怕只有一次，你也是在自找麻烦。对个人生活也是如此。当我把驰加卖给凡士通的消息公开后，我接到了一个电话，是一家之前从未合作过的知名审计公司打来的。他们告诉我如果我设立一个海外账户可以免交几百万美元的税。但是他们还加了一条：这个漏洞可以进行合法辩护，不会引起官司，所以完全不必担心。虽然我不太愿意多交纳一分钱的税，但对于必须交纳的税，我还是会一分不少地交上去的。我承认这个国家给了我更好的生活的机会是很重要的。当我听到“海外”这个词时，我就挂掉了电话。我工作了那么久，那么辛苦不就是为了不让公司的名誉受损嘛！这不是胆怯的问题，而是正义的问题，和金钱无关。

第 45 章
准备，行动，实现目标

将自己的梦想具体为目标

对每个人来说，若手中没有地图，即使是从甲地到乙地也会是一件十分令人头疼的事情。其实，多制定几个目标规划，就可以缩小现实中的你和心目中所憧憬的那个完美人物之间的差距。但当我问遍遇到的每个人，他们是否每年都会规划自己的奋斗目标时，10 个人中可能有 1 个人会说“是的”。但就是这 10% 的人可以滔滔不绝地、清晰地阐述出这些可以改变自己人生的目标。

为何会有如此的不同，原因有很多。那些动辄就不耐烦的人会认为进行目标规划是在浪费时间。他们无法理解：为何要花上数个小时去写出来实际上他们想做就可以去做的事情。他们与那些明明已经迷路，却宁肯要乱跑一个小时也不愿停下车来先辨清方向的人简直一模一样。另外有一些人，却能够意识到保持自我清醒正是一个人准确知晓自己人生目标的先决条件。

有一些人害怕成功，实际上是因为他们知道梦想成真的过程中，必然是会付出某些痛苦和牺牲。而正是某些个人的陋习阻碍了他们本可以得到的幸福生活以及财产安全。还有，就是对失败的恐惧心理，这其实是一种特别敏感的心理障碍，即自己脆弱的自尊心无法承受又一次的失望所带来的打击。这些听起来是不是很耳熟？如果是的话，就多读几遍“自我指导”部分的内容。它有助于我们克服这些难题。

将你的人生目标汇总到一起，这是个非常有效、清晰且令人满意的方法。一位苏格兰籍的喜马拉雅山脉探险家莫瑞于1951年在自己的书中这样写道：

> 一个基本真理是扼杀了无数奇思妙想的无知者的行为最终也会在某一刻毁了自己，上帝也会离他而去。实际上，总会发生各种事情来帮助你，而那些事情在你决定去做之前本来是不会发生的。当你下定决心去做了之后，则会使那些无法预见的事情以及物质支持都可提供帮助，没人会想到事情会以这种方式发生。

准备开始

若你对于自己的奋斗目标已经成竹在胸，写出自己的目标规划就和填一份工作申请表一样简单。勾勒出自己的奋斗目标，在此处也应有5个步骤——找一处安静的场所；放松心情；不要急于判断；耐心；敞开心扉、更加睿智。一旦确定了，花上一分钟来回顾一下。在心中将其沉淀下来。现在请你选出在接下来的一年中，你更希望获得以下哪几项人生大事。

家庭？	爱情？
事业？	金钱？
朋友？	身体健康？
社交生活？	精神健康？
智力健康？	娱乐生活？
情感健康？	社区服务？

若想将销售额提高20%，将其划在“事业”项下。想要控制住自己的脾气，将其归在“情感健康”项下。准备每周三晚上都要为“流动厨房”

工作，将其归于“社区服务”项下。开始划分之前，请参考以下指导方针。

保持快乐的心情。对人生规划进行选择不要弄得像是在完成家庭作业一样。对我来说，这就好像是在农贸市场挑选水果和蔬菜一样。再或者，回想一下我们的童年时光，翻阅假期计划，列出许愿清单。由你来决定自己喜欢的糖果。

用起来很方便。目标规划的设置应通俗易懂且易于修改及安排——可能就是一份项目符号列表或是研究报告概要。

更具体。清晰、准确地制定目标才可以使目标更加切合实际，而模糊不清、不断变化的目标则是难以实现且又易于放弃的。如有可能，增加一个具体数值（如目标利润额、多少个仰卧起坐）以及一个时间表（如假期时间、每周固定的健身时间），越详细越好。你认为设定的哪个目标最有可能产生效果：“减肥？”“减去 10 磅体重？”“到 5 月 15 日之前要减去 10 磅？”

是否可以直达目标？目标设定者总会分为两拨。理想主义者梦想成为完美人士——为公司挣个一千万，和超模约会，在汉普顿打一场马球——理想主义者明白尽管自己渴望冒险但却无力去冒险。而实用主义者则恰好相反，总会利用各种挑战来激励自己完成各项任务。如果实用主义者没能完成列在其待办事项列表中的所有事项，总会倍感失望。

审视自己的动机。不要问自己想要什么，而是要问自己为什么要。在对自己的目标进行判断之后我才发现，我想创建一家成功的轮胎公司，并利用其更好地为我们的客户服务，为我们的同事提供一个健康的奋斗发展环境。假若我发展自己的公司只是为了自我满足——这曾经是我的主要驱动力——其结果也不会有什么明显不同。所以，若非自己为目标而奋斗，公司也不会取得进步。

走钢丝。生活就是一个每天都在搞平衡的工作过程。很多人都是只关注自己的事业，而对于其他事物都无动于衷。我对此深有同感。我每天都工作到深夜，周末也不例外，结果搞得自己身心俱疲（疾病缠身、婚姻解体）。这个世界到处是不辞辛劳、忙忙碌碌的父母。若他们可以让时光倒流，多看一些令自己热血沸腾的少年棒球联赛，又或者督促孩子们多去健身、多锻炼身体，我想他们会非常乐意退回多挣的金钱。最具意义的时间是这样一些时刻：此刻你全神贯注，心无旁骛，只关注眼前的事情。但是，若不努力工作是不可能成功的，万事皆不易。实际上，在某些情况下，即便是工作时间以外，也会有正常合理的借口要求你继续工作。在一个漫长的周期中，偶尔出现的几次失衡状态也会有助于维持更好的平衡状态。但其中的麻烦包括，在危险地带长时间踌躇不前，最后导致精疲力竭，健康状况出现问题，失败的人际关系以及做出一些不明智的决定。或者，最起码，空虚的人生以及含糊不清的感觉总不会有好结果。

任务目标混搭。可以将几周内即能达到的短期目标、几个月内可以完成的中期目标以及要花一年以上的时间才可完成的长期目标综合在一起。将这几类目标这样间隔起来安排，会有助于让自己感到自己一直在进步，进而不断激励自己去进步。当然，长短结合的设想也不错。极大的工作压力可以检验你的抗压能力，但工作日程过满也会使人陷入失败的泥潭中。

工作目标必须是由自己制定。任务列表中一些工作目标的制定可能只是制表人的责任感使然。所以，你一定要确认，列表中的绝大多数工作目标只能是你的而非其他人的。

面对挫折应保持平和心态。无论你的工作有多努力，工作过程中总会有不可抗力、意外情况会不期而至。没关系，利用你现有的成就——知识、人际关系、自信心。若经实践证明，至少有一些目标设置是可行的，就可将其放在明年的目标设置列表中再做循环。

完　成

一旦对自己的进度安排表示满意，就签名表示确认。将其视为重要文件，给自己一些压力。但所设置的目标总还是有些需要修改、补充的空间（因为这并非国会的提案）。每隔数月就对目标进行回顾并修改，也有利于人生的不断进步。有时候你可能在不断奋斗前行的过程中需要调整自己的例行活动。例如，多花些时间休息或者去旅行——这样的休养生息也会对你的一些金融、社会、人际关系的工作目标产生影响。若你突然减速改为小跑，留些时间重新审视一下自己的目标（这也有助于你更加专心致志地工作）；之后再开始急速前进。提醒：不要进行太过频繁地修改，否则，这会成为一种放弃既定目标的借口。

目标设定列表与奋斗目标相辅相成。无论是在家还是在办公室，都要将其置于醒目位置。在你的黑莓手机、电子小秘书或皮夹中存上一份随时可以看到的副本。某一刻的匆匆一瞥就可以令我马上想起自己所定的工作目标。当然，你也可以对此完全忽略，毕竟哪样都不轻松。但这总比被当做一个人肉乒乓球要好吧——总是夹在中间，被不同的人从不同的方向拍来拍去（幸运的是，这一切都要结束了）。很无趣，是吧？正如通用电气的前任 CEO 杰克·韦尔奇说过的那样：“人若不能掌握自己的命运，就只能交由他人来掌握。”

CHAPTER 46

第46章 执行行动计划

将目标从“待办”状态转变为“完成”

当吉姆·帕斯卡尔与我一起驱车奔向爱荷华州时，他才27岁。这也是我们第一次在明尼苏达州以外的地方出差。我们从明尼苏达州阿波利斯市出发沿着35号州际公路一路疾驶。路上，我提出想看看吉姆的工作计划，他一手握着方向盘，另一只手从后座上翻出自己的计划本递给我。我小小地吃了一惊：“你没有随身带一份副本吗？”我问。吉姆瞠目结舌地看着我。“把车停在路边，”我说，“我来开车。”车又回到州际公路之后，我教吉姆要写下这一年中他要完成的一些工作，从事业、财务方面再到旅行计划，他列出了一份清单并记下了一些事项，诸如“完成我的销售任务”、“还清个人债务”、“探望住在芝加哥的双亲”。之后，我又让他列出完成上述工作所需的步骤。最后，我让他为每项工作都设定一个最后期限。

吉姆完成后，我向他表示祝贺，但同时也提醒他这仅仅是第一步。我告诉他，他应该经常通过判断来找出其工作进度表中的重点内容，以便每月都可以更新自己的进度表。第二步，他增加了若干必要的工作会议。之后，他又增加了其他几项较为重要的工作及会面。“当我着手开展每一项工作时，”吉姆回忆道，“我就用小圆点将工作目标和我每天的工作进程连接起来。为了能够完成我的个人财政目标，我必须要先完成自己的销售任务。而为了完成销售任务，我又必须安排好商品库存还要雇用优秀员工。显然，这些事情都是相互关联的。但我以前却从未以这样一种按部就班的方式，为了完成这些具体但却清晰可辨的工作目标来工作。”等我们到了爱荷华州，我忽然感到吉姆发生的一些变化。在之后的几个月里，他的工作变得更有目的性和纪律性了。两年后，他被任命为负责特许经营权运作的副总，薪酬涨了一倍。

种瓜得瓜，种豆得豆。若你严格按计划使各项工作正常进行的话，你就能攻克所有难关。设定清晰的奋斗目标以及崇高的理想就是一个好的开始。但是没有深思熟虑及缜密的实操过程，一切都只不过是褪色的白纸。若只是管中窥豹，窥到的这一眼终究只是含糊不清的影像。

先制定，后整合

一项工作计划听上去像——将某个目标从“待办”状态转变为“完成”的这个必经过程的进度表。1998 年，我决定履行我的职责，改善我与父母的关系。老两口已经离婚了，而且他们的居住地离我所在的明尼苏达州阿波利斯市很远。我母亲伊丽莎白，已经 89 岁了，住在印第安纳南部，而我的父亲比尔也已经 86 岁了，他曾经在南加州居住了多年，现在生活在印第安纳的一所疗养院。我在此将这项工作的目标及行动步骤与任务联系起来（这就等同于为某个工作目标所进行的常规工作一样）。

个人希望达到的目的（相关部分）：创建和谐家庭环境以促进整个家庭和亲朋好友们的和睦相处。

目标分类：家庭。

目标：提升母亲与我的关系（我同样建立了针对我和父亲关系的工作计划）。

行动计划：

- 每周给母亲打 3 次电话。
- 无论母亲去哪里住，都要与她共度为期一周的假期。
- 花上 6 个长周末和她待在她位于印第安纳的家中。
- 邀请她来明尼苏达州阿波利斯市与自己共度圣诞及新年长假期。
- 在她的生日、母亲节以及其他节日时，送她贺卡。
- 尽量给她提供财务上的帮助，让她的生活舒适无忧。
- 坚持持续地观察她的情绪、感受，尽量做到与她知无不言，定期向她表达自己对她的爱，而对于母亲对自己所有的爱都要向她表示感谢。

记录下行动计划无疑是令人鼓舞的，但这和你的工作任务和目标一样，这些语句都还只是停留在纸面上。将上述内容转换成进度表中的待办事项自然是关键的环节。需要确认哪些是你要优先考虑的事项——首先就是对你个人生活的安排以及围绕个人生活出现的工作内容。能够实现个人目标将会使你大踏步地奔向成功。像加一层底漆，把一些重要的“家庭活动日”标在你的日历上——比如生日、少年棒球联赛日、家庭出游日、假日。当然，总会有些突发事件让你不得不通过加班来处理，你有可能因此而错过一两场比赛。但关键在于，若你没能安排好一切，你会失去更多。

将各项工作计划统筹安排在日常生活中，实际上是易如反掌的事。比如，在我和母亲通电话讨论她认可的活动安排日期后，我就将这些日期——为期一周的假期、假日以及年度财务状况盘点日——列入我的微软编辑软件的电子日历中。我甚至还添加了发送贺卡的提示功能，即在每个生日及假日的前三天自动发送提示信息。一切如常，“给妈打电话”就嵌在了我的工作任务列表中。这也为我的工作计划（事业目标、财务规划、健身计划以及心灵升华）点缀了一丝温馨快乐的气氛。我深知，这些内容也更有助于我完成自己设定的目标。

制订工作计划可以培养自觉性

我听到有人在窃笑："哇哦，难道这家伙何时刷牙也要记在日历上吗？要是我成了他那样，我一定去当兵。灵活性哪去了？"你看，我并没想让你变成一个刻板的、只依靠日程表的机器人。制订好各部分工作计划，然后即可以自觉地在工作进度表划定的框框内工作。若你仅仅通过一个进度表（尤其还是一个可轻易重新设置的进度表）就对偶然出现的一次机会简单判断，那可真够愚蠢的。你可以享受即兴发挥带来的乐趣；但切记，不要耽误了那些你已将其标注为具有较高重要性的事项。

在你列出的奋斗目标、工作目标、工作计划以及进度表之间用小圆点连接起来。你会发现自己更加放松了、更加自觉了。这是因为，生活中各个组成部分都已步入正轨。对我而言，这就意味着过上片刻想怎样就怎样的生活。若所有事情都同时发生，我的大脑可装不下一大堆的杂七杂八的待办事项："哦，不！我本来是要在 2 小时前和乔治单独见面的！我忘记给我兄弟寄生日贺卡了！"这样的自觉性没有也罢。

要将工作计划当做建议书和提示牌。但要注意千万别把弦绷得太紧。好的时间安排就是指，只有当你的进度表精确如瑞士手表一样且自己对工作进度的把握也准确无误时，你才有可能将自己的每一项工作都安排得天衣无缝。其实，不论我是如何地飞奔向下一次会谈或是下一趟航班，我还是会像不断追逐着走鹃（走鹃是鹃形目杜鹃科的鸟类——编者注）的大野狼。我受够了肾上腺素动辄激增的那种紧张情绪，最终我决定工作中应该在每次重要的商务会议之间留些缓冲时间。即使这样，我偶尔仍会感到自己似乎处于紧张的状态中，但这已经是极少出现的例外情况而非常态。总结：由人来安排时间而非由时间来安排人。

请谨记西里尔·诺斯古德·帕金森的至理名言："工作的增加（或减少）其目的都是为能够有效地利用时间来完成工作。"也就是说，为你的工作进度表中留出越多的空间，你就越有可能分配出越多的时间来做其他的事。当然，这也会限制你可能完成工作的数量。但若你是个自由散漫、目无纪律的人，最终你会发现，自己就像是一个无助的旁观者，眼看着生命飞逝而过，除了花白的头发和悔恨的心情，你已一无所有。有解决办法吗？在适中水平下，制定工作进度更偏向是一种技巧而非责任。找到某种将“变”与“不变”恰当融合的方法是需要些实践经验的。然而一旦你进入状态，你就会感觉到：即使你推掉几次商务会谈也没有引起太大的骚动。

不要只盯着竞争

当我为了达到某个目标而工作时，我通常会将实现这个目标的感觉形象化。但在实际工作过程中，我必须要更加专注于一系列简短的小步骤。正如诗人 M.C. 理查德斯写的那样：

获取知识的道路上的脚不应被放在前面的另一只脚所取代。

比如说，你很想得到这个顶级客户。毫无疑问，能够和这个顶级客户握手签约的场景一定是令人十分开心同时也是十分鼓舞人心的——为签约而欢呼，为整个销售团队加油打气，为自己的工作履历增添了浓墨重彩的一笔，时刻关注自己越滚越大的业绩。但是你所应关注的重中之重必须是如何完成目标。你也可以称之为工作计划。自问一下：现在朝着自己的目标前进过程中的最小的一步是什么？然后再问：接下来的最小一步是什么？之后就写出下一个步骤，直到你写完了所能想到的每一个步骤。所以你写出的工作计划可能就会像下面的内容这样。

目标：获得顶级客户。

工作计划：

- 对该公司进行研究。

- 通过复习上一次的进修过程以及关于销售技巧的书籍来磨炼自己的销售技巧。
- 向同事咨询，之前针对 ×× 公司的签约工作为什么失败了。
- 对之前的失败原因进行分析，同时还要写出本公司已经优化的价格大礼包及客户服务内容，准备好给顶级客户打电话。
- 给母公司的决策人物写封自我介绍信。
- 一周之后再给客户打电话并安排一次面谈。

现在，翻开你的工作进度表以及待办事项列表，仔细浏览一遍，划掉已完成的内容。每天早上花 5 分钟时间以及在周末花上 15 分钟时间来回顾工作进展状况以及需要优先处理的事项——这是由于市场状况是处在不断地变化当中，某个目标在 6 周前看起来还非常关键，但很可能今天就会变得毫无意义。若你考虑前进到下一步骤，要及时更新相应的工作计划、进度表以及待办事项列表。然后就全力以赴地放手干吧，直到见到回报为止。

CHAPTER 47

第 47 章

高效且有序的时间安排

准备成功的愿望比成功的愿望更重要

有很多领导层人士都只能做对一半的效率等式。以企业家为例，这类人是开明的但却是低效的。他就像一位心不在焉的牧师，布道时姗姗来迟，脑子里装了一大堆的布道内容——其中一些已经卸载到他口袋里的几张纸上，而其余的则在办公室散落一地。他一心希望能用这些布道内容感召教友们，但遗憾的是，他的布道却令大家更加迷惑了。而与此同时却有一位毫不开明但效率极高的商人，他更像是一位具有世界级水平的外科医生，但他对待病人的态度却非常冷淡。而他这种冷淡地向病人描述其病情的讲话方式足以击毁病人的求生欲望。其实，他本可以挽救更多人的生命。

一位既开明又高效的领导更像一位家庭挚友。她关注每位家庭成员的学业和健康，同时还不厌其烦地鼓励他们应具有创造力以及纪律严明。对于她的粉丝来说，她就像是双份的意式浓咖啡。

启迪性效率本身并非目的。没有启迪性效率，你很难得偿所愿，最终还会与你的奋斗目标渐行渐远。不断地刺激自己，提高自己的效率，打好基础以能够自如应对未来的挑战。这也是使你从挫折迈向成功的临界点。正如我的一位至爱所说的那样：

“准备成功的愿望比成功的愿望更为重要。”

无法相信这不混乱

没有条理性、只关注效率就像是在有限速规定的高速公路上超速行驶一般。数量众多的坑洼地和路障令你在加挡之前就把你甩到沟里了。

条理性对于启迪性效率大有裨益，有助于你达到目标。你会在凌乱的书桌和杂乱无章的文件夹旁边开动自己的创造力吗？当然了，一切皆有可能。但若不是在混乱不堪的环境下确实是会更容易些。特别是当你开始借助个人数码小秘书（PDA）——黑莓手机，掌上电脑，电传，电话，宇达电通（Clio，Treo，Mio）——运用各种手段来完成任务，你会发现所有关键资料就在指尖上。这些新技术可以节省你的时间，保护你的肾上腺素。

比如我，若没带上黑莓手机就会迷路。在我离开办公室之前，我会把电脑中的地址簿和待办事项列表与黑莓手机设为同步。在路上，我也可以在匆忙中及时更新和修改资料；无论我是身在机场还是在医生的办公室，我都可以通过电话、有线网络以及无线电子邮件保持实时联网（注意：当你与朋友及家人外出时，要先考虑别人而非你的PDA。我必须把我的黑莓手机装在口袋里；否则，我会一直盯着它看，这样我就无法专注于与他人的交谈。所以，当你必须要查看邮件时，最好去一趟卫生间或是走到房间外面去看）。

我更愿意使用PDA而不是纸质文件夹，这是因为PDA容量更大且能及时删去无用的冗余内容（另外，它还有一个无线优势——当我更新黑莓手机或个人电脑中的日历时，其他设备也可自动做相应地更新）。但其实目前还是有多种各具特点的规划系统，既有数码的也有人工的。PDA还能帮助我们抓住一瞬间迸发出来的奇思妙想。有一类微型磁带录音机或高级纸笔亦能完成上述工作。即使你正在开车，好的构思也不会溜走。在车里，用纸笔不太现实（若不太致命的话），因此，我会给自己的免提手机设一个语音信箱，再或者把车停在路边，把内容录入到黑莓手机里。

整理杂物时应由内向外。内部的整洁自然而然地能够令人更加关注外部整洁，也可以使每个人的个人生活和职场生涯更顺利。改变都是在润物细无声中发生着，当你在奋斗的过程中停下脚步休息一下，你会惊讶地发现，像“启迪性效率”这样的新鲜词对于自己来说会和呼吸一样平淡无奇，请相信这一天终会到来。

时间多的是

看到一些人总是不得不在效率和客观判断力之间进行权衡，我真为他们感到难过。几年前的一天，我在给一些私营企业研究生做完一次主题演讲后，受邀为他们的一场全国性的学生创业竞赛担任评委。然后，我和公司的一位供应商在一个小咖啡馆里谈事。巧的是，他的女儿参加了我担任评委的这次竞赛，并进行了45分钟的展示。我问他，他一定很开心吧？“哦，我一直在忙工作呢，”他说，“你知道，工作实在太多了。”听到此，我的心情十分沉重。可怜的人，可怜的女孩。我在想，此时此刻他的女儿正在参加一场全国性的竞赛，而他却无法和女儿分享这45分钟，可以想象他发给女儿的信息是什么样的。到底是什么蒙住了他的双眼，让他对自己生活中孰轻孰重都无法做出正确判断。

尽管很遗憾，但我还是要说出答案——恐惧。在我的早期职场生涯中，我总是对工资单充满恐惧，因为它代表着无休止的开会、签单、销售额——所有这些都代表着白热化的竞争。即便是当你已经事业有成，你也很难改变固有的心态。哪怕只是一点点的问题都会把我抛回原点，甩出赛道，然后淘汰出局。

若一天中24小时对你来说仍感到不够用，其实也不止你一个人这么倒霉。近期的华尔街日报/NBC新闻联合进行的民间调查显示：80%的人认为自己生活得很忙，忙得疲惫不堪。另外，调查共统计了31407个访问电话，结果只有2001个美国人有足够的时间来回答访问者提出的问题。“我没有时间”这样一句口头禅成为“已经应验了的预言”——你没有太多的时间是因为你从未相信你有时间。启迪性效率要求：你能够清醒、明确地选择哪些时间重要而哪些不那么重要。把原来的口头禅换一下：我有的是时间来做我必须要做的每一件事。

当你给自己的人生加上若干目标，通过对其进行定义，将其分列在工作计划中，并围绕这些工作目标制定工作进度表及待办事项列表，此时你会发现有些很奇妙的变化。“时间”，“慢下来”，“停下来”，解释起来很容易。若你能更聪明地掌控时间，你就能有更多的时间。但无论你有多么专心致志，虚耗时间的现象仍遍布在每一间办公室。在第26章中提到的“会议”就属于最深的黑洞之列。还有以下几种浪费时间的陷阱是我们应该避免的。

“减少谈话”。试想，若你每天有30个会面，每次谈话都比原定时间多用4分钟，那么你一天中就会损失2小时。因此，先解决手头的问题，同时减少一点支出就可以解决大难题。这些都可以纠正你的工作进度表。这里节省10分钟，那里节省15分钟，最终就可以使你解脱出来，将时间花在最需要你的工作中。以下给出3个减少谈话的小贴士。

- **直奔主题。**态度无疑要热情，但要省略掉一些零碎的废话。在进行长时间交谈之前，要列出自己需要问的问题，以及可令自己满意的答复。这样仅需1分钟的准备工作就能推动一次富有成果且准时的交谈。
- **只说概要。**我们通常都会用一种礼貌的方式打断滔滔不绝的人士。我们可以用恭敬的口吻插句话：“概要是什么？”这是我从效率管理大师埃德温·布里斯那里学来的。此时的滔滔不绝者不会感到难堪，可以快速进入正题（可能会有些怯生生的）。你也可以转换成柔和一些的语调加上一句：“抱歉，我很想多听几句，但我还有个会，你能否先说个概要，或者我们可否稍晚些再谈？”记住，提出概要仅限于商务会谈，且只适用于关怀而非命令的口吻。这可不是工作之外的私人谈话时可用的手段。

- **将会谈数字化。**无论何时，只要有可能，都要将处理事项整理为电子邮件或文本信息。我每天都会以飞快的速度收发几十个有关询问、通知或成交的信息。

“接个电话”。电话要么是你最伟大的盟友（可以用来代替写信或者备忘录），要么是你最可恶的敌人（谈话经常会被电话打断）。在无法接听办公室电话时可以使用手机——可以使用耳机且不必牺牲家庭团聚时间——这无疑是好的开端。此处再介绍两种可以避免错失电话的方法：

- **安排一位辅助性守卫。**外出时我的语音信箱就是我在驰加的最可信赖的卫兵，始终如一、不知疲倦地重复着：“嗨，我是汤姆·吉格斯。请您留下有关您的需求信息。无论是我或是其他相关负责人都会及时给您回复并提供帮助。”语气中快乐的气氛此时可以发挥作用，因为它可以让电话那头的人准确描述自己的需求，而非只是简单地留下自己的联系方式，摒弃了令人抓狂的拨电话游戏。当然它也救了我的执行助理多莉，帮她节省了大量时间。
- **留下准确指示。**当你联系不上对方时，就留一条详细信息并请他把留言回复到你的语音信箱。瞧，这样一来，你就可以节省了电话打来打去的麻烦又办成了事。这就与促成了商业信息革命的电子邮件一样，被称为不对称通信。我们并非总需要双向交流。其实你在语音信箱中留下的信息和用电话交流出的信息是一样多的。注意：在与员工或客户交流时，更多时候还是应用心灵的沟通而非高科技的交流。

“态度要诚恳，不要焦躁不安”。对于耗时较长的会谈、展示以及非正式会议，你应该清楚自己到底可以为此留出多少时间。任何人均如此，若非时间紧迫，就不太可能做到言简意赅。一位销售员告诉我他的一次销售过程需要1个小时，我告诉她我只需要15分钟，同时建议她可以将交流内容分置在3个5分钟之内：推广过程，问题，相关决定的讨论。认识到有15分钟聊胜于无，她开始语速飞快，只谈重点话题，在第15分钟搞定——中间有跑题时我就给她一个善意地提示。我表现得很礼貌、友好但态度十分坚决。珍惜时间对于每个人都一样。听起来是否太难了？你是否宁愿错过孩子们的足球比赛，只因为你没有足够的时间来完成今天的重要工作？如果是我，我可不干。此刻，无论前方有何艰险，似乎都能够轻易克服的。要时刻提醒自己：你和谁在一起，为何要和他们在一起，以及这样的交流又能如何适应更广阔的职场生涯甚至整个人生。

应对一些突发的小事件：6个D

你上一次没有不得不优先处理的电话、紧急电子邮件或是不得不面对渴望被关注的压力过大的同事是什么时候？能够通吃各项目是每个企业家招聘员工的必要工作内容。我把自己用来处理每天中各种干扰事项的策略称为“6个D”。若某些事情突然不期而至，那就顺其自然。我总是从第一步开始。若没有用，再前进至第二步。我会不断地查看列表，直到找到合适的解决方案。

不要做。说真的，有些事情若你能够将其忽略过去，它们就会消失。你的注意力越集中，你就越能对一些原本会令你分心的、会拖后腿的次要事项具备更强的适应力。

拖延一下，稍后再做。若你对某些中断事项只是简单地拖延一下，它们马上就消失了。当你度完假回到办公室时，记得要查看所有的紧急语音留言、电邮以及备忘文件等。尽管这些内容你从未听说过，但还一直有。

推掉。若有些事情一直被拖延着未做，有人肯定会暴怒的。但是这些事情却并不属于你的分内之事，那么不要让它们打乱你原有的工作计划，转给别人就好了。

委派别人去做。眼光长远的企业家不会去做给钱才会去做的事。没想好的事就不要找人去做。若希望事情做得圆满就只有自己亲力亲为。可以委派下属去做所有能做的事，否则，企业家的业务发展就会被一些无关痛痒的细枝末节所拖累（委派工作非常重要，我们在第 40 章已做专门介绍）。

可以做但不要做得完美无缺。当你意识到某项工作只有你才能完成时，不要不由自主地就把自己当做一个完美主义者，力求工作完美无缺。你应充分发挥工作进度表以及具有更高水平的智囊团的作用。

要做就好好去做。总会有一些突发小事件需要你全身心地去处理，但此时你已通过应用前 5 个 D 克服了其他众多困难，所以抖擞精神来迎接大挑战就会变得容易很多了。

CHAPTER 48

第48章 从现在开始经营自己的身心灵

将身体的“内部组织”调整到和谐、统一状态

若你的竞争对手通过挖墙脚挖走了你的客户和员工，你会袖手旁观吗？在你发现有极危险的病毒感染计算机系统之前，你会抱怨网络安全状况吗？我对此表示怀疑。如果是为了工作，有一些人会主动出击、先发制人，这当然是值得称赞的。但如果是个人问题，有太多的人会分不清孰轻孰重，把各种事情的优先级别搞颠倒了。我们在进行深思熟虑以做出更好的选择之前所能做的只是等待，直到火烧眉毛。

我自己的经历就是一个典型案例：一连串的伤害使我在42岁的这一年里备受打击，也彻底击碎了我对于身心健康的所有设想。离婚以及工作中出现的现金流危机使我的精神几乎崩溃。然后，罹患癌症又使我不得不重新考虑自己的身体状况。我所经受的这些严酷考验使我原来所信奉的理念——聪明才智只有应用于工作中才是正确的——变得如此千疮百孔、不堪一击。历经6个月的痛苦地自我剖析证明了，是我在自己人生中的四项基本要素——身体、智慧、心理及精神——设置了重重障碍。

我的“体内组织”的这四位成员不仅与外界几乎是隔绝的，甚至我自己也从未真正地认识过它们。我的智慧总是在争夺所有工作，而我的身体却日益不堪重负，我的心理和精神则更是被我忽视。多年以来，我

一直保持运动，也感到很健康。但是体内缺乏和谐状态使我无法做到身体健康和心态平和。现实情况使我猛然清醒，我尴尬地认识到我一直完全没有将“体内组织”的状态当回事。在工作中，我从未有过丝毫懈怠。当痛苦的挫折击倒我时，我的生命状态看起来就是图 48–1 所示的那样。

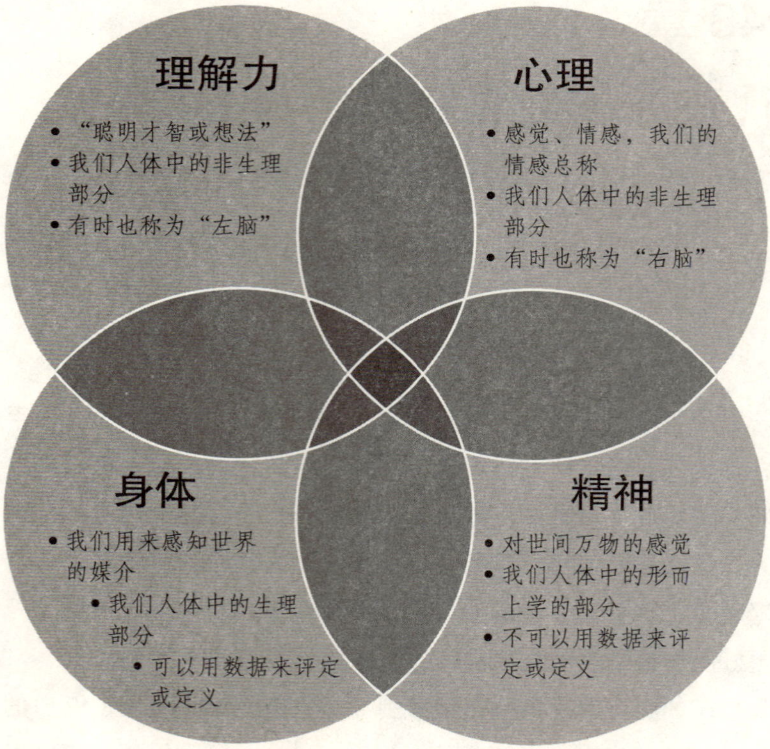

图48–1　生命状态的四项基本要素

四项基本要素列在同一张纸上，其含义是什么？想象一下，若甲壳虫乐队（甲壳虫乐队是 20 世纪西方最著名的乐队）的四位成员约翰，保罗，乔治以及林戈都追求自己的独唱（独奏）事业。他们有可能时不时地有些小成就。但他们若没有组成乐队并将自己的天赋贡献其中，使得乐队的成就远优于个人成就，他们也就绝无可能为几代人定义了流行音乐。当我开始关注身体的每一基本要素并制订健康计划时，就产生如下情况，如图 48–2、图 48–3 所示。

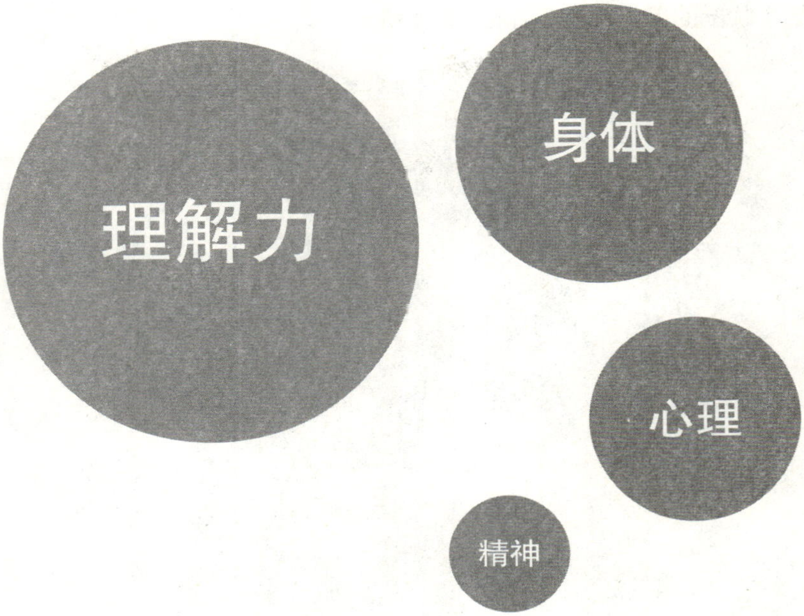

图48–2　孤立的生命状态四项基本要素

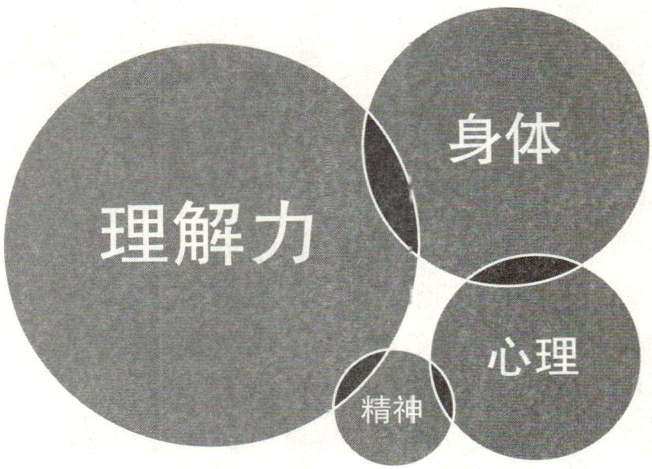

图48–3　生命状态的四项基本要素逐渐融合

各基本要素的合理构成能够使我产生更清晰的见解、更敏锐的直觉并且更具活力。当我的体内各要素达到和谐状态，我就开始感受到了身体健康状况的巨大突破，如图 48–4 所示。

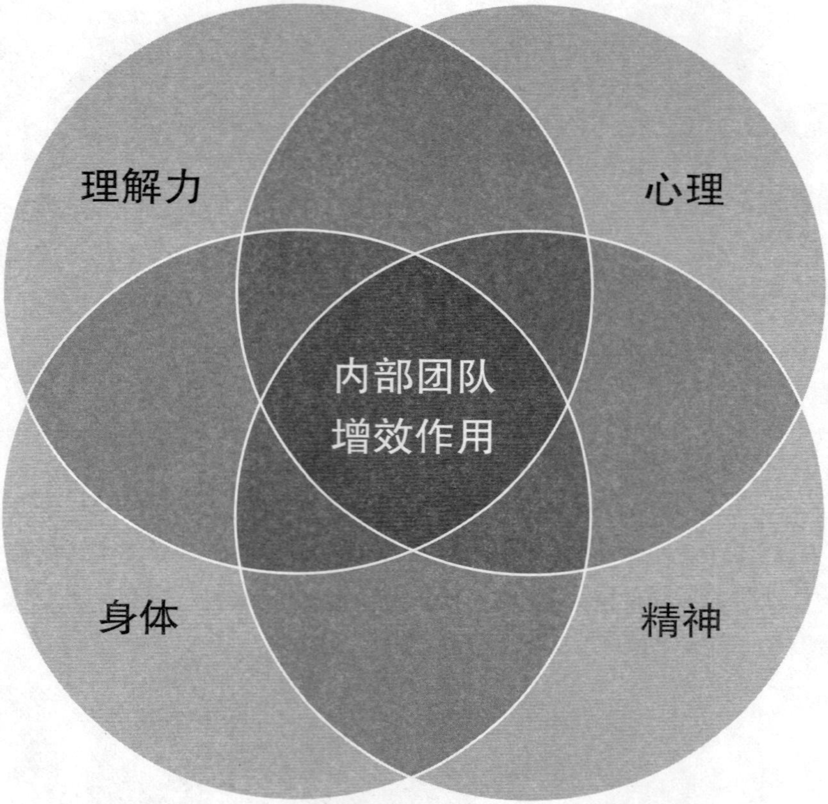

图48–4 生命状态的四项基本要素融合的最佳状态

其实，当我们身体的每一部分想要帮助或企图破坏我们所做的决定或计划时，一分钟都不用。例如，我发现，在就某一敏感话题指导员工时，我的判断过程往往是受自己的身体状况、情感状况以及精神状况影响的。一份新的工作计划需要的是测试报告而非个人的智商——以及身体、心理和精神。因为所有这些都会受到诸如前一晚睡眠状况如何、是否在跑步机上做了运动又或者午餐是否是吃炸面包圈等因素的影响。

从精疲力竭到兴高采烈

我越是关注身体内部的平衡，我的观念改变得也就越多。我的行为亦是如此。我开始意识到，我越善待自己的身体，才越有可能得到回报。这也启发了我，要让自己更加关心身边所有的人包括工作中的同事、生活中的亲朋好友。

健康的身体已经成为了我全部的银行账户。这句话是由压力研究方面的开创者汉斯·塞里提出的。类似于不断从银行取款的行为包括饮食习惯不健康、睡眠不足、情绪紧张以及其他的紧张性刺激。反之，你却可以通过锻炼身体、饮食健康、沉思冥想以及援助社交来不断存款。当取款行为多过存款行为时，你会牢骚满腹、极度焦虑、思维混乱并且意志薄弱。而当存款行为多过取款行为时，你就会有强大的抗压能力、清晰的思维以及极其平和的心态。不仅如此，当危机来袭时，你会像一台有足够油料、可以迅速加至五挡的好车。

追求健康的过程的确需要时间和精力，但并非总需要大量的时间。比如，只要你感到紧张或压力过大时，只需要提醒自己做几个深呼吸就可以达到减压的目的。有一次，我带有关思维机体联系方面的畅销书作家迪帕克·乔普拉去我的一位高级咨询客户那里赴晚宴。当我们在门口通道等待时，迪帕克开始做非常缓慢的深呼吸。第二天，晚宴主人问我，迪帕克是否有气喘的问题。“不是的。”我笑道，“他只是在做自己的呼吸练习。他称之为‘维达’（就是达斯·维达）的呼吸。这可以使他保持头脑清醒、心情平静且精力集中。”迪帕克还把这项练习教给我，我确认它十分有效。

养成好的生活习惯才能带来更好的生活。今晚与其看肥皂剧还不如拿上一本有关个人成长的书读上几章。又或者，在睡觉前可以来个20分钟的散步。甚至，下次你去餐馆吃饭时，点一份蔬菜汤、菠菜沙拉、瓶装水，来替代以前常吃的汉堡、油炸食品和啤酒。不要对来自雇员的意见或批评采取保守态度，敞开心扉、认真倾听，试着去理解雇员的想法。这可能并不容易，但其实没有什么东西是你根本离不开的。幸好，选择更健康的生活方式对未来生活具有的重大意义看起来是如此直接和深远，所有这些都是你坚持下去的动力。我对自己又重新焕发活力而激动不已，我又加满了油要出发了。

当然，我还要准备好面对一些对此并不支持的反馈意见。多年以来，绝大多数的同事嘲笑我的饮食习惯、身体锻炼、沉思冥想以及关注心理成长的这些行为。但仍然会有戏弄别人的人来不停地敲我的门。他们总会将一些可怕的症状及检查报告结果脱口而出，然后就恳求我透露给他们我所知道的有关饮食和身体健康的一切信息。看来绝大多数人已经不由自主地开始接受我的观点了。

为什么还要再等？找到了正确方法后就看你自己的了。身体是一件非常奇妙的艺术作品；其硬件智慧总是在为达到最佳健康状态而奋斗。使身体重新充满活力，这样的奇特经历无疑是非常美妙的。若你的身体已经出现危机，那么就赶紧踩急刹车吧，在协同大街向右转可以为你的人生旅途增加更多的精彩岁月。

积少成多

总之，高水平的身体状态有助于你更好地、更长时间地工作。我身患癌症的经历是“塞翁失马，焉知非福”。陈词滥调？可能是吧。但这件事却彻底震撼了我，让我认识到饮食结构和生活方式的重要性。我曾经对此的态度是：只要我没生病，我就一定是健康的。但这就像是你赢了一场网球比赛，但却是源于你的对手根本没出场。没输不等于获胜——两者几乎毫不沾边。如同是你的对手错过了比赛——当你的健康支持而你却未能出场。健康消耗殆尽只用这个词就可解释：累积效应。正如营养饮食方面的作家阿黛尔·戴维斯指出的那样：每个人每天都在做两件事——构筑自己的健康或产生疾病——的一件。

健康方面的问题——不论是身体方面、情感方面、心理方面甚至精神方面——都不是突然从天而降的。一些不良生活方式，诸如缺乏锻炼以及消极的生活态度都是在年轻时种下的苦果。这些种子在被极端忽视、从未被发现的状况下生长开来，数十年来枝繁叶茂、最终使所有事情都变得不可收拾。这就像是一个人长年累月地开着一辆车却从未换过机油，然后车突然就会熄火进而无法启动。直到恶果显现的那一天来临之前，自己选择的生活方式所出现的各种令人难以理解的反应充斥在身体各处，而带来的伤害也一天大过一天。

在我40岁的头几年，我经常会感觉反应迟钝、思维混乱。那是我不明就里、辨不清真正的原因。我只知道，我的工作效率已不在巅峰。我明白我正在失去些东西，但我不愿为这些事情而伤脑筋。当然我也没有关注过我身体上的变化——直到最后，我的嗓子里出现了恶性肿瘤，我几乎为此送命。告诉你吧，当死神把车停在路边，提出可以让你搭一程时，搭车去趟“反省”城——还是有点吸引力的。

总之，今天你所做的选择决定了未来你的人际关系、健康状况以及工作效率。这些无关乎能否活得长久，关乎的是能否活得更好。从今天、现在开始，带着更大的活力和能量，精神抖擞地去经营自己的工作和人生。以下这句话听上去会刺耳甚至无情：生活会一直盯着我们每个人并提醒着：不是不报，时候未到。所以，为何还要等待？

CHAPTER 49

第 49 章
追求更健康的生活方式

感觉更舒服、工作更出色、生活更美好

多年前的一天，我在一家书店闲逛时，一本书的名字引起了我的注意——《求你了，医生，帮帮我》。我情不自禁地拿起来看。乔·尼克尔斯医生——后来的“天然食品联盟”的主席——在书中讨论了这样一种观点，即一切高脂的、人工加工的美国式饮食都是具有毁灭性的。我合上了书，感觉到这本书说的就是我。我超重了 25 磅，经常会感到精疲力竭而且高度紧张。我明白我只有两种选择：可以拒绝承认尼克尔斯医生的结论，也可以自己进行试验。若没有什么改变，一切就会重归于“正常”。或者，遵从尼克尔斯医生的建议，从饮食中除掉糖、红肉、白面包以及所有油炸类食品。几个月后，我成功减掉了 25 磅，感受到身体又充满了活力，原本焦虑的情绪也得到缓解。

其实，你的身体并非唯一需要长期关注的内部结构，这是我在 1989 年的某一天得出的观点。我向我的太极拳指导老师汇报我的进展，当我告诉他我并没有一直练时，我还在为自己辩解，“但是我是一直在努力做好。”我说。他深深地注视着我，以不带任何感情色彩的语气回应我：“努力做好与着手做完全相反。”糟糕。就我所评价“努力做好”的效果而言，自省——“着手做”——则更有价值。正如奥利佛·温德尔·霍尔姆兹

曾经说过的那样：“将要面对的与已成过往的，较之深埋于我们内心的皆为微末。”有关人的身体、智慧精神和心理方面的内容是不可能在短短一章中都能涵盖到的。但我倾向于相信，这些个人的实践总结有助于人们对自己身体内外的各种情况有着清晰的认知。

身　体

改变自己饮食结构的10年后，医生在我的脖子处发现了癌变肿瘤。难道老天没看到我已经是一个健康饮食的“倡导者”了吗？绝不是这样的。癌症只是使当时的状况恶化了。通过参加太极拳静修班，我才发现我只是刚刚触碰到健康养生的一点皮毛而已。坦率地说，自我冥想练习初看起来有些奇特，而且饮食中的有机类蔬菜食物也是淡而无味。我一直十分怀念鸡肉和牛奶。但随着时间的推移，我的身体状况得到不断改善，我的味蕾复苏了——我自己也开始复苏了。我发现了健康食品的多样性：谷物、豆类、水果、蔬菜、坚果。食物、心情以及健康之间的联系远比我想象的要紧密得多。如果仅用一个小药丸就能改变自己的身体状态和心理状态，那么请想象一下，我们的身体对于自身每年消费数百磅的食物会产生什么反应。不良的饮食习惯是我们自己的心情过于灰暗以至于无法正常思考，身体不适以及心情烦乱使我们无法善待员工，体能消耗过大而无法在晚上工作。到静修班结束时，我被静修的理念完全折服了。回家后，清空了冰箱里的东西，我把冰箱称为“无动物出没的地带”（当然偶尔会有一条鲑鱼出现）。

改变饮食结构并非易事。过去，我在两本具有里程碑意义的书中找到了最有用的信息——一本是由约翰·罗宾斯写的《一个给新美国的食谱》和另一本是迪恩·欧宁胥的《关于心脏病人的恢复治疗计划》（例如，欧宁胥的这种非营利性质的研究证明了一些可以用于心脏病人恢复的非手术类方法）。绝大多数人痴迷于自己所热爱的美食。但是，请鼓足勇气吧——当你的味蕾开始适应健康饮食了，你对那些不健康食物的依赖就会减少了。要经常提醒自己：若不做些改变，就不会有变化发生（提醒：在你决定改变饮食习惯和健身习惯之前，先要向保健专业人士咨询）。

我生长在印第安纳，身体流淌着篮球的血液，我似乎是运着球从妈妈肚子里跑出来的。但是在我55岁那年，一次膝盖外科手术使我不得不提早退休了。幸运的是，我还有很多的方法可以锻炼身体，强健心脏。每周有四次这样的健身时间：我要在跑步机上跑30分钟，然后做30分钟的负重起。另外，还有每天必做的伸展运动和瑜伽练习，当然还要有健康的饮食。于是，我发现自己又重新焕发了活力同时又很有耐心，换作是以前，我早就已经火冒三丈了。而这些正是一位高水平的企业领导所需要具备的。

定期锻炼身体对我们的益处也体现在其他方面。科学家们可能会这样解释：激烈的体育锻炼可以加快血流速度，进而使全身充满内啡肽——一些奇妙的小脑化学物质，可以引发人们的愉快情绪。换句话说，体育锻炼可以使一个人在几乎一整天里情绪高昂且充满活力。一种积极主动的生活方式可以使你保持身体灵活，增加肌肉并维持骨骼强韧度，强健心脏，增大肺活量。锻炼也可以使人的机体保持化学上的平衡，强化人的免疫系统。

企业家绝不会因有其他更重大的问题而牺牲掉锻炼身体的时间，或将其置于优先列表中的最底层。相信我，重写你的工作列表很有必要。一周只需花上四小时去锻炼、出汗——只占用日常时间的3%——就能实现较大的投资收益比。你不止可以睡得更好，各生理系统（包括免疫、心血管、神经以及肌肉系统）也会变得更健康，这也可以帮你在人生的奋斗路上省下大量时间，还免受悲痛之苦。剧烈运动也有助于你重新规划未来：汗出了，问题也解决了。各种问题在你经历了考验之前是显得如此庞大，但经历考验之后却又如此微不足道。

不要等到你感觉到又有活力时才开始要锻炼。活力也不会因你开始锻炼了才会出现。选择一项自己喜欢的运动开始锻炼。如有必要也可独自进行。例如，散步20分钟，每周3次，这也是个可以轻松达到锻炼目的的好方法之一，很简单吧。下一步，去一家健身俱乐部登记成为其会员（因为很多俱乐部可以为会员免费提供一段时间的健身训练师）。又或者，可以从健身器材店买个哑铃回家锻炼。但不必非要等到你在家或是在健身俱乐部才算锻炼。比如，你可以利用午休时间轻松步行10分钟，或者可以选择爬楼梯而不是坐电梯。

你可以把这种方法当做是一种全新的生产率推动力。营养水平和健康状态的提高可以使一个人焕发活力并保持头脑清醒，而正是这种清晰的思维方式才能够升级一些商业决策并改善人与人之间的交流技巧。

智　力

在我们这个论功行赏、信息爆炸的时代里，最为人们所看重的是一个人的求知欲。求知欲指的是，借助外界的发明创新来彰显人的内在想象力的强烈愿望。开拓自己的聪明才智是很重要，但你也可以自欺欺人，比如，若你的工作勉强干得过去，你也可以说："我的工作很伟大。"

多年以来，我也试过多次。但毕竟，左脑型思维对于我在职场生涯初期面对各种挑战时是必不可少的。这感觉就好像我好不容易刚从水中伸出头透一口气，另一波大浪又披头而至。我强迫自己提高一些管理技巧，如策略规划、问题解决流程以及工作分配等，每项技巧都必不可少。但是成功还是需要一些神奇的力量，这种神奇的力量就是人们将信息从知识向智慧转变的创新性思维方式。

和很多商人一样，我几乎都把精力用于思考问题、解决问题却疏于注重创造力。真见鬼，这只是画家、音乐家以及设计师而非身着细条纹衬衫、只注重结果的工作执行经理的领域。有一天，我和一位朋友谈起了我画的一份组织结构图。不再使用以前通常是代表自上而下的思维方式的等级结构流程图，代之以一系列的同心圆（如图49–1所示）。在这些同心圆中，从中心区域逐渐流出的图形就像池塘里的波纹，此图表明这是由内向外的管理策略，用来指导通信工作和客服工作。"哇，多有创意的想法，"他说，"你是怎么想到这种想法的？"

右脑型思维可以使我超越不同寻常的逻辑性实操（即两个已知量组

合）以产生第三个量（即 1+1 > 2）。每个人都应充分利用逻辑学（但逻辑学经常会使我们的选择范围变窄）和创造性的思维方式（它可使我们做每件事情都有无限多的可能性）。但问题是，有关聪明才智的方方面面却经常会令我们处于失衡状态。对于平衡状态的寻觅重新又唤醒人们的求知欲，把人们带入创意无限的境界。再者，如艺术家曼森·库里说的那样："智力使世间万事复杂，而智慧却令其简单。"

此外，一些每天都要做的相同的苦差事只会加深我们的精神压抑感，使我们更加感到生活的枯燥乏味。人们可以通过接触新鲜事物以及全新的思维方式，使自己的思想重新焕发活力。去学一些你一直想学的课程；尝试一些诸如纵横字谜游戏以及棋类运动等的有氧脑力运动；试着改变周围的环境——挂上一幅新画，重新摆放家具——以改变自己的视角和心理；远离你所得心应手的领域，做一些你并不擅长的事情。

图49–1　由内向外的管理策略

心　理

毫无例外，办公室的人总是会刻意地去回避心理学研究。这对于每个人及其职场生涯来说都是十分危险的。你的心理就是一位空管人员，可以监控所有的心理航班和情感航班："想法 #364 航班"，允许你在 3 号跑道降落；"情感 #42 航班"，准备起飞。所以，人们缺乏对心理状态的关注就会有撞机的危险。

心理健康就是人体内在的健康思维方式和外在的积极的生活习惯之间强有力的连接。你又如何看待，自身对于你在作出决定、实际行动以及最终的健康状况所产生的影响？若你任凭挫折来袭，击毁自尊心，则无论是你自己抑或是工作质量都会因此遭受损失。即使是竭尽全力，甚至是超负荷的努力工作也于事无补。你已无法摆脱自我形象了。

我曾经是一个爱吵吵的、打遍天下无敌手的企业高管。我的聪明才智使自己在追逐事业的道路上一路前行，却罔顾了这样一些事实——不融洽的人际关系、无情的自我批评以及自己是谁和自己的感觉之间毫无关联——所造成的情感上的伤害。我甚至干脆屏蔽掉自己的情感生活来使自己变得麻木。当我第一次鼓起勇气去拜访一位心理医生时，我感觉自己好像走进了另一个星球。

我的心理医生帮助我在想法、感觉以及行为之间建立起了联系。纠正不良行为的第一疗程的其中一步就是追本溯源。一些心理问题——诸如喜怒无常，一点就着的火暴脾气，不自信，抑制性的内疚感，自我膨胀——的种子早在童年时代就种下了。不管我们是否意识到了这些已经成型的印象——也不管它们是否源于反面榜样抑或是被残酷的现实环境所迫——这些问题都离不开心理学研究，心理学已经成为我们用来评估每一新症状的多棱镜。长大之后，曾经的童年自我保护意识却与此无关。当我还是个小孩时，我通过自己的微笑防御——"一切都很好"——来保护自己躲开一些对自己来说难以理解的大问题。当我再长大一些，变得更有城府的时候，我还是会用咧嘴傻笑的方式来应对一些纠纷。

我明白，若某种行为不再适合我，不管起源于何处，我必须做出选择，而且我有责任改变它。但仍然会有很多人深陷于这种有害的行为方式而不能自拔。我的一位导师阿尼·拉尔森总是说，一辆已经受损的车是无法自行复原的。是的，一辆挡泥板坑坑洼洼的车在把挡泥板敲平之前还是一辆挂着坑洼凹痕的挡泥板的车。但问题是，可能你已经很长时间都没有查看过挡泥板了。你甚至可能已经忘记它的存在了。挡泥板是车的一部分，从这辆车下了生产线时就是。我们每个人已经开始习惯了自身的“凹痕”，甚至无法将其与我们自身区分开来。

你有两个选择。你可以像我一样，迎着挫折而上，甚至冒着被挤出赛道、淘汰出局的危险。又或者，你也可以选择开始过一种内省的、自觉地生活。越发自觉而节制地生活，就越能减少由于悔恨过去、惧怕未来并且对当前状况愤怒不已而带给自己的压力。总是不停地解决问题已经妨碍了你自由想象、开发创造性思维、激发冒险精神及加强沟通的意愿。了解自己越多，你就越可以平静而自信地欢迎自己的改变。你会关注于围绕自己的工作所出现的不正常行为，可以用几种方法来开始这个改变的过程。例如，读几本自我提高的书籍；练习如何自我控制自己的干扰行为；请一位你的至爱给予你温和、真诚及坦率的反馈；通过与朋友们分享自己的想法与感觉加深与他们的情感联系；参与各种个人及小组的疗效研讨。

精　神

曾经，一群顽皮的小天使要将上帝的有关直接经验的秘密藏起来。一个天使建议藏在一处山顶。“但人们总是想爬得更高些。”另一个天使说，“他们总有一天会发现秘密藏在那里的。”第三个天使又建议将秘密埋在一处山谷的谷底。“不行。”另一天使回应道，“人们对任何答案都要刨根问底，他们也会找到那的。”又有一个天使建议：“那我们就把秘密发射到外太空去。”“这也不行。”一个天使说，“人们是不会满足于只待在地面。他们会学着如何飞起来，最后跟踪到秘密。”最后，一个小天使尖声说：“那就让我们把秘密放到他们的身体里，”她偷笑道，“这样他们就永远也找不到秘密了。”

在我们探寻上帝的过程中，我们总是象征性地向我们自身之外的地方去找。迄今为止，在我向着成为一位开明的企业高管的努力过程中，我得到的最深奥但却最有价值的礼物就是与神圣之源心灵相通的那种感觉。使这种心灵相通的感觉得到深化的神秘和伟大之处就在于，并非你问到的每个问题都能得到斩钉截铁式的肯定回答。这对于那些以逻辑理论为指导方向的主管经理人们来说简直就是挫折。作家肯特·尼伯恩对此作了如下形容：“当我们试着去理解上帝时，我们就像是那些试图将阳光抓在手里的孩子。”

对我而言，圣灵满怀就意味着能够感受到与自己、你的超能力、你的奋斗目标以及其他人的心灵相通。绝地武士欧比王有一句经典语录：“愿力量与你同在。”（出自《星球大战》）经常会在我感到圣灵满怀时映入脑海。我的脚步变得更轻快，活力又重现了，我甚至能感受到周围有一层闪闪发光的保护层。我会更加的体贴、周到，会向别人主动示好。举个例子，一天晚上，我和我的伴侣玛丽在一家餐馆等位。排在我们前面的一对夫妇很不情愿地同意去一处小桌子就餐，因为这处小桌紧挨着一个哭闹不停的小婴儿；但即便如此，他们也不愿意再为原来所要求的雅座而再等上 15 分钟。但仅过了 1 分钟后就有个雅座空出来了。女经理领着我们从那对夫妇旁边经过时，我的思想斗争很激烈：“哇，我们运气真好。”紧接着，“不，这样不对。”我知道，若我不做点什么的话，这顿饭我不会吃得开心。当然，当我提出把我们的雅座让给那对夫妇时，玛丽同意了，那对夫妇也非常开心地接受了。此刻我们都感到了心灵相通。这是无价之宝。

当我感到自己圣灵满怀时，我相信每件事都在展现其应有的面貌。我更倾向于相信无论何种情况下都应去找寻到祝福。但不幸的是，心态平和、精力集中以及心灵相通的感觉毕竟是短暂的，特别是你的首席财务官（CFO）突然辞职，公司的讨论小组提出的意见彻底摧毁了新产品，员工们在办公室外喋喋不休地争吵——所有这一切就这样突然涌来。

这也是我认为每天要花一点时间静心修行——它可以带来适度的平和心态——来开始每一天是多么重要的原因。又或者，做几分钟的深呼吸，读上几页瑜伽书籍。其实，有数百种方法可以用来触及平静的心弦。在你走进办公室之前，其他人可能并不知道你已经练了30分钟的太极拳，但实际情况却能够显现出：一旦你身处办公室，你是如何表现的——你对同事热情相待；你尊重每一位与你意见相左的人；而每当你倒完一杯咖啡时，你都会准备好一壶新的（低咖啡因）咖啡。

若我错过了沉思冥想、瑜伽练习或每日祈祷的话，我就会感到心情紧张，那种心灵相通的感觉就会变得虚幻了。这种摇摆不定的日子提醒我：任何一种精神慰藉法的基石就是每天必有的礼仪及宗教仪式。若不投入时间和精力，你就不要指望能够成功登顶。

精彩回放

自我指导

> **承诺要进行自我指导**。生活看上去就是一个一路奔忙跑到底的过程。好好想一想，你的同事和你是否很享受工作过程？你和你的家庭成员在家里是否很开心？你对自己的行为及精神状态是否很满意？若有任何一个问题的答案是“不”，那么就请下决心做些改变吧。若不做任何改变，就不会有任何变化发生。

> **奋斗目标可加深你对整体目标的感觉**。记下自己的心愿——你希望给予生活什么？从生活中得到什么？——可以使自己的每一天都受到关注且意义重大。做出生活选择和找到生活机会这两者之间还是有区别的。你的奋斗目标应清晰可辨，可以在你的生活中提醒自己存在的意义。

> **诚实是一种毋庸置疑的先决条件。**不论你的理由有多么充分、正当，仅仅一次的不道德行为就会毁了多年积累下来的名声。自问一下，若你的所作所为出现在报纸上，你还会这么做吗？

> **目标设定使你最终达成所愿。**将自己的梦想和愿望具体化，使之成为表达明确、有力的具体目标。开阔视野，你会更有大局观以及更成功的未来。在生活中设定的方方面面的各类目标，可以从事业、爱情、友谊等方面转移至财务规划、身心修养以及情感健康等。

> **不要只关注竞争和奖励。**将目标的实现具体化本身就是一种动力；也就是说，将你的注意力从目标本身转移至目标实现过程中的各个阶段，将每个步骤集中于工作进度表及待办事项列表中，然后就是有条不紊地去执行。

> **利用好时间。**你的工作安排得井井有条，所有事情都会奇妙地慢了下来。你越能有效利用时间，时间就越充裕。用电子邮件和电话替代费时、低效的面谈。应学会并应用一些省时技巧。

> **将杂物清理干净。**条理分明是启迪性效率及目标实现过程的基础。把乱七八糟的办公桌和凌乱不堪的文件夹视作理所当然会使你的事业裹足不前。整洁的外部环境辅之以条理清晰的工作技巧才可使你每天能够心态平和而专心致志地工作。

> **读上几本指导如何更健康生活的书籍。**回到校园去寻找更聪明的生活——上网研究，去书店找几本书来读，参加大学生研讨会，给自己留点时间来静心反思。从心智上、身体上、情感上以及心理上有条不紊地提高自我，都可以使自己收获到更多的喜悦和成就。

> **向自己的健康银行里存钱。**不良的饮食习惯、睡眠不足、紧张过度以及其他紧张性刺激都属于“取钱行为”。锻炼身体、健康饮食以及良好的人际交流关系则都属于“存钱行为”。当存钱多过取钱时，你就会更有活力，思维清晰、敏锐，而心态会更平和。

> **循序渐进。**饮食方面、生活态度以及行为方式的细微变化都属于自我节制产生的效果。所有产生的结果——生命力旺盛、思维清

晰，重新焕发对生活的热情——都是你需要去追求更健康生活方式的动力。

> **重视身体锻炼**。在你觉得又找到活力之前，千万不要对锻炼身体采取拖拖拉拉的态度；在自己的日程安排表中要留出固定的锻炼时间，可以练习举重或者骑脚踏车。一周只需几小时时间的锻炼，就可以使头脑更加清醒同时提高工作效率。经常锻炼身体可以节省时间，但却不会浪费时间。

> **关注心理健康和情感健康**。你如何看待自己的身体状况对于自己所作出的一些决定和计划的影响。你无法摆脱你的自身形象。鼓起勇气，改变那些早已不适合你的想法和行为。读一些书；对自己的一些坏习惯进行自我监督；请一些亲朋好友给你一些真诚、坦率的反馈意见，并与他们分享自己的感受。

> **关注心灵的沟通**。要以圣灵满怀的心境与你自己、你的超能力、你的奋斗目标以及其他人建立联系。以一种心灵交流方面的仪式——拿上一本书，阅读其中激励人心的一段，有指导意义的沉思，每天的祈祷，瑜伽——来开始新的一天。定期进行精神方面的修养有助于我们在面对危机时做到心态平和、通情达理。

第十部分

职能部门运作注意事项

一个部门都不能忽略

在公司文化中，我一直尝试着我们的“神秘调味汁”中的各种配料。其中混合了能够使我们独具特色的协议、个性以及哲学。不论是否有意为之，每家商业企业都是根据其自身的企业文化、员工以及一系列商业活动来建立其自身所特有的运作流程。

但所有的公司——公司领导人不论是遇事总是仓促上阵的愣头青，还是胸有成竹的睿智老板——都会面对颇为费神的供货管理、市场、销售、客服、财会工作以及信息技术等各项工作。哪怕是忽略任何一项工作，公司的运营就会麻烦不断。可能你仍试图弄明白，自认为是不容错过的商业模式为何会引起如此多的麻烦。

若你可以自己找出原因，好吧，很多书籍对上述内容都有所研究。但若你仍然不明就里，就让我来帮你捅破这层窗户纸，揭开每位企业家都应了解的具体到每个部门的相关运作的秘密吧。

CHAPTER 50

第50章 供货商管理

找那些可以和自己共同成长的企业

如今的供货管理已演化为一种极其复杂的专业科目。过去，供货管理的终极目标是获得最低价的产品。而现在，出于经济和高效的目的，供应链中的每一环节都已经过极为严格的审核。因而不论是商界新兵还是业内老手，供货管理对于所有人来说都是一项极具挑战的工作项目。你或许会有正确的计划、合格的产品及员工，但你仍然需要学习，以防止出现不应有的失误。为使公司能拥有前进的动力，你必须在价格谈判、压缩成本、采购工作之外的领域学习更多的相关知识。

关系管理

确保你的供货部门主管拥有高超的应对复杂关系的管理技巧。该主管要清楚地了解供应链中所有的内外部环节是如何相互影响，并且如何使它们有效合作以赢得最优合同。对于各方二作人员来说，此即意味着打造出强大而有力的供应商联盟。以下工作至关重要。

保持供应商渠道顺畅、清晰。第一步，应设立预期收益、工作职责、会计责任以及明确可达的目标，为将因延期交货而造成的损失减至最小，要规定出对无法完成交货的惩罚措施。可以通过“定期签到”（详见第30章中的“应答技巧”）来保持该步骤的清晰、顺畅。

合作与协作。你的供应商应该是愿意帮助你完成工作任务的值得信赖的伙伴，至少他们应了解，彼此间的关系应如何才能发挥作用。聪明的公司采用“关键性资源”——利用卖方资源来发掘新的商机，开发新的市场或深化市场，改进技术水平，为能够作出关键性决策提供帮助。参与头脑风暴会议的相关供应商——处于决策层且当与产品有关的问题突然蜂拥而至时——能够加深对彼此的了解，加深彼此联系并产生双赢的结果。寻找愿意与自己的公司共同成长、共同进步的供应商，往往这样的供应商拥有超出你想象的能量（协作精神能够以多种方式发挥作用。我曾经去过米其林和倍耐力及其他大型轮胎供应商的总部去参观并受邀请在其管理研讨会上发言。所以，如果你的供应商的运营效率提高，不用猜也知道谁会因此而受益了）。

拓宽供应链的循环范围。开拓与所有供应商的联系空间，经常让你的高级执行经理参与进重要供应商的高级管理层中。与供应商建立持续、稳定的联系——而不是仅限于纯粹的交易时间内——可以在所有的重要供货关系中具备一致、彼此信任以及其他的关键要素。

分享你的观点。若以你目前的供货量尚且不具备竞争优势，那就向轮胎零售商演示你的各项商业计划，向他们展示你的公司所具有的优势，使他们相信你的公司才是最优秀的，值得他们将赌注压在你的身上。商业计划的深度和广度——再加上我们所制作的展示文件中内容的吸引力——会令我们成为合作伙伴最信赖的公司。他们会对这些等着他们赚取的额外的美元而激动不已——赢取、放置或展示。作为回报，我们得到了比我们预期还要好的价格。注意：各个方面的内容都应严格保密。你的供应商有可能也会与你的竞争对手合作。

真诚、坦率。拿一家供货商的苹果与另一家供货商的橘子相比，当然会有不同。当我在两家供货商之间的竞争信息反复选择仍无法得出结论时，我偶尔也会发起一次电话会议，使两家供货商可以通过电话面对面地快速竞标。有一次，我要在两家汽车零部件生产商之间进行选择。其中一家生产商对另一家的价格予以反击，双方都不甘示弱。于是，我决定请他们双方同场竞标，我则仔细听取他们的诉讼与反诉讼。这是一场小型辩论，争论者的嗓音、信心以及产品本身的质量告诉了我谁更真诚、坦率，而我应该与谁展开商务合作。

追究提价原因。针对供货商制定一份可实时更新的电子数据表格，该表格应详细记录供货商每次提价的时间、总量及原因。一旦你能够收集到足够多的数据，供货商的某种策略就会暴露出来。例如，某供货商在过去 5 年中，每年 7 月都会提价。这次你可以以此来回绝他："你们每年 7 月都会申请提价，而每次你都有不同的理由。你们到底打的什么算盘？"此时供应商就会明白，他们的策略就如同是被放在显微镜下而无所遁形，他们不得不做到更坦率。无能是会令人付出代价的。

谨防陷入友谊的陷阱。销售商都是非常能言善辩的。他们知道，奉承话可以使自己在很多时候畅通无阻。他们会送各种各样的门票和小礼物给你的采购经理，带她出去吃晚餐，让她觉得销售商是自己的一个忠诚的朋友。最终你的采购经理不得不做一个不忠诚的职员，甚至会偷看另一家销售商的报价。不管你有多么小心谨慎，这种貌似亲密无间的关系会蒙蔽采购经理的双眼。应教会你的采购经理并让其明白，与销售商过于亲密的关系会有多危险。还有，要履行"不收礼"策略。不要犯错——当你收到对方对于过去的商业合作表示感谢的信息时，礼物通常会是一种细微的、不引人注意的贿赂行为。销售商借此来影响采购经理对于正在进行中的采购行为所做的决定。

采购人员应对供货商的表现负责。不要简单地认为买方行为只是与节约成本有关。最终用户的满意度同等重要。你收到过客户的投诉吗？

这些投诉能够被摆平吗？若买方有个人动机——即令客户满意而获得奖金——来做这些事，则供应商的表现会所有改善。

供应商应诚实。我很看重忠诚的、长期稳定的合作关系。然而，只与一家供应商做生意会令你付出高昂的成本。供应商更是有可能借此提高价格，因为他们会认定你只能是他们的囊中之物，任由他们摆布了。应对采购项目进行招标和竞标——这是因为还有许多极具竞争力的供应商——这种选择过程可以使参与其中的每个人保持思维敏捷。我们告诉交易中的卖方，对方须每年都进行投标以赢得我们的合同，而我们也会定期请其他竞争者报价以对比各方成本、产品质量以及客户服务水平。不要忽略掉变更供应商带来的隐性成本。交易的双方彼此适应（包括企业文化方面和技术方面）都需要时间。当然，若供应商在此行业具有统治地位或是提供了新技术，则你可用的议价手法也会相应减少。

要注意，特别是在你比较一些关键的供应商时，一定要考虑报价水平。你可以通过换掉供应链中的一些环节，弱化供应链。与我的业务相类似的一家大型采购商的总监记住了这个教训。他的一家供应商为他提供的工程师，可以为其公司设计新产品。所以他决定近期内不再为该项目进行招标了。他后来说："若一个供应商知道等到合同即将结束之际，我会把项目包给报价最低的供应商，他怎么还会有动力花时间、人力、物力以及财力来满足我的需求呢？"所以，应该让供应商总是满怀希望，随时能准备好报价。但是，与供应商的关系越重要，你就会有越多的非价格因素需要考虑。

采购要点与谈判须知

短暂的握手寒暄之后，我深吸了一口气，把头转向白板，开始谈判。此时，谈判桌对面坐着的是一家世界知名企业的几位高级执行主管。正是他们取消了原定的晚间计划而来与我会面。该公司总裁在我通知他，我们正在评估自己的采购成本之后，他立即请我飞过来会面。我很坦率地告诉他，他们目前的报价对于我们参与市场竞争的工作计划来说简直是累赘。我向他们详细解释了我们的目标，而他们只有做一次较显著的价格让步才能挽救目前的状况。我们当然也希望能继续做生意，但说到底（确切说，既然如此），我们这样做都是为了公司好，相信换作是他，也会这么做的。

他们的反应很迅速。“若我们同意了你的条件，”该总裁说，“你们愿意签一份 5 年的长期合同吗？”听到此我的心脏早已因激动而狂跳不止。而我表面上却表现得十分平静，我停顿了一下后转向负责采购的副总，“拉里，”我说，“你同意他们的条件吗？”他想了（或者至少是假装在想了）大约一分钟后点了点头。我转而面向对方总裁又停了半分钟，“如果我同意，”我最后说，“你们是否愿意马上草拟一份我们都签名的原则性协议呢？”一小时后，我们再度握手，借此也巩固了这项生意。拉里和我为公司赢得了一项为期 5 年的价格优惠项目。这也要归功于详细的前期准备工作并且在谈判过程中作出的正确判断（出对了牌）。通过这次谈判，我们为公司每年的成本支出减少了 200 万美元。

高明的企业家在面对谈判时绝不会毫无准备就仓促应战。他们会为在谈判中哪些可以放弃而哪些又是必须据理力争的内容列一份清单；然后严格依此来谈判。在你还没有研究清楚并设计好自己的价格谈判基准之前，就先别坐在谈判桌前（上述策略适用于与供货商的谈判，但绝大多数内容也适用于与客户、自己的员工及策略联盟的谈判）。

要足够地聪明机智。有一次，在我们准备进行谈判的最后阶段之前，突然获悉供应商的一个大客户刚刚放弃与他们的合同，因此他们对此次与我们的生意非常重视，我们也因这则信息而受益。你可以让公司里较为机智的员工和业内的消息灵通人士搭讪闲聊，能够得到一些小道消息，比如说，其他人也在这样做吗？他又会占到多大的市场份额呢？找一些在行业内不是那么出类拔萃的供应商，他们肯定会愿意做生意。一旦努力了，令人满意的合同你就会一把抓住。

找到共同点。片面争论只会出现“一边倒”的结果。让对方清楚地理解你的需求并尽量理解对方的需求，只有这样才可变“非赢即输”为“双赢”的结果。举例来说，出于降低成本的目的，有一次我们问一家大型轮胎厂商，我们怎样做才可以帮他们降低成本。他们则建议我们可以将库存清单以数据库链接形式连接至他们的总部，由此可以提高自己对库存预测的准确性，即在必要时可以自动下订单。他们还建议我们的一些订货装船可以从他们的工厂出发直接运至我们的零售店内。这样双方都可以省掉仓库方面的成本支出。注意：若获得双赢是你的首要之选，那么你既是在为自己的公司工作，也是在为供应商工作。这很高尚。如果有效果，当然会是一件很美妙的事。但问题是，供应商可能对你的善意并不领情。你当然可以试一试，但千万不要理所当然地把供货商的获益看成是自己的功劳。相信我，若他不高兴了，他会让你知道的。

穿上一双适合走路的鞋。对产品价格准确定位当然可以使你获得最佳收益，但也应使对方有充分理由认为和你做生意有利可图。若他们起身离开谈判桌时，你就会明白你的价格已经超过了他们所能承受的底线。若他们仍坐在桌旁，但却拒绝让价，那么就该轮到你起身离开了。若他们请你回来再谈时，哈，你成功了。但是若他们没喊你回来，而你又不愿失去这次交易机会，也不必惊慌。过一两天后再给他们打电话，告诉他们你又重新草拟了一份新价格，并希望重新谈判。

亮出所有牌面。先别急于下结论。在签合同之前先要弄清每一处的细微条款，而不仅只有价格、合同条件以及运费。这些事情早晚都会讨论到，越早越好。例如，关于库存的问题——成本如何？周转时间如何？若库存周转不通畅又会怎样？若可以卖光存货，价格折扣如何体现？精明的公司也会加上一些规定的持续改进的合同条款——基本上是由公司及其供应商经过集思广益、旨在降低双方的成本并提高生产率而制定的。

态度要友好。微笑，寒暄，跟大家讲一两个笑话。换句话说，活跃一下气氛。供应商更愿意和他们喜欢的人做生意。

时机选择很重要。如果供货商是一家橡胶垫厂商。你应该知道：那种大而重的放在门口的脚垫，其销量通常会在积雪融化、路面泥泞不堪的季节出现井喷——但是在夏季的几个月里其销量则会一落千丈。了解这些信息对你十分有用，注意要将你的合同巧妙安排在7月份到期；生意冷清的销售淡季会令供应商放松对价格的控制。通常来说，你可以在每月的月末与供货商敲定合同，因为此时他们正在为完成月度销售额而四处奔忙呢，你正好可以借此提高与对方讨价还价的水平。

选一位准备就绪、随时可共舞的舞伴。就在我们那次200万美元的谈判会议的清晨，我告知我们那家一流的供应商，我们会从他们的竞争者报价中选择一家。这也给我们极大的信心继续下去。当然，尤其是当我们告诉供应商由于其中一家竞争对手的报价有效期将在第二天下午到期，所以那天恐怕会签一份合同（我们简直是在和时间赛跑），这也使我们的供应商倍感情况紧急。由于天气状况糟糕，下午的航班被取消后，拉里和我奔向仅有的一班即将起飞的航班。但此时我们只有一张机票——我们飞奔至机舱门口，我冲着一大群乘客大喊，我愿意多花一倍的价钱买下一张他们手中的机票。只有存在竞争者，才能最终得到最佳收益的合同。那些认为只有他们自己才是你唯一选择的供应商最终会把你甩在一边的。

要处于能掌控全局的位置。一项商业准则：绝不要让卖方主导整项交易。生产厂商通常提供有效期只限当天的一次性报价。他们希望，我们只对交易中的钻石兴奋不已却没有注意到埋在下面的煤。时效性报价偶尔有效，所以你只能顺其自然。而通常情况下，你却没有运用相应的策略给予回击的机会。我们应培训自己的采购经理能以低价抢购到所需产品。所以，当我们表明态度：我们不会因此归功于这样的低价位成交，于是原本定死的报价有效期限以及其他的细节问题又突然变成可以商量了。

重视细节分析。我们的制服制作单位有一次带我们去干洗店，这家干洗店每周都要为我们的四家零售店店员清洗一次制服。若有衬衫被油污弄脏，他们就会把它从洗衣机里拿出来扔掉并按一件新衬衫的价格向我们收费。只要有人离职，其制服也会像消失在百慕大三角洲的飞机、轮船一样消失在制服堆里了。有一次，我们意识到了究竟是怎么回事时，我们的采购负责人梅尔·唐纳利与对方负责人坐下来谈判。"首先，你看，"梅尔说，"如果有的员工的工作就是更换机油，那么他总是会把油溅在衣服上。但是展示厅的销售人员需要的则是一尘不染的衬衫；机械师则不用。其次，若有员工只干了几周就离职了，而他的制服仍然相当整洁。我们希望能将这样的制服再发给身材相仿的新员工。""对不起，"制服公司负责人说，"那不是我们的做事风格。""那好，"梅尔反驳道，"若你们希望能继续和我们做生意，就最好改变你们的做事风格。"最终，对方明白了，我们也避免了浪费。

找出所有问题。设想一下你是一家正在寻购洗手清洁产品的专业洗衣店店主。A 供应商的报价是一英担白衬衫需要 10 美分，而 B 供应商的报价则是 8 美分。但是 B 却并未提及他的产品需要更高的水温，而这样也会提高能耗成本。还有，较热的水还需要再添加一种化学制剂来中和水中的酸性。另外，B 供应商的产品还会增加冲洗时间，这样也会增加工作时间。现在你应该明白了吧。努力工作，仔细找出一些隐藏的、不易察觉的支出费用，有助于计算出总成本。无论何时，只要有可能，应通过缔结契约的方式与供应商共同制订一项总成本解决方案。在进行客户服务内容的对比时，应用相同的逻辑理论。例如，Y 酒店给你的报价是无折扣的每晚 85 美元；Z 酒店的报价是每晚 100 美元，但包含早餐和互联网接入服务。所以，在签合同之前，还是应该先计算清楚你的员工在早餐和上网方面的花销。

添加一些优惠条件。不要不好意思去要求一些增值类产品，我们总是会想方设法要得到比我们所买到的内容还要多的东西：若标准条款规定的是2个月，人们就会要求3个月。要求地理位置上的或与产品相关的独家经营权。要求额外奉送附加培训。若是一个野心勃勃的市场推广人员承诺要是自己提高了销量，就可以请求产品供应商来配合完成。带有奖励性质的旅游属于令人愉快的、额外奉送的内容（这可不同于雇员个人收取的礼物，这是他们应得的）。有一次，一家产品供应商给我们的高级执行经理安排了一次加勒比旅游。这也是免费的，且带有极其真挚的谢意，用来奖励那些理应获得奖励的员工。

控制住你的热情。要小心，谨防过早地、不假思索地脱口而出："好的。"员工对工作充满热情当然很好。但若表现得过于开心会让对方感到自己做了过多的让步。他们很有可能在亮出底牌之前，给自己多留出一些筹码。所以你应摆出一副毫无表情的面孔，让他们捉摸不定。若他们感到犹豫不决，难以取舍时，你再对自己原来要求的额度表示认可，但要表现出极不情愿的态度。或是再试试"若我同意了，你会同意吗？"这一招。比如，有一次我们的一家著名供应商对我说："如果我们同意了，你会认可吗？"我故意表现得犹豫不决，迟迟不作出回应。当然这样做无异于下了双倍赌注，"如果我们同意了，你会正式签约吗？"此时，所有人都会认为自己的所有决定都是正确的。

签合同。你可能会因为确认某一份合同而耽误8个月吗？不必担心，你可以提几项其他方面的提议，最好与当前的市场条件相当。若情况向着于你有利的方向发展，就可以要求供应商废掉原来的合同再重新写一份。若他态度强硬地予以拒绝，你可以告诉他，你会尊重现有合同的有效性，但是他就别指望这份合同到期后还能再与你做生意。

通力合作。为了提高自己的采购影响力，我与其他人共同创立了由国内实力最强的6家轮胎地区经销商组成的联盟（我们6家彼此间并非直接的竞争对手）。自身强大的购买力使我们对一切产品（从轮胎到车险再到办公产品）具有价格主导能力。警告：运营成功的采购企业当然可以成为一个迷你王国，但是其中豪华的办公环境，庞大的员工薪水支出都会将节约成本的目标无情地吞噬掉。

货物配送解决方案

若你是一家服务供应商（即没有有形产品），则可跳过此部分内容。若你是一家以有形产品为主的公司，你愿意在自己公司内部实施货物配送计划吗？那就准备好在地理位置、设备、软件以及人员配置上给予投入。请牢记以下几个关键点。

货物配送中心的数量。你现在需要几个配送中心？一段时间以后又会需要几个？较少的配送中心目前看来能胜出。当然，你可能不得不跑上一大段路去见普通的客户。但是更少的办公设施和设备、库存以及管理费用的成本投入却可以更多地抵消掉交通费用的支出。

货物配送中心的地理位置。一般情况下，离东海岸越近，交通费就越低。这是因为东部通常被视为消费者海岸，而西部则是生产者海岸。而对于运输公司而言，将货物运至消费者城市通常是死路一条。发出100个集装箱，却只回来80个，这样无疑会提高很多成本。

能源消耗成本。配有内部配送中心的企业会因能源消耗成本的诸多问题而遭受惩罚。当员工们下班后，他们会开始为自己的电力设备——液压车、铲车——充电。车间顶灯仍然亮着，传送带仍在运转着，看似一片繁荣的景象。正是这样表面繁荣的景象需要大量的能源消耗。你可以通过增设计时设备——例如，可以在深夜充电器再度充电时即开始计时——以避免过多耗电而引起的能源成本激增。每个计时器可以错峰使用，这样也可以使成本消耗降到更低。同样，在车间顶灯和充电器之间实行“断开”，能够确保在灯亮时充电器不工作。这样下来，一栋办公大楼每年的成本费用可以节约5万美元。

产品的调配。手中有10000个SKUs（库存单位）的库存、3个配送中心怎么办？将前5000个畅销品分到3个配送中心，再将滞销产品放在一个配送中心。如何将后5000个滞销产品发出的确很折磨人。但你实际上减少了库存而为更畅销产品腾出了空间。这样，大多数库房人员只需处理一般的产品，工作效率也会提高。同时，你需要的仓储用货架、液压车、产车的数量也会减少，因此成本也会降低。

员工管理。劳动力管理软件可以为每个仓库管理人员建立起数量和速度目标，并可实时监控他们的工作状况。"太专制了？"再想想吧。有研究表明，当员工处于被监控、被寄予厚望且接受持续进行的现场培训时，工作干劲会得到提升。对比那种传统的"牧羊人"式管理——在库房里走来走去地巡视，以确信每个人都没有偷懒；一旦发现有人消极怠工，就会突然跳出来——孰优孰劣？通过使用劳动力管理软件，员工们在把每一份订货单登录到一种手持式射频设备时，他们会立即得到反馈。即便是一件小设备，若经常得到积极的反馈，当然也会使人充满干劲。

库存管理。过去，库房会因为要进行库存盘点工作，每年都会"闭关"一两次。当"循环清点"——每天对大量物品进行抽样——出现后，就大大提高了库存准确性。现在，我们有了"实时查点系统"。当一份订单里需要库房中最底层的产品时，这项技术就会派上用场了，它还可以进行清查确认。这样多好，使用了"循环盘点"也可以节约人力成本。

收到订单。现在的库存不再是从前的储物箱了。系统知道库存中还有多少产品？还有多少订单是需要这些产品，又应如何按相应的先后顺序来安排客户订单。这都要归功于RF（射频）技术。当你使用的是在线订购时，这就意味着客户可以看到你的全部库存状况——若你想要他们看到的话。而库存保持透明的不利之处在于：若客户看到他们订购的货品暂时缺货的话，他们可能转向其他地方订购了。

运输应相互合作。曾经有这样的情况。铲车司机从码头卸下若干货物并运至300英尺以外的库房内，然后空车返回。现在则不同了，目前库存管理使用的软件会指引它装好库房中待发出的货物，再原路返回至码头。这样的工作方法，其工作效率轻易就提高了将近一倍。

提高外包水平

要不要外包，这是个问题（威廉·莎士比亚被很多文学家认为是拥有无可争辩的天赋剧作家）。聪明的公司会对外包选择工作的每个步骤制定规章制度。他们在着重于核心竞争力的基础上进行评估：哪些产品供应职能是公司内部应具备的；而哪些则需要面向公司以外寻找专业人士。最终的结果是每一步骤都必须由整体实力最为出色的人来完成。但是要注意，签订了外包合同并不意味着你的工作就万事大吉了。争取要为公司的外包策略挤出最大价值。

保证具有普遍适用性。新步骤和新技术可能会影响到你对外包策略的选择。公司的供货管理专员通过参加本地区以及全国性的行业组织，应与当前的行业水平保持同步。供应管理协会是全球最大的本行业组织。在其网站上详细介绍了如何获取CPM（注册采购经理）。还有，如何通过“采购及库存专业管理专家组织”的考试。该国际组织提供了教育培训以及专业认证方面的课程。公司员工还可以在线报名参加APCIS（美国生产与库存管理协会）的网上教学。

公司内部应保持有序性。公司内部混乱不堪而对外却井井有条，这是不太可能的事情。若公司内部各部门间的关系无法做到平稳、有序、高效，且各部门无法为了公司的目标而协同合作的话，那你就别指望与外包业务的无缝连接了。

工作明确具体化。困扰来自于细节当中——你所遗漏掉的细节即是困扰。在招标过程中忘记告诉你了，假期恰巧是你最忙的那几天。同样，在每月最后一周里，别去估算这个月的销售额，也别去关注自己的订单量。如果外包工作人员在一个月里的前三周都无所事事、消极怠工而只是在第四周开始加班工作的话，你恐怕就会犯嘀咕了。

应有契约性质的退出策略。如果一家配送承包商算出的标的额达到货物总额的 1.8%，而你已经计算出自己的成本不可超过 2%，那么此时你除了放弃该合同已别无选择。比如，如果这个 2% 已经超过你可承受的最低限度值，那么这份合同就理应被放弃。

确保第一选择即正确。若你决定将货物配送工作外包出去，应事先花上一些时间对承包人进行一个全面的调查研究。如果在合同即将结束时再更换货物配送公司，代价会十分高昂。即使其他竞标者的报价中提供了更有吸引力的费率及服务，但整套更换承办商的工作计划可能会令你举步维艰。若你想改主意收回配送工作的执行权，好好想想会发生什么？你有可能结束外包工作。但是一旦失去原来的内部配送部门的人力、物力，也很难再重组该部门了。

与海外客户做生意必须要了解的

所有的新型、全球性市场，甚至是一些小公司都已张开双臂拥抱技术。但是前进的脚步应小心谨慎——这是因为即使是最有经验的行业专家也会在进行国际贸易的过程中被遇到的各种困难绊倒。在与海外客户做生意时应注意以下一些内容。

了解一些硬性成本。将货物从 A 运到 B 用什么方式最好？海运还是空运？卡车还是火车？哪种运输方式更便宜些？你愿意用什么尺寸的集装箱？成本又是多少？一定要找到上述问题的答案。接下来，对货物的另一端的一切（从港口至库房）做好安排。上网查找外国“运输公司”的相关信息。税率根据国家不同而各有差异——货值相同的货物会因其

10% 的关税而提高了最终价格。高昂的增值税（美国人称为销售税）会排在前列。比如说，若你有货物要从加拿大运至墨西哥，别忘了货值中还要加上关税（双方都要加）。

遵守所在国家的法律、法规。各国都有自己的商业法规。可能有这样的规定，一次性尿片要求应有更高的吸水率；也可能会有这样的规定，速度计应在显著位置用公里而非英里来显示。或许还会有官员把过期物品挡在边境不许其入关。你还有可能疲于应付一个国家的类似于美国食品 / 药品管理局的机构的调查。概要：各种产品——尿片、汽车、睡衣——若无法满足相关的规定就一无是处。更糟糕的是，它很有可能被永久充公。

给货物上保险。不论是进口货物还是出口货物，在运输过程中都无法保证可以防止篡改、失窃或损毁的情况发生。应向你的商业保险经纪人咨询如何保护你的投资。或者，登录到 www.exim.gov 通过美国进出口银行来进行投保。进出口货物其发票额度值的 90% ~ 100% 可以投保进出口货物商业险。若没有给货物上保险，如果发生一些特殊情况或意外事件恐怕会使你追悔莫及、心痛不已。我认识的一个朋友原本打算给他在瑞典经营的麦当劳连锁店进口一船乳酪。但当时船上的冷藏温度计显示为 2℃，这种情况居然持续了 15 分钟。这船货当然是被拒绝入境了。结果，在一段时间里，快餐店里爱吃乳酪汉堡的顾客们只能选择鸡肉汉堡来代替了。

CHAPTER 51

第51章

市场营销

关键是提升品牌价值

市场营销就像是养育孩子的过程。每个人都认为自己是专家——而且当别人对你发表不同意见时你还会发飙。我们每个人都会以自己的好恶以及生活经历来宣称哪些有用而哪些没有用。绝大多数人认为自己的悟性是属于主流的。每个人都认为自己能够写出复杂的射电黑子或者设计出完美的陈列室。此处我们套用法律专业的一句老生常谈的真理：那些只在乎自己销售额的商人们必定要找一个傻瓜作为自己的客户。千万别误会，我的意思是企业家们应该是辅助推广本企业的形象、各种信息以及所销售的产品，但是这些具体的更困难的工作应该交给那些有过成功案例的经验丰富的专业人士来做。

增加市场份额是一场持久战。我们所销售的一些产品其市场占有率已经获得了约1/3的份额，是与其实力最为相当的竞争对手的3倍。毫无疑问，我们占有巨大的领先优势。但有时我们的员工会有种错觉，似乎我们已经具有垄断地位了。所以，我们应该拿些冷水给他们降降温，让他们及时清醒了。“你们是否意识到，”我说，“这其实就表明，每三个人当中就有两个人原本可以买你的产品，但他们却转而买了其他人的产品。”每次看到我们的销售数字不断提高，我当然很高兴，但绝不会因此而感到满足。若你们没有得到你希望的、你本应该得到的市场份额（谁是？）——而如果销售以及客服工作却成功完成了——那么你的市场营销工作就会被放在显微镜下了，错误被无限放大。所以应努力工作以弥补“你目前在哪？（现实）”与“你想在哪？（理想）”之间的差距。

市场营销是唯一一种可以将潜在客户争取过来的方法。接下来的工作就像是一场接力赛：采购工作完成后，将接力棒传给销售，然后是客户服务。一定要谨慎细心。你若忽视了市场营销的第一法则“了解你的客户”，即使是最宏大的经营策略也会因此而失败。换句话说，除非是你能够清醒地认识到哪些人有可能成为你的目标客户，否则就可先将市场营销工作拖延一段时间。除非你对目标市场中客户人群的心理特征了然于胸，否则不要为产品的销售和广告工作投入一分钱。然后，再计算如何以最高效的方式吸引到目标客户群的关注（应确保可以通过定期调研和重点用户群来和顾客建立联系，这样你可以和顾客共同进步）。

本章内容：如何更有效地做好促销推广活动；如何深化对当前客户不断演变的爱好及流行趋势的理解力；加强销售工作实力。上述工作彼此相关，且它们也与产品的异同、物流配送中心的选址（见第5章）以及每一位客户的关注点息息相关。这种优势互补的协同作用建立了大联盟识别机制以及相应的市场份额，同时还能将你的业务打造成为一个成功的品牌。

促销，促销，还是促销

有一次，当我走进位于明尼苏达州伯恩斯维尔的一家全新连锁店时，一个想法一直在我脑中回荡：“为什么都看不到员工们在招呼顾客呢？”那是多年以前了，当时我们只不过是一家刚起步的新公司。但现在，我们拥有了优秀员工、有竞争力的价格、更好的时机以及完美的地理位置。我们必须让别人知道——若我们无法吸引到客户，促销就不应停止。但我们的工作却受困于预算，我们的广告和公共关系资源又相当贫乏。但是，如果我们不把推广促销工作充分开展起来，就无法给公司带来足够多的营业收入以抵消所有的运营成本。由此我充分认识到我们以前的营销路线：“通过削减广告方面的投入来达到节约成本的目的，就如同让一只手表停下来以达到节省时间的目的一样。”

没过多久，我们终于有机会可以在明尼苏达双城队和北欧海盗队的主场——明尼苏达州阿波利斯市圆顶体育场的最大标志物上涂上我们公司的标志了。这一整套方案还包括在所有双城队和北欧海盗队的主场比赛期间，播放一段时长60秒的旨在推广轮胎吉祥物大赛的巨幅广告。公司为这项超过10年的市场推广活动花了100万美元，我的执行团队成员们都认为我疯了，尤其是目前公司的年利润仅能勉强维持运营成本。他们说：“我们根本承受不起这项活动的开支。”我说：“不搞这项活动，我们一样承受不起。”我向他们指出，这个活动就是给像我们这样的新公司所渴望的曝光率以及可信度。我已经挥起球棒了，不可能再回头了。哈，那就是一个本垒打。

圆顶体育场合同不仅是一次伟大的推广活动，更是公共关系的一个经典案例。正如中西部最大的公关公司——明尼苏达州阿波利斯市的斯韦伯·山德维克的创始人戴夫·莫纳说的那样：“如果我告诉你我是一个完美的情人，那就是做广告；可是如果有其他人告诉你，我是一个完美的情人，那就是公共关系（PR）。”此处发挥关键作用的词就是“其他人”。一篇评价积极的文章或是一幅图片会比一段广告更具可信性，这是因为它实际上是一种第三方所表达出的赞同或支持。当然，广告也有其自身的优势——一支广告能够准确地出现在你希望它出现的地点，并且准确说出你希望它说出的内容。但有的时候，一项独具匠心的公关活动可以胜过哪怕是广告奇才的所有奇思妙想。

有一次，戴夫在一年一度的明尼苏达州阿波利斯市家居园艺展上与代表们坐在一起讨论展会情况。为新展所做的冗长的新闻特稿名单令人昏昏欲睡。看起来似乎没有什么可以利用的有利条件来做一次公关活动。当一位展会代表简述完最后一项议题后转向戴夫：“那么，您怎么看？”戴夫又看了一遍名单，把目光停在第18项内容上笑了。“跟我说说这项食肉类植物展。”他说。“没有太多可说的，”那个代表说道，“就是一个家伙把一捆捕蝇草以及一些其他植物装在他的运货车上，然后再把车从一个展会开到另一个展会。”“那么这些植物吃什么呢？”戴夫对迷惑不解的代表说道。“啊，那不是我们该考虑的问题。”代表说。戴夫反驳道：“如果这是我们该考虑的问题呢？如果这些植物需要吃些昆虫才能活，又该怎么办呢？展会在2月份举行，而那个时候，我们不可能在展会周边找到大量的昆虫。如果出现这种紧要时刻，我们需要进口一些昆虫——比如说，蚊子——来喂这些植物，又该怎么办呢？”此刻所有人都傻了。

这就是1984年那次臭名昭著的“食肉类植物展的危机”的起始原因。当时的情况，真是难以置信，因为当地没有人卖蚊子。戴夫的团队最终找到了佛罗里达的一家医学实验室，当时这家实验室正在做有关蚊子的实验。当戴夫的员工问这个实验室的经理是否愿意卖几百个蚊子给他，实验室经理大笑起来。“如果你们来佛罗里达，”实验室的这个家伙说，“我就把蚊子送给你们。”于是，一名员工被派到佛罗里达——但却是等到戴夫通知了当地媒体后才去的。“每个人都承认这就是一种大肆宣扬的、希望引起公众注意的手段。”戴夫说，“但这也不是最新的消息，当飞机刚落地，当地就有两家报纸、两家电台以及四家电视台等在那里了。有报道说，这可是历史上的第一次，居然有人从佛罗里达进口蚊子——‘州鸟’——并且要运到明尼苏达州去。”说起来都很兴奋。这就是一次经典的“主动寻找有利条件”的公关案例。“你总是会想，到底这里有什么可以让人笑开怀，还能让新闻媒体们趋之若鹜呢？”戴夫说道。等到家居园艺展开幕时，有很多人排了30分钟的队就是为了要看看这些吃得饱饱的食肉类植物长什么样。

这里提供广告和公关推广活动的几点注意事项。

明确目标。假设你和所有客户坐在一起。你想告诉他们什么？是你的公司吗（一篇形象类广告）？还是一份详细的报价单（一篇直销类广告）？前者适用于你的公司还不为人所熟知的情况，而后者则适用于你的公司已经很知名的情况。帮助客户了解你的公司与了解客户同等重要。在人们愿意花钱买你的产品之前，他们首先应该愿意了解并喜欢你。不仅应关注公司的整体形象，产品报价也很重要，你可以采用一份报价单"标签"的方式达到一举两得的目的——即在一次时长30秒的广告中插入5秒钟的产品报价时间。

坚持持续关注现有客户。要将广告投入预算定位，瞄准现有的客户群。维持现有客户的有效率比开发新客户工作的有效率高10倍。而且，吸引一个新客户（据行业内贸易组织的统计）的支出成本要比带回一个老客户高6倍。另外，老客户比新客户能够给公司多带来38%的利润。

采用的衡量标准。现有3种衡量电视广告以及电台广告效果的最重要的数字。

广告的影响范围——你所要触及的目标市场的百分比。

- 广告的投放频率——在某一给定时段你的目标客户群能收看或收听到该广告的次数。
- 专业术语"3次以上"——通常指的是"有效投放次数"——是指收听或收看到广告达3次以上的听众或观众的百分比。通常情况下，某一信息在人群中的收视率或收听率应在3次以上，才可能使一个人受到该信息的影响。
- 每个投放点的成本——在目标市场中占据1%的份额所需花费的成本。可以通过用总成本除以你所获得的市场份额，来计算出该值。

为获得最大的广告投送范围（更大的听众及观众群，更广泛的人口分布范围、更少的成本支出以及更多的广告放送点），电视是表现最为突出的媒体。收音机则是对于固定频率的听众客户群更为有效（人口分布范围会变窄，但广告放送点会更多）。网络广告则是以速度取胜。投放范围以及广告放送次数会视你的报价以及目标客户群而有所差异。你是愿意来来回回奔走于几个门店之间？还是愿意将注意力集中在品牌建设过程中？你是愿意发布一个新产品？还是愿意推动一项长期的公关活动？你的信息发布时间是否敏感？你如何分摊公关活动的预算费用。所在行业的竞争力如何？

提早并经常进行促销。想闯进一片新市场？发布一项新的服务项目？那么就打开水闸，进而渗透整个市场。而前期支出则会随着时间的推移而逐步得到摊销，并被前期促销活动以及翘尾效应所带来的额外收入所抵消。在进入市场的第一年中，我们应将广告和公关费用从销售收入的 4% 提高至 8%——这其中就包括了很多的品牌发布会。在第二年将广告和公关费用减至销售收入的 6%，到了第三年将该额度再回落到 4%。

对于新的竞争对手要针锋相对。品牌忠诚度早已今非昔比了。不要让新的竞争对手或者宿敌利用新产品把顾客挖走——否则他们就会比你更有优势。多一秒都不行。在展开竞争之前、期间以及之后，都应竭尽全力完成销售额。举办一次向顾客表达谢意的推广活动，可以提醒顾客，他们之所以总能够发现你们独具吸引力的原因以及为什么其他的新公司只不过是跳梁小丑罢了。

向各大媒体发送新闻稿。电视台、电台的新闻节目制作人，杂志出版人以及报纸编辑总是在四处搜寻并开发各种新闻题材。所以，牢记以下几点重要提示，可以使你的新闻稿脱颖而出。

- **制作一份媒体名单。**这份名单中应包括你的客户群会读到、看到以及听到的出版物和广播电视类节目。
- **做好调研工作。**要先对出版物的编辑出版计划进行调研，以便确认自己的产品或服务是否与即将出版的文章的主题相契合。
- **培育与媒体的关系。**给节目制作人或编辑（上网找到他们的姓名及联系方式）打电话进行自我介绍。告诉她为什么你的公司业务非常符合她的节目或杂志，并询问她是否愿意以你的业务为新闻题材进行开发。

- **以编辑的视角来看事情。**先与所有员工们集思广益，提出一个可以令读者和观众感兴趣、勾起他们的好奇心的小手段。可能你会对自己庞大冗长的新闻稿爱不释手——但编辑看后会倍感无聊地打个哈欠，然后可能把新闻稿的电子版直接从她的邮箱里删除或者是把打印的新闻稿扔到废纸篓中。但是，她也有可能会发现你的与众不同之处，那就是，她在每次收到新闻稿的同时还得到了你送的鲜花及糖果。如何开始，问问自己，有什么能够让我们在众人中显得如此与众不同。想明白了，照做就是了。
- **新闻稿的标题应通俗易懂。**最好能够以寥寥数语来清楚地传达出新闻稿的重点内容——客户在每一份纸制新闻稿中重点要找的是鲜花和糖果。新闻稿的撰写要使用“倒金字塔形”的形式。换句话说，要把最重要的信息作为头条新闻。新闻稿第一段应讲清整个故事——你是谁，你在做什么，你何时、何地以及为什么要做这件事。按重要性递减的顺序来安排，接下来的每一段落中都要提供比上一段更多的信息。文稿的字数应限制在一页纸内。
- **应忠于事实。**如果你写出来一篇新闻稿如同“为什么我们的公司令人如此惊叹”，我想公司的可信度就会被人质疑，你的信誉也会大打折扣的。
- **要关注人而非事情。**如有可能，可以在文稿中加上一张照片。如果你的新闻是与产品有关的，那么顾客们的关注点又是什么呢？引人入胜的图片会有极大的吸引力。
- **文稿中不能只有己方的叙述。**在新闻稿中引用一些来自行业内专业人士的评论以及事实作为点缀，可以为稿件增加可信度。
- **新闻稿应视不同媒体而予以定制。**应为每家出版物或每档节目定制相应的新闻稿。如果你的稿件无法与一本杂志或是一档新闻节目的特点保持同步，那你就是在浪费每一个人的时间。
- **期待最后的成稿。**当你发布了消息，你就失去了对于整体布局以及视角的控制。可以让你的同事们梳理整篇文稿，以找出或积极、或消极的观点。高水平的剪接工作可以使你更有可能得到你想要的报道内容。

- **使新闻稿成为关键性工作成果的一部分。**以多种方式平衡使用涉及公司业务的文章或新闻部分。可以把新闻稿件进行再版，寄送给现有以及潜在客户，还可以参考新闻稿件并将其剪辑后用在广告中。

企业首领亲自上阵。有时候，企业创始人或高级执行主管是推销企业成长经历的最佳人选。李·艾克卡率先在克莱斯勒采用了这一手段。他也为后来的雷明顿的维克多·基亚姆、苹果的史蒂夫·乔布斯以及维珍航空的理查德·布兰森同样采取此法铺平了道路。我决心要引起公众对我公司的关注，于是在电视和广播中做了5年的广告。在我看来，如果我能在广播中谈论我对公司的设想，并且能够与人们进行面对面的交流，我就能劝说他们给我的公司一个机会。这个方法很有效——门店销售额节节攀升。注意：除非你天生就具有领袖气质，在摄像机和麦克风面前能够进行有力地自我表达，否则还是别尝试这个方法为妙。

内部沟通。在你希望现实世界中的芸芸众生会为你的创意疯狂之前，你应先使公司内部能够为之激动不已。无论你是打算发布新的服务内容，重树品牌形象，抑或是改造产品，都应该先使员工们兴奋起来。挂起海报，举办一场发布会。在你们的推广活动中，顾客们当然希望能从你们的员工那里感受到同样的激情。应该让销售人员与其他人一起参与到推广活动设计方案的构思中来（管理人员与销售人员对于同样的产品可能会有完全不同的想法）。在促销活动准备就绪后，公司领导应通过开会以及大量的邮件沟通，针对每一处细节——什么事、为什么、何处以及何时——对销售人员和支持部门员工作出必要的指示。毕竟，你不希望有人在关键时刻把事情搞砸。

找到正确的媒体组合。你必须要清楚地知道，你是要用步枪（狭窄市场）还是用猎枪（广阔市场）。广告代理商以及公关公司可以大幅提高促销活动的质量；你只需确保那些客户他们所体现出的忠诚是对你的产品而非是对他们所买的这个媒介。促销广告的几个选项包括以下几种：

- **电视。**目前，已经有越来越多的证据表明：TiVo（TiVo是一种数字录像设备，它能帮助人们非常方便地录下和筛选电视上播放过的节目——编者译）以及其他种类的数字录像机正在削弱商业广告的力量。虽然，越来越多的年轻人把更多的时间花在电脑上而非电视机上；婴儿潮时代（婴儿潮时代指出生于1946年至1964年间的一代美国人——编者译）出生的人们的娱乐生活也具有多样性的特点。但到目前为止，在人们对某一品牌的市场化认识上，还没有什么媒介能够比得上电视。幸亏出现了有线电视频道，在这样一个合适的位置已经不太可能了——或者更复杂。举例来说，频道分段可能会降低广告价格，但从追求效率的立场来看，这样做难道就会更便宜吗？在“干洗”（Dry Cleaning）频道投放一段30秒的广告就会得到更有效的结果吗？最佳方法就是，找一位特约媒介采购员，他能够掌控各种数字，发现签约机会并且为合约条件与对方讨价还价。
- **互联网。**不计其数的小型家族企业其经营前景的破灭都拜谷歌的广告联盟以及雅虎、微软上面相类似的广告搜索工具所赐。这些网站只会在上网者点击了广告客户的广告后才会向该客户收费。换句话说，只有那些经过认证的买家搜索了你在网站上的产品或服务广告后，你才向网站交费，并且这个搜索频度是可以量化的。至少在理论上这个方法可行。但是务必要留意最新的有关“点击欺诈”的新闻，这种犯罪形式是：一些竞争对手不择手段地通过某种方法——即通过付费找到一个第三方让其成百上千次地点击你在网站上的广告——使你的广告成本大幅提高。
- **广播电台。**一则经济实惠的30秒电台广告相较于同为30秒但却昂贵许多的电视广告，更容易抓住听众的耳朵，广告客户则可以借此来推广其品牌和产品。电台广告方式较之电视台更为灵活。在短时间内你就可以对广告的创意内容推陈出新，你甚至可以在最后一刻将插播广告以数字形式发送至电台。广播电台也有一群固定的听众——这些听众一般都是坐在自己的车里或是办公室中，他们不像那些电视剧迷一样不停地搜索频道。我们可以充分利用那些坐在车里的客户，他们会对带有“轮胎”两字的内容尤为敏感。

- **报纸**。对于直接反应广告，报纸效果最佳，与之形成鲜明对比的就是品牌塑造的广告了。广告应放在你的目标客户群可以看得到的地方（例如，我们的客户都是体育迷）。每一类版面的第三页——显著位置——总是会首先吸引读者的注意。其次的位置是另一面的右手版。可以向一位广告代理咨询一下，一周中哪几天的哪个版面对自己的广告刊登最为有利。无论广告计划如何，一定要使用大字体的标题来吸引住读者的视线，否则，你就无法令他们对这页报纸感兴趣。为有利于读者能够快速阅读并记住，广告标题中有将近80%的词汇应少于5个字母。
- **黄页**。即使现在有了网上搜索引擎以及多功能工作簿，人们依旧会选择大黄页。你的广告在大黄页中所占版面要比其他竞争者的都要大。应弄清楚你的用户可以在大黄页中找到你的具体位置，然后在这些目录中投放些小型广告，可以指引他们找到更大、更为醒目的大标题的主要广告。
- **直邮**。这是一击命中的最佳方式吗？应将关注点放在诸如邮政编码、家庭收入、年龄或性别等标准要求上，然后指定一位经验丰富的名录经纪人，按每个姓名若干美分的价格让其提供一些有价值的地址。但大量的直邮信件所造成的持续上升的邮寄成本当然是糟透了。所以应努力确保所邮寄的广告信中含有有价值的产品及品牌信息——在明信片上夹上艺术品也无助于新屋销售。仔细检查信中的价格卖点、大标题、信封以及你所能想到的所有事项。对直邮的进展持续跟踪并随时予以完善。报纸标题守则（80%的词汇应不多于5个字母）在此处同样适用。别忘记给他们打电话——但应让他们明白这样的电话交流可以得到些物质奖励。比如说，如果客户顺路到店内参观即可得到免费的小礼物或者是免税购物券。再打印一部分多出的邮件并放在潜在客户群集中的地方——小食品店、大商场、咖啡屋等。

- **商务类出版物**。企业决策人通常是把行业内部消息当做新闻动态。所以，最好的办法是写一篇文章。一篇发表在出版物上的文章总是会比广告更具有可信性，而且可以将你捧到一位业内专家的地位。本人亲自写文章（或是找一位水平超高的代笔人）可以使你更有效地掌控文章并可节省了编辑的时间。
- **消费类杂志**。不论读者是本地的、外地的抑或是全国各地的，应确认这些杂志的读者具备你们客户的各种特点，诸如年龄、生活方式、收入等。另外，还有哪些厂家在这本杂志上做广告？打电话向他们咨询一下，广告效果如何。
- **体育方面的市场推广**。我们与双城队、北欧海盗队、绿湾包装工队以及堪萨斯酋长队合作的广告及公关推广活动都是经典的成功案例。我们还通过在NBA比赛中使用在"超大屏幕"轮胎吉祥物大赛创造出的一些口头语［我们的吉祥物——斯波帝（Sporty），塔菲（Tuffy）以及克拉西（Classy）——在各种庆祝游行以及社区活动中也大受欢迎］。球迷们在为主队加油助威时也会忍不住将你们公司的名字与温馨的感觉联系在一起。
- **户外的市场推广**。自第二次世界大战以来，顾客对品牌的忠诚度表现已经一代不如一代了，尤其是40岁以下的人群，他们几乎不怎么看电视（即使看电视，也只看没有广告的TiVo）。他们只收听卫星电台，不看报纸。要勇于抓住一些稍纵即逝的机会，充分发挥创造力。广告可以出现在每一处角落：饭馆、剧院、洗手间的墙上或者是公家车站的长凳上，把你们公司的运货卡车变成一块移动的广告牌，或者固定使用几种广告方式——一定要将广告词限定在几个词汇上且应展示得足够大，即使是匆匆一瞥也能让人看清楚。

传播病毒。我儿子特伦特有一次在一家很时髦的格林尼治乡村雪茄酒吧喝酒，他旁边的一位女士一直在大声谈论着她的轩尼诗牌的马蒂尼酒。“嗨，保罗，”她招呼着酒保，“再给我拿一杯轩尼诗的马蒂尼好吗？”她始终意犹未尽，流连忘返于这种品牌的每一款酒，所有的老主顾都开始留意这个神秘的顾客。没过多长时间，每位顾客都品尝到了这种酒。哈，任务完成：这位有着优美曲线、迷人的黑发白人女士是为轩尼诗工作的广告代理商工作人员。我们可以把这种策略称为“构筑流言”或“病毒市场营销”——它可以为草根级的品牌构筑工作提供大量的肥料。当然了，也还有其他形式的广告策略，比如，有一些新饭店，其经理会告诉来就餐者需要有一个月的等位时间，还有一些休闲会所的老板花钱雇一些模特来他们的酒吧喝酒、跳舞等。很快，每个人都会开始谈论那款酒、那家饭店、那个酒吧。流言总是很有生命力的，但它就像阿斯特罗草皮一样貌似自然天成。此外，网络博客也可以让一切都显得那么真实。花上几分钟开一个自己公司的博客。由专家和狂热爱好者来维护这个博客，可以形成若干专业社区，发挥其影响力。博客就是病毒短片的芯片以及流言制造者，它可以为消费者们建立一种虚拟的饮水机效应（在我们工作的办公室里面，或者在公司的休息处，总是会安置几台饮水机供大家休息时饮用茶水，而这时，大家会找一些话题来聊——编者注），让消费者聚在产品上议论纷纷。厂商的目的就达到了。

利用网络为它们唱赞歌。目前公司的数字化呈现，其效果要远胜于“宣传小册子”时代。公司所建立的网站可以频繁地向潜在客户介绍自己。各个方面都应能够反映品牌——外表、感觉、文字以及形态。最好的方法：在外部合作伙伴的电脑中安装一套专业网页设计软件。以下几种方法可以令你脱颖而出。

- **与市场营销合作伙伴进行沟通。**将公司的网页制作人员与市场工作人员召集到一起，确保所有的市场推广工作能够一致且连贯，工作人员能够彼此互助。
- **顾客能够对你“不离不弃”。**定期更新相关信息资源、价目表以及一些数据，使顾客有一个对你们公司不离不弃或重新回来的理由。不管你建网站的目的是什么——零售、潜在客户的开发抑或是信息汇总，都要将上述工作坚持下来。

- **充分利用各种渠道。**将公司网址放在所有的市场推广资料——直邮信件、电视、广告宣传页以及新闻稿——中突出展现。
- **网上现身率最大化。**这可不是一件自己动手就能完成的工作。与一位专家合作完成，以使搜索引擎效果达到最佳。尽管你可能会建成一个世界上最大的网站，但是若你的目标客户从未访问过网站，那它就只剩下被卷入吸尘器的命了。
- **简明、扼要。**浏览公司网站的顾客可能会读到一些闲聊式的文章或言简意赅的寥寥数语，但他们可不会乐意总是拖着电脑中的滚动条来来回回地看一篇照本宣科的样本文。最好是找到一位职业的网站广告文稿撰写人，他能够合理规划文稿内容并使其幽默风趣。
- **内容应具体。**应牢记一点：你公司的网站是为目标客户设计的。你可能有多种多样的网站访问者——消费者、批发商、投资人等。要么开发各自的URL（统一资源定址器——有关网址的一些奇客之谈），要么简单地将站点分成若干个子站点。
- **与销售工作协调一致。**如果你的网站内容是以销售为主，就可以将一份主要的产品报价表从网站主页链接至“购买机会”处。还需要设置一个易用的购物区间，这项功能设置可以利用上述“购买机会”进行增值销售（又称为“追加销售”）以及交叉销售，特别是在“我的购物车”这一步尤其有效。
- **重点突出最新的信息资料。**所有的公司主页上的“最新动态”这部分内容就像是猫薄荷（猫薄荷是一种草本植物，闻上去有股清凉的气味。把这种植物晒干再碾成碎末，放在猫玩具内，你就会看到猫咪为之疯狂——编者注）（特别是你若添加了视频）。这可以使网站的访问者快速了解产品的最新动态、销售情况、新闻稿件以及公司大事。
- **调光，摄影，开拍（制作一些视频段落）。**几段音频及视频文件可以使网站访问者在此停留一会儿。此处的关键词是“相关的”。若喧宾夺主，放些与主题毫不相关的内容则会起到适得其反的效果。

- **收集所有合格的电邮地址。**指导网站访问者如何成为注册用户，可定期向他们发送公司的新闻、最新的产品信息及报价，很快你就会得到一套极有价值的用户地址簿。可以在网站主页或页面中“结款台”处设置一个“注册”按钮，又或者在两处都有设置。为求得到最佳效果，应与程序设计人员以及列表管理人员交换意见，以期及时改进。一些表格应定期整理优化，应在关注“顾客喜好”的基础上对其进行分门别类。
- **对电子邮件应合理使用。**几乎所有公司都有利用电子邮件向现有及潜在用户提供产品信息及报价的习惯（很多公司的数据库设置程序中设有自动回信功能，可以自动完成发送邮件的工作）。但还是不要养成习惯为好——太过频繁地发送邮件可能会让收信人感到厌烦。重点在于：可在你发送的邮件结尾处顺便邮寄一个退出链接，这样收件人可以选择“不订购”（反垃圾邮件系统的相关规定要求，发件人必须在邮件群中挂上退出链接）。
- **确保加盟过程安全可靠。**向加盟的合作伙伴提供其唯一的 URL，合作伙伴通过该 URL 可以返回链接至你公司的网页。这些 URL 在他们的站点以及邮件中予以突出，由此可以形成安全的 WEB 流量，可以提高转换率，还可以提升你的公司在搜索页面结果中的位置。若你支付佣金，每生成一个加盟合作伙伴，即可轻易绘出流量情况以及销售情况。
- **及时参与反馈流程。**来自于你公司或是分销商网页的 WEB 报表，可以提供各种各样有价值的分析数据。时刻关注网站访问流量、访者的来源（站点、加盟）、采购模式（转换率以及频度）以及其他使用标志。选择另一种反馈方式：通过一些产品折扣或免费服务来吸引网站访问者填写一些调查表。

有效利用潮流趋势

沃尔沃为X一代的人（欧洲的一个服装品牌）设计新车的计划被迫暂停了。这个斯堪的纳维亚的汽车公司当然知道自1965至1977年以来已经新增了4500万个消费者，但他们所知道的也就是这些。于是他们决定求助伊康诺文化公司，这家位于明尼苏达州阿波利斯市的公司是提供消费趋势以及咨询服务方面的佼佼者。“沃尔沃方面为了使自己的品牌对X一代的人具有吸引力，汽车的设计工作应该与X一代的消费者们固有的核心价值相结合。”伊康诺文化的联合创始人、负责消费者分析的执行副总裁薇琪·亚伯拉姆森这样告诉沃尔沃公司的人。薇琪的团队利用自己的“宏观趋势法”对X一代的文化基因从细微之处进行分析。团队成员读X一代读的书，听X一代听的音乐，到X一代就餐的地方去就餐，到X一代购物的地方去购物。伊康诺文化公司通过观察分析，找出了X一代的5个关键的宏观趋势——手工制作（独一无二、个性化风格），及时行乐（热情、冒险精神），扭转（风格+高效），新清教主义（传统的家庭价值观）以及极高的期望值（奢华）。沃尔沃的设计团队将这些趋势转化为与X一代的生活方式价值观有关的概念和设计。结果如何？沃尔沃推出了5款新型内部样车以及一系列令人耳目一新的推广活动方案。

一些企业家在面对竞争时总是充满斗志，但是若他们不能有效利用潮流趋势，就会像一个随时可以被轻易打倒的拳击手一样。一记拳头袭来，就会被迫匆匆退场了。这些企业家们可能很想知道，如何在你的产品和消费者之间建立联系。但是你是否知道：这些消费者的生活是怎样的？他们会热衷于哪些事情？他们如何看待家庭、人际关系以及环保问题？都有哪些政治事件影响了他们的信仰和价值观？又有哪些当代人、当代事和当代文化正在影响着这些消费者们？聪明的企业家们则很清楚，对于每一代人——从婴儿潮一代、X时代人到成年人（年岁较之婴儿潮一代要大些）以及千禧一代（或Y时代人）而言，哪些事物才会对他们起作用。掌握了这些知识，你的业务才有可能拓展到各个领域，从产品开发、品牌效益及定位到销售、市场推广、包装设计以及客户服务等。

那些追踪潮流趋势的人通常把自己当做是那种试图融入一片新领地的语言环境和生活方式的移民。但毕竟，趋势就是潜在消费者的价值指示牌。只要设身处地的以你的消费者的角度来理解那些价值观，你就能理解何种情况下消费者们会愿意花钱。伊康诺文化公司里的生活方式的趋势跟踪观察员的核对表将消费者的需求以及价值观转换为一种更为合理的表达结果。

浏览各种媒体。争取读到每一本涉及你所在的行业及消费者的杂志和商务通信。对于两个市场在何处有交集，应有一个清醒的认识。别担心语言方面的障碍——即使你不太懂意大利语也无所谓，你还是会看到一些意大利语媒体。

改善现有状况。分属不同经济阶层的消费者都会向往迈进更高阶层。相信一份有关轮胎的市场业务调研报告，也就不必总是要重复研发自己的技术。可以将原来的针对高端用户的豪华类产品及服务通过重新配置和定位，使它们进入主流市场，在价格上也变得更容易为大众所接受。

环顾周围，扩展视野。视消费者为朋友。眼里不要只有销售数据，真正做到想消费者之所想。如有可能，以消费者的身份去做一些事情。拜访他们的商店、社区以及一些体育赛事。你甚至还需要知道他们住在何处。另外，要随时关注一些行业和专业外的趋势。你会吃惊地发现你的反应有多迅速。

用心去聆听。在一些一对一会面、讨论小组以及问卷调查的过程中，你可以问问消费者，他们的最爱都是什么？他们是记者还是体育迷？他们的业余爱好是烹饪，音乐还是园艺？有什么事情、什么原因以及多长时间一次可以让他们和朋友、家庭聚在一起？用心去投入才可以收获深刻的见解。

要将“孩子”这一因素考虑在内。今天的孩子们绝不会羞于大声讲话，不论话题是墙纸的颜色还是床头贴着的第一个女孩的海报。冷冻比萨、游戏厅抑或是最新款的 iPod，对于孩子们来说都很热衷。如果你不认为孩子们才是对于购买决定起主导作用的人，那你就是在自欺欺人。一般都是孩子们想要什么，家长就会给他们买什么。

对于智者，一言已足：商品

第一张宾士域台球桌是在 1845 年诞生于辛辛那提的一家小木材加工店里。155 年之后，公司的销售渠道看上去和当时没有什么差别。绝大多数的宾士域台球桌是在小型的夫妻店里出售，这样的代理商是不会关注品牌声望的。在很多商店里，宾士域的台球桌和其他桌子混在一起，像廉价椅子一样被叠摞在一起。这之后营销大师桑迪·斯坦恩被请到宾士域位于威斯康星州布里斯托尔的总部。他的任务是什么？开创一种客户体验活动，这项活动可以使消费者们倾心于更高的品牌感知价值，创造出激动人心的氛围，将宾士域产品同其他低端、低价产品区分开来。

解决方案？位于明尼苏达州阿波利斯市的斯坦恩趋势分析和品牌分析及设计公司的创始人桑迪想出了一种店中店的概念——宾士域临时展馆，这个概念由公司在全国展开应用。在一家具有代表性的店面里 12 张以上的台球桌以最佳角度摆放好。由专业人士在入口处突出摆放几块历史记录面板（其中的内容主要是赞美本公司的历史传统）；同时设置好一面背光的落地幕布，公关人员可以在其上面播放各种家庭环境中所摆放的其他形式台球桌的照片。结果如何？消费者们更为关注、更为赞叹的是品牌而非价格；更重要的是，品牌吸引到了“女性因素”。“宾士域店中店的概念，”桑迪说，“要与女性消费者建立一种情感上的联系，尤其具有代表性的是大批量采购的把关人。展示厅中的设置可以引起这样的反馈‘啊，这就是我所希望的房间应有的样子’。”

桑迪获得了巨大的成功，但是他要乘胜追击，解决台球桌的问题。他突然有了个想法：宾士域应该开发自己的全国性标准连锁店。确定无疑的是，这个概念将会改变台球桌零售原来的面貌。桑迪与零售部门的同行通力合作，甚至还花了一年的业余时间写了一份商业计划。令人感动的是，公司居然为桑迪开了绿灯，之后第一家宾士域家居台球桌连锁店于2003年的9月在伊利诺斯州的威尔米特开张了。多年以来，它一直保持着较高的年营业额，这也是第一家可以平衡交叉销售的台球桌连锁店。威尔米特的连锁店也可被用做一家实验教室，用来培训全国的宾士域经销商如何学习产品推销规划。

以下几项内容为更具有企业精神的产品推销规划的注意事项。

应为顾客提供好心情的购物体验。不论是店内购物还是网上购物，舒服是最重要的。情绪和情感经常左右着购物过程。我们的门店工作人员一直被教育——“要视顾客为上帝”。我们的店内布置对所有消费者的感官都有强大的吸引力——漂亮的展示厅，停车场中的观景窗，欢快的音乐，可以抵消掉难闻的橡胶味的令人心情愉悦的气味，提供给客户的卡布奇诺咖啡以及顾客一跨进店门即有店员热情握手相迎。

凭直觉购物。商品展示就是一切，塔吉特公司深谙此道。其公司的产品宣传片的画面被安排得井井有条、视觉丰富且对于顾客很有吸引力，这些画面使顾客明白自己的选择——好的、更好的还是最好的——并由此依此进行。顾客通过直觉购物的体验经历能够轻易将你公司的产品与其他区分开来。

对顾客的问题有提前预判。宾士域利用其设在店内的言简意赅、图文并茂的宣传资料很好地回答了顾客最关心的一些问题——“我的球房需要有多大空间才放得下这个球桌？”“吧台凳和厨房凳在高度上有何区别？”在我们驰加，客人们可以浏览到我们内容丰富的宣传资料，资料中列有我们所有的产品及服务——它们的旁边同时列有其图片、优点及价格。这些在匆匆一瞥之间即可得到视觉上的答案——也是顾客经常会问到的——可以使顾客更愿意与销售人员深入细谈却丝毫不会感到是被强行推销。

制作好报价资料。过多的选项会使顾客感到目不暇接、不知所措。比如说，有些独立的吧凳经销商其报价单上会有 200 种款式。这么多的款式已经让人看得发晕了，它而且居然还没有放图片。与之形成鲜明对比的是，宾士域的威尔米特店里设置了一面亮堂堂的“椅子墙”，墙上摆满了最畅销的前 40 种椅子的款式及品牌的照片。顾客只需站在那儿就可通过图文并茂的资料轻松选出自己中意的形质俱佳的椅子。

充分利用好网络。互联网的出现从根本上改变了我们的购物方式。人们更精明了，在购物过程中也更不会被其他情况左右。一些聪明的零售商可为顾客提供在线购物的经历，这种在线购物可以与店内购物实现完美同步。但这只不过是冰山一角。互联网就是构筑和加强客户关系的手段。记住，客户关系并非交易关系，它们是搭建长期的钱包占有率的基础构件。将客户们的核心价值观（你已经通过趋势研究分析得出的结论）与一些对于虚拟社区很有吸引力的增值业务联系起来。这种在线社区就是一个大家庭，在这个大家庭中，顾客们可以就你的产品（服务）彼此交换意见及信息——甚至可以立即将这些意见反馈给你。你也可以借此和客户们就产品和服务进行接触和联系，他们会告诉你如何更有效地解决现有的问题。

定价要素

定价流程是所有代售产品的关键要素。我们可以对若干大众化商品实施“想多低就多低”的报价策略实现“价廉物美”的目标，而同时对另外一些非主流项目、独家产品线以及高端产品和服务实施特别定价。

除此之外，每家公司都会定期提价或降价以适应不断变化的市场与成本压力。

主要有如下几类定价因素需考虑在内。

- 如有必要，应经常对竞争对手的定价情况以及自己的销售额进行检测以便可以及时调整自己的定价策略。
- 如果商品市场持续增长，那么在 B2B（企业 – 企业）中提价比在 B2C 中提价要容易些。这是因为，企业级客户往往经验更为丰富，且对于原材料价格以及能源消耗成本的上涨更为敏感。另外，竞争对手同样也会面对成本增加，被迫调整价格。
- 有时，提价是无法避免的。在 B2B 市场中所有人对此都感同身受。你甚至需要通过平衡两个因素——要涨多少价、多长时间就要涨一次——来巧妙实现涨价目标。假设你是一家供应商，你的采购成本目前已经涨了 3%。所以你不得不要通过提价才能勉强达到收支平衡、不赔不赚。最好的办法就是，将利润的增减考虑到整体成本的增减中来，通过利用一些小饰物来重新实现收支平衡。所以你仍然具有竞争力，额外的物质吸引也会有很好的效果。
- 有时候消费者会对提价行为感到生气。因为绝大多数零售消费者并不清楚行业的成本上涨情况。不论你的产品是卖给零售商还是直接卖给消费者，考虑一下，将价格的上涨部分作为附加费用体现给对方可能会有些效果。如果公众能够很好地理解市场压力，一般他们都能接受这样一种将上涨的成本转嫁给消费者的行为。
- 降价通常也是一种竞争行为。要么是被动的降价以应对竞争对手的竞争策略，要么就是主动的降价以赢得市场份额。在 B2B 市场中，在维持住边际利润的同时实行降价的关键要点是要推出新产品（这一策略对于涨价行为也同样适用）。举个例子，假设你们公司的旗舰产品是 X，其售价为 1000 美元。不是要将 X 降价至 800 美元，而是要推出一款新产品——Y；此处要采用一种完全不同的价值体现方式——产品的特色少些，价格相对就低一些。现在不必将自己

> 的品牌贬值，可以借用上述策略让自己的产品与众不同。也可以借鉴此法向大公司销售自己的产品。如若不然，只死守一种产品只会让你深陷一个无法避免的价格怪圈——基本上你的利润会规律性地下滑下去（第一年 40%，第二年 30%，第三年 20%）。为什么会这样？那些大型的连锁零售企业会毫不留情地压低价格，强迫你降价。若你不同意他们的游戏规则，他们会找到其他愿意遵守规则的企业来取代你。

公司在推出新产品时总是希望其能够长盛不衰。回到我们刚才的例子——产品 Y 有其自身的特点、优势以及价位。但是若计划通过该产品得到 40% 的毛利，接下来的情况会怎样呢？在第二年，产品 X 的毛利跌到 30%，但是刚推出的 Y 其毛利可以达到 40%；而到了第三年，X 的毛利会降到 20%，Y 则会滑落到 30%。但之后，你会突然发现，又有产品 Z 突然冒出来攫取了 40% 的利润。这才是赢利的方法。绝大多数公司无奈地看着自己的利润空间被挤压得越来越小，这是因为他们没有改变自己的产品集。总是反反复复地做着相同的事，得到的也总是相同的消极结果，最终你不是发疯就是被挤出这个行业。归根结底：要么做出变革，要么就是消亡。

走向全球

我们要感谢互联网的出现，各种规模的公司都能成为全球性公司（97% 的美国出口企业都是中小企业）。远至孟加拉国、近到路易斯安那的巴吞鲁日，所有购物者都可以轻松浏览到你的网址。可能你已经和海外的合作伙伴在网上打招呼握手并开始做生意了。没有吗？耐心等一会儿。最终你总会有机会把产品销往海外，从海外购入原材料、在海外建立分公司，甚至把工作外包到海外（当然这只是为保住竞争力的最后选择）。全球市场是如此广大，全球人口的 95%——以及 2/3 的全球购买力——都分布在美国以外。如果打算把生意做到国外，应注意以下几点关键因素。

保持信息的时效性。即使是海外经商经验丰富的企业也需要及时了解不断变化的地缘政治情况以及全球金融动态。还是从你所在州的贸易促进局开始吧——大多数州都在其商贸发展部门设立有这样一个小办事机构。它是一种为联邦、州以及本地的具有创新性经济活动提供技术信息咨询的机构。很多此类机构通过开展研讨会以及面对面的法律条文咨询，为企业提供出口刺激政策的支持。

制定自己的策略。想把自己的产品销往海外？若公司自行安排实施策略，会造成本公司负担过重且拖累了国内市场的销售工作——因为公司将不得不对资源进行重新分配甚至还要增加资源投入。需要为复杂的行程安排、保修以及售后支持等工作制订出计划。若你同意由经销商来代理你的产品并对售后等事宜进行统筹安排，你是否会愿意在经销商所在地对其进行培训，请他们每年到你这里来参加培训交流年会，或者将所有的培训事宜都放在网上完成？还有其他选择可供参考：可以在海外市场设立意见办事处，指定一家中介机构帮你执行海外业务；或者通过签字确认，将自己的国际业务发展权移交给一家愿意以此工作来换取价格折扣的管理公司（无论哪种策略，都应确保本公司是在循序渐进而不是急功近利地将海外贸易纳入公司的整体销售架构中）。接下来，应对一些理想的商业合作伙伴建立档案。你的公司或许还需要一些常备有维修及更换用零部件的维修技师可以进行现场维修。还有一种企业，可以提供一天 24 小时的实时技术支持。或许，让公司现有的工程师从事技术安装工作是否更重要呢？

重视文化差异。你要想在哪些国家做生意，自然就需要多了解这些国家的相关情况。多学习他们的文化，无论是从商业合约上还是有趣的文化礼仪上。举例来说，美国人和欧洲人对于非常严谨、详细的合同持十分信赖的态度；而日本人则会倾向于口头合同或者是简单的概要内容。

在日本，如果你应邀去某人家里做客，记住带上件小礼物。但可别用白纸包礼物——因为这是死亡的符号。在其他各地，比如说，如果你和法国或沙特的公司之间的关系还没到十分默契的程度，那就不要把脑袋扎进人家的客户数据库中获取信息。和一个西班牙人站得太近，或是和一个沙特人站得太远都是在暗示你的冷漠和无动于衷。而在亚洲的一些国家和地区三角形被理解为否定。德国人和日本人都很守时，而在一些拉美国家中，时间安排则更为灵活。

西班牙的不同表示法。如果员工能够熟练掌握外语，当然对工作很有帮助。但很多还处于成长期的公司可能请不起这样的员工。当然，在绝大多数非西班牙语系的产业化国家中，英语还是商务活动的通用语言。如果你想在拉丁美洲做生意，那就要学习西班牙语；否则就雇一名能讲一口流利西班牙语的职员。对于工厂生产出的次品来说，南美可能会是一个很好的目标市场。但是如果消费者根本无法辨认品牌和包装标志，你可能就不得不大幅出让折扣了。另外，还有一些是广告制作中的雷区（禁区）。以派克笔为例，当时派克公司在墨西哥拓展圆珠笔市场，它所做的广告应该读为：它不会把水漏在你的口袋里而让你难堪。但出麻烦了，公司认为西班牙语中的单词“embarazar”就是指“难堪”。但是由于单词的语境不同，当墨西哥的消费者听到派克笔的广告词——它不会把水漏在你的口袋里而让你怀孕——之后都被逗乐了。

CHAPTER 52

第52章

产品销售

重点是提高市场份额

一位精明的销售专家知道如何将吼叫转化为销售成绩。蒂姆是一家位于波士顿的空调设备供应商的销售人员。一次，在举家出海度假之前，他告诉自己的一位极有希望签约的潜在客户，只要一有签约的意向，自己就会立刻从科德角赶回来。那个客户许诺说，在此期间，他不会再找其他供货商了，以此来安抚蒂姆的焦虑情绪。毕竟，这不仅仅只关系到一份价值3万美元的空调设备的合同。那位潜在客户，是新英格兰地区最大的一家汽车企业的决策人，他手中至少还握着其他12家的报价单。等到了第二周，蒂姆刚度完假回到公司，电话就响了。抱歉，那个潜在客户对蒂姆解释说，情况发生了变化，他决定和另一家公司签约了。蒂姆简直要气炸了，向自己的经理克雷格发泄着不满。他们俩决定再做最后一搏，毕竟此时已无路可退了。这个潜在客户还不是他们的顾客，更何况，一个男人应该言而有信。当蒂姆再给他打电话要求拜访时，他说道:“好吧，我想我明天可以给你几分钟时间。”

第二天早上，会面的情况很快就恶化成为蒂姆和那个人之间的一场争吵比赛。“你给我闭嘴！否则的话，我就把你们都扔出去！”那个人在争吵比赛逐步升级后大声向蒂姆吼着。“嗨，”克雷格拦着他说道，“我们彼此都平静一下。”克雷格接着又转向情绪激动的销售代表：“蒂姆，下面的事就由我来处理吧。”在快速提出了一系列需要澄清的问题之后，克雷格平静地向那个潜在客户解释了产品的优异之处，并向其说明，自己的公司会如何做好设备的安装以及售后工作。克雷格同时也提供了一个适度的折扣以表达和解之意。最后，冷静思考占了上风。那个人终于转而同蒂姆和克雷格的公司签约了。

在回办公室的路上，克雷格告诉蒂姆，他违反了桑德勒销售系统中几乎所有的规则。第一，不应感情用事——一个失控的销售员如果如此急于要在争论中占得上风，他就会输掉整个战役。第二，应该给心烦意乱的客户一些“洗脑”时间，可以平息心中的怒火。“你不应该试图质问客户，”克雷格同时也承认，“如果蒂姆在知道情况变化后仍是那么温顺、好脾气，我们就会失去这份合同。这就是微妙的差别：你可以坚持自己的底线，但要以一种恭敬的态度来表达。”这之后，克雷格的故事则越发展越好。当初的那次口角在8年之后居然演变为50万美元的商业合同。所以说，不论你卖的是软件还是工业设备，只要保持韧性、热情并且工作方法正确，总会得到客户的信任和订单的。

在此很有必要提到的是，“销售”这个词被绝大多数人错误地理解了。如果“销售”是一个人，很多人的脑海中会出现这样的形象：夸夸其谈、能说会道、油头滑脑的一位推销员，总是诈骗那些无助的、天真幼稚的人。我对于销售的认识是受到我父亲的聪明才智影响，他是一位工作一生的销售员，正是他教给了我伦理道德的价值以及双赢的销售策略。对他而言，销售是一种哲学，是一种联系着买卖双方的令人尊敬的关系，在这种关系中人们交换着价值。这也使得商品交易看起来更像是在那些以枪炮换粮食的日子里进行的活动。

对销售职能的管理

如何高效地管理一个销售队伍是要有很多技巧的。销售管理工作的表现如何决定着公司中的非销售员工拿到的是奖金还是解雇信。以下几项规则可以帮我们带领一支雄心勃勃的销售队伍能够在批发、零售以及其他商业业务中大展拳脚。

销售经理的领导能力至关重要。有很多的企业家在研究一些低于预期的销售数字时，总会绞尽脑汁地想：我到底缺了点什么呢？这就是某个团队领导的问题。一位具有创新精神的销售经理可以找到适合自己产品的市场，在自己的团队中培训新人、激励老手并团结到各种情绪易变的人。情绪易变？销售人员往往是一些拥有独特见解的人，他们更易于感情用事。无论是网上还是网下的找工作过程中，如果只具备传统且落伍的销售技巧，最终得到的只能是一次次失望地打击。但很不幸，仍有很多销售部门采用消极的自我促进的工作方式——很多销售部门领导只是简单地将业绩最好的销售员提升为销售经理。真希望他们好运。这其中会有一些技能重叠之处——人的交际能力，例如，贸易过程中的各种技巧。但是管理工作则是完全不同的。如果这个销售天才根本没有出众的领导履历，管理工作则会成为他的短板。

找到最佳销售员。你的销售团队中如果没有全明星水平的销售员加盟就不可能出类拔萃。当然也有可能最出色的已经在你的团队中了，但你也不应就此满足。有很多人都是在条件不利——毫无特色的产品、采购实力不足、库存能力不足、技术支持水平低下——的情况下涉险而行。正是这些重重阻碍限制了他们的收入但同时也能指引他们努力争取更好的生活条件。机会对每个人都是敞开怀抱的。另外，如何找到明星销售员的方法，可到第 12 章的内容中查找到相关内容；问问自己、周围的人以及通讯录中的每个人：你最近有没有什么“超级销售员”可以推荐？这也是一种通常可以找到目标的试探性调查。

当然，你也可以自己进行调查。问问自己：如果我是一个优秀销售员，我愿意在哪工作呢？然后，开始拨电话吧。可以借口对公司的产品感兴趣：“我很希望得到比较完整的产品介绍，所以能否让你们最好的销售员给我打个电话？”当你接到这个明星级销售员的电话时可以告诉她，你听说她是一个非常优秀的销售代表，你希望她能够为你推荐其他几位很想找到新的工作机会的天才销售员。如果她只是给你一些提示，很好。如果她向你要了详细资料，说明她已经上当了。她是否够聪明？经验够丰富吗？你会愿意向她买东西吗？这里还有主动出击的一招：请求与你有生意往来的公司，能够允许你向他们最好的销售员讨教、学习。要尽量和每一位销售员通电话：“你的老板说你是最棒的。而我目前也需要这样的高手。请问，我在哪能找到和你一样优秀的员工？”如果他表现出兴趣，但却高姿态地表示“很感谢，但我不能那么做”，那么这是一个很好的候选人。

和即将被聘用的销售员进行深入交流。销售人员是一个非常独特的群体。他们的工作需要他们有厚脸皮和自尊心能够从一次又一次的无情回绝中挺过来。在聘用过程中，要增加对个性研究及角色扮演的练习（见第 13 章）。一些销售员的才能测试和心理测试应为强制性测试（当然这些法规本身不会引发问题）。当你再看到申请者的业绩履历时，要透过眼前的数字看到背后一些更深层次的内容。他们是否在工作中会划分出自己的势力范围，容不得别人插手。记住，你也是在推销他们——为了公司的业绩、前景以及随之而来的奖励。

提供诱人的激励政策。摇晃着一根粗大的胡萝卜，你会发现诱惑的魅力：在那些朝九晚五的办公室一族早已下班回家之后，销售员们仍在连轴转地工作着。重量级的销售老手更偏爱签那种高佣金比例的且没有任何未清账目压力的协议。很好，更高的佣金比例也就等于公司的固定支出所受的压力就更小。我总是和销售员讲，我最高兴看见的就是他们挣很多的钱，因为这就意味着公司也能够挣很多的钱。在零售行业里——我突然想到了百思买——无佣金的公平市场补偿政策也很奏效。关于佣金的警告：请只聘用那些有道德感的、关心他人的且绝不会卖给任何顾客不需要的商品的人。我总是宣扬一种观点：如果你真正地将顾客之所需、顾客之所好放在心里，你自然会得到经济回报的。

制定工作目标。选定可实现的但却是有挑战性的目标。和销售员坐下来一起分析目前的销售状况、历史数据以及销售员的个人业绩。将她的业绩与其他销售员作比较。应确信她能够完成自己所制定的目标。因为自上而下得来的若干不确定的数字并不具有生命力。对于销售菜鸟应有些耐心——但也不能忍耐过度了。最好将一条现成的条款写进协议里（“如无法在 4 个月后完成目标定额的 70%，我们就要和你挥手道别了”）。这样做可以尽早减少你的损失也避免出现令人不舒服的结局。

对销售团队进行培训。别轻易放弃对现有销售人员的培训。如果有了正确的培训系统，即使是笨蛋最终也能变成冠军。为全部销售人员报名，由公司出钱让他们参加一个大型销售培训课程。这样的培训费用支出和未来定可获得更多的营业额相比，只算是九牛一毛。

确立权威。要让你的销售人员逐步成为其目标行业内的专家级候选人。向他们提出要求：要能理解从专业术语到有可能令客户烦恼的每一件事，只有这样销售员才能高效地将产品的价值考量、价格以及解决方案整合在一起使其发挥最大作用。出现的每个具体问题都应促使销售员整理出三类实例分析——“让我看看以前我是如何解决这个问题的，然后再确定下一步的工作计划”。熟练掌握产品相关知识是决定性因素。我们的零售、批发以及商务部门的人员都要认真钻研产品及市场资料，直到他们能够独立写出产品说明书，并能够针对每一个品牌清楚地区分出其细微差别以及各自的优点。他们知道，每一种不同的产品都有其相应的客户。这也是你如何才能使每一份订单增值的原因所在。你在竞争者中越出类拔萃，你以及你的品牌就越有价值。

评比结果。有评比的地方就会有激励。我们每周的内部邮件报告正是通过各种不同的评比标准对所有的销售人员绩效成绩进行排名。销售人员都是性格强悍的竞争者，他们乐于见到自己在排名榜中的位置。如果有可能赢得更多一些的合同，能够成为赫兹公司（第一名），谁也不会对安飞士公司（第二名）的成绩满意的。排名过程中出现正常合理的重复、正常合理的竞争，使得每个人最终都会得到更加正常合理的收益。

来自销售人员的要求。我的父亲曾经对我说，“要对销售人员心存感激并要认真倾听他们——因为他们挣来大钱却要将钱交给别人。”好好想想，你的销售员就是你的公司直接通向客户的管线。每当客户有一些想要改变的需求时，销售员总会是第一个知道的人——而当竞争对手也要对此有所动作时，他们就会是公司的早期预警系统，提醒公司决策层提早予以关注。这就要求销售经理应该通过定期召开销售会议以及一对一面谈，以期能够掌握到最新资讯；然后再与其他部门合作，以便迅速做出调整措施。举个例子，一个与我有利益关系的技术公司聘用了两名有着丰富的行业经验的久经沙场的销售员。他们的前任雇主已经将他们扫地出门。于是，当我们听从了他们的建议———一些善意的忠告——对我们的产品报价、培训以及客服内容进行了相应调整的时候，他们倍感震惊。

欣然接受“老大哥”。一周一次的面谈有其自身的局限性。要想确保一位销售人员的工作符合规范要求，唯一的办法就是在其进行电话销售时进行监督。要表扬他的正确工作方法，同时你可以用四阶段教他：告诉他怎么做；教给他；看他如何做，提出反馈意见，指出他需要改进的地方；然后再看一遍他如何做。

为销售团队提供支持。通过与全体员工交流的渠道——电子群邮件、公司高层会议以及单独面谈——争取得到公司对销售人员的支持。如果办公区里出现了抵触情绪，可以通过鼓励大家多关心对销售队伍以期能够做到防患于未然：嗨，伙计，每天都会碰壁，每小时都会吃到闭门羹，这对于任何人来说都不是件容易的事。要确保销售经理总是处于技术发展趋势的前沿，这样销售团队才会有其所需要的所有软硬件以及信息追踪报告，以期在关键时刻派上用场，并总能领先竞争对手一步。

巨大的物质支持。为了能展现出最高水平的形象，公司也必须要具备最高水平的其他资料：包括员工的名片、文具、网站的宣传册、业务简报以及参加贸易站的摊位等。要确保这些资料能够无保留地传达出始终如一的品牌信息。这些信息是沉默的销售员以7天 ×24小时不间断的工作得来的。

管理好你的漏斗

销售漏斗可以被看做是这样的一种装置，它可以使所有可能的潜在客户——从现有客户到一些并不熟悉你们产品的人——都从这个漏斗涌入。我们的销售漏斗（有人称为“管线”）报告列有当前及潜在客户的详细资料，除此以外还有当前及潜在的销售水平，设定的目标，后续计划，可能出现的困难情况以及相应的解决方案。列有独立统计数据的销售情况报告很像一张棒球卡的背面，每天、每周、每月都会以电邮形式发给销售员。销售经理可以借每周的一对一面谈能够了解到每一位销售员的当前工作状况。

要经常对销售漏斗报告进行筛查，借此将热门线索与无效线索区分开来。降低成本（以及销售工作中做过的无用功）的一个好方法就是为销售团队中引入一名精明的销售助理，帮助团队成员来确认哪些线索有效。高效的漏斗上方管理可以使巨星级销售员能够既开心又有创造性的工作。指望专家级销售员自己做电话直销以及筛选有效线索，这就如同让沙奎尔·奥尼尔自己洗比赛服一样（关于电话直销的警示：我的销售漏斗策略并不是万金油，绝不是放之四海而皆准的策略。如果销售员将时间都用在电话直销上那就有些不值得了。更多的情况要视公司的经营规模及其成熟度、有效线索范围、客户价值以及找到客户公司决策人的困难程度而定）。

要信赖你的销售助理。他们会通过给所有的潜在客户打电话来筛选出有效线索——有可能的话甚至可以安排一次会面——并多问一些问题：“您是否愿意把每月的零部件费用减少30%？”“你们公司所面临的最大的困难是什么？”“天啊，这种情况已经持续多久了？”“对您个人的影响如何？”“这会花费您多少费用？”“您打算如何来应对这个问题？”“那么这个解决方案是否有效呢？”你会对他们开诚布公的交谈感到吃惊的。但是，绝大多数的线索未必会有结果。没关系。重要的是质量而非数量，这个数字——其实公司所有业务中有 80% 是来自于 20% 的潜在客户。而这些业务成果正是在销售漏斗报告中位于前列的线索得来的。应该对定期联络（电邮更新的工作会很有效）以及增值类产品报价给予特别的关注。

找出成功的推销员

销售的本质要求销售员应具备某些特质。应及时调整自己的招聘和培训流程以找出和培养出以下 8 种特质。

以完成目标为准。如果为我找来一位五星级的销售员，然后我会让其成为一名设定了目标且能完成目标业绩的经验丰富的老手。在现实世界中的工作经验才是成功销售工作的头号预言家。要找到这样的能够承担责任的人——他们可以对自己如何设定销售目标，规划工作计划，克服困难执行工作计划以及最后完成目标的所有过往工作经历都能不假思索地脱口而出。

自我肯定。自尊心是销售员在面对客户的拒绝能够自我保护的最好形式。优秀的销售员不会认为这是他们个人的损失。他们对自身能力抱有信心并认为，有时候有些会影响到客户决策的情况是他们无法控制的。作为销售团队的领导，应抓住每个机会让销售员们知道他们是最优秀的，而不要只关注每周的销售数据如何。

同情心。优秀的销售员也会是很好的倾听者。当一个销售员从一个只会和客户讨价还价的小贩转变为关心别人的心理顾问，客户是可以感觉到其中的差异的。你不可能伪装——疑心越重，销售额越低。好好想想，“销售势力”这个词其实是某种矛盾修饰用法，这是因为，一旦你刻意推动销售过程，它就不会成功。如果一名销售员能够正确对待他的客户，他就能正确对待自己（以及你的公司）。

热情。如果你的销售代表不相信你的产品是最好的东西，那么就不要指望能够打动客户。你会找一个已经失去热情的家伙来帮你卖东西吗？应该帮助他在“能为客户提供什么”和“如何能够帮助客户”之间建立联系。如果他无法表达出自己的激情——以及无法通过口头的或非口头的暗示真正表达出来自己的激情——那他就没什么指望了。假装出来的热情最终会毁掉自己的销售事业。

注重教育。最好的销售员绝不会只满足于精通自己所销售的产品。他们会把每一份资料都当成藏宝图，对其中一丝一毫的信息都要理解透；绝对不会错过任何一点细微之处。他们知道客户们只会被专家级的销售建议所吸引。

亲切友善。这是人的天性。每个人都愿意和他们喜欢的人做生意。绝不要低估“可爱”这个因素。

坚忍不拔。当然，一个销售员即便已经被人“拒之门外”数十次之后，仍能耐心地排队等待，以期得到渴望已久的客户的认可。但是，要在那种充满冷漠态度的困境中不断努力前行，只会击垮无数个“威利·罗曼”式的推销员的精神。而顶级的销售员会将他们在销售数量和销售质量上的平均成功率应用到总目标上。这就如同要计算出需要挥多少次棒才能够有一次本垒打一样。

欲望。最好的销售员是在紧张而激动的狩猎过程中不断提升自己实力的。他们绝不会自大或自满。对了，他们只会在签到大单时才兴奋一下，但这也是有节制，因为下一个挑战即将来临。销售员总会要开发更多潜在客户，达成更多的合同意向，进而帮助更多的人。伟大的猎手只需要简单地指导一下——把肉扔过去，看他们去追——就行了。

桑德勒（SANDLER）销售规则

销售团队的当前状态就是“万事俱备，只欠东风”。你已经组建了一支原则性很强的、外向开朗的销售队伍。除非你有开启正确销售流程的插件，否则点钞机是不会为你开口唱歌的。我曾经见过并亲自尝试过多种技巧。桑德勒销售规则无疑是其中最好的，在过去的25年中，它为我带来了无数次双赢的合同。严肃的、庄严的桑德勒销售规则是建立在销售员和客户之间彼此尊重的基础上的。该销售规则能够获得成功是因为它能够清楚地认识到买卖双方互动过程中的两种动态——潜在客户的规则和销售员的规则。

销售员在弄明白潜在客户的规则之前自己是不会有所动作的。多年来，由于接触到了不计其数的销售技巧，客户们都已对传统的销售过程彻底摸清了，进而要彻底地破坏它。为什么会这样？因为他们知道他们失去了某些东西——他们的钱。

以下四项为潜在客户规则的重要内容。

潜在客户永远不会和你说实话。如若不然，毫无疑问，一些诚实的家伙也会阻止销售员得到有用信息甚至会误导销售员。他们对实际情况加以敷衍（把手中牌扣住），这完全是自我保护的天性。为什么？潜在客户们相信，在他们忙于管理自己的日常事务的同时，销售员们也在磨刀霍霍、准备乘虚而入了。他们随时都要小心翼翼，以免被销售员算计了。哼，老天也不答应啊。当他们问到真正需要的产品或服务的价格时，随之而来的会有很多细微的暗示，这才表明他们是真的准备把钱给你了。

潜在客户们想知道你所知道的——还得是免费的。他们认为你有秘密，比如说，提高生产力或是降低成本方面的。或者是，你们公司为什么在这个市场投入。他很清楚，你的第一个目标就是想要引起他对你们产品的兴趣；因此他会假装很有兴趣知道；以此追问出更多信息。他还会试图得到你的最优报价，但仅是以此为筹码和他现在的供货商讨价还价。不幸的是，对此毫无戒心的销售员还经常提供免费信息给这个虚伪的客户，甚至还令他得到了自己想要的报价。最终的结果就是市场情况变得更加恶化，造成许多商品不得不贬值。

潜在客户不会做任何承诺。手中握有有价值的信息，他可能会暗示和你签约，借此来吊足你的胃口，让你总是满怀希望，却没有意识到自己只是一直在充当他的免费顾问罢了。你应沉住气并自信地表示，另一份合同很快就会成功签约（而实际上你还一无所获）。你可能会得到一张装腔作势地表达谢意的字条。拿着它吧，你所看到的只是他的一个签名罢了。

潜在客户消失了。他好像消失了一样。语音信箱和电邮信箱都无法联系上他。之前的努力就这样结束了。但你却仍在坚持查找，这是因为你为了得到这个虚幻的合同已经付出了太多的时间和精力。一旦真实情况呈现出来，我们只能自认倒霉。

现在，就让我们看看为何传统的销售规则不起作用。无论是哪个品牌，传统销售规则所沿用的基本架构都是可以预见、毫无新意的。销售员们一定是：

- 推销产品的特色及优点；
- 在购买意向得到确认之前，拒绝提供价格以及相应的条款；
- 依靠产品演示技巧来得到合同；
- 对一些异议提前预判并予以应对；
- 在谈判收官阶段采用一些操纵技巧。

当然，这套规则应用得比万金油还要广。但它已经快被用滥了以至于精明一些的买主一眼就能识破。更糟糕的是，它所重视的操纵技巧更是促成了当前的彼此敌视的销售环境，而这样的销售环境只会使处于防备状态的买方规则更加强硬。除此以外，每一步骤都有其致命的缺陷：

- 人们要的并不是特色和优点，而是解决手段；
- 耽误了重要信息，就会将宝贵的时间浪费在一些行不通的计划上；
- 给一些表情冷漠的顾客做产品演示工作是在浪费每一个人的时间；
- 过分关注于反对意见会引起买方的怒气，也会使销售工作更加艰难；
- 最好的推销语言以及单身酒吧中的插科打诨的话都要用上。

与此相反，桑德勒销售规则将一次拜访的作用等同于一次商务会谈。销售员可以担当起一位高级顾问的角色，为客户提供真实、可靠的信息交流。

桑德勒销售规则共有以下 7 个步骤。

创造轻松、和谐一致的气氛。不要再将自己当成销售员。将自己的思维定式从“我能得到什么”转变为“我如何才能帮助他们”。对客户应既热情又真诚。这其中就包括微笑，眼神的交流，只用名字来称呼对方。提一两句你在会前的研究工作中学到的花絮新闻。彼此之间的有效沟通可以冲破一些使你无法理解客户真正需求的障碍——也会使她意识不到自己到底需要什么。在整个销售关系过程中应确保同情心以及信任一直存在其中。

确定一份前期合同。要搞清楚几项基本原则。确立此次拜访的目的，潜在客户的议题以及自己的议题，拜访时长以及几种可能出现的结果。比如，以下几句话即可概括所有基本内容，‘嗨，吉尔，我特意留出一个小时的时间，如何？”“太好了。”“在这次会谈中你有哪些议题需要我们双方沟通清楚的？”“我先提几个问题，弄清楚后我才可以更好地回答您的问题，您觉得这样可以吗？”或者“如果您认为我们可以就此将合同继续向前推进，那就太好了。如果仍然存在不合理之处，我们可以先确定一份前期合同。听上去还满意吗？”

发现并探究潜在客户的“苦处”。人们的购买行为往往受情感支配而判断行为却是受到理智的支配。一位没有自己所需用具的客户在其工作中只能经历情感上的“苦处”。在你能够发现导致产生这些“苦处”的难题以及每个难题会有多痛苦之前应先多问几个问题。为了能够更快签约，想想那句古谚语吧：不劳无获。如果客户在你们所擅长的领域中能够不再为各类“苦处”所困扰，那就恭喜他并告诉他，他和现在的供货商继续合作对于他来说很好，但对你却不是。

清晰陈述所有涉及合同额度的条款。一定要清楚地表达出这个信息：最重要的成本花费不是产品的价格而是如果客户什么都不做他所需要承担的损失。也就是说，他应该对这些问题（苦处）所带来的财政上的压力作出决定，而这些问题是你早已察觉出来的。然后，要让客户确信，他的预算使他可以在你的帮助下治好这些“苦处”。

了解客户的采购决策流程。这个顾客有最终的决定权吗？如果没有，最好要求能够和真正的决策人进行一次会面。如果你需要先同这样的前期人员打交道，但是一定也要像尊重他的顶头上司一样尊重他。在开展工作之前，要先了解清楚所有的有关合同决策的事项——还有谁拥有合同的谈判暂停权？还需要再让哪些人了解更多信息？是否有做出决策的详细时间表？

将可以治愈客户“痛苦”的解决方案展示给他看。再说一遍，人们不是要买特色和优点。他们要的是能够避免或是战胜这样的“痛苦”。所以你应向客户描述你如何解决他的问题并能克服困难。类似于，先用温度计测量他的体温。比如：“吉尔，看来你很有兴趣，可以这样说吗？”紧接着，“如果 0 代表毫无兴趣，10 代表可以签约，那么你认为目前的进展应该处于从 0 到 10 之间的哪一个范围呢？”如果答案是 5 以下，那就表明你的工作还有问题，必须要重新开始。如果他的回答是“6 到 9 之间”，你可以说：“那么你认为我们还须做什么工作才可到达 10？”在扫清前进路上的所有障碍之后，再问他：“现在你会选哪个数字呢？”直到他的回答是“10”为止。到那时你才可以说：“太好了，那么下一步呢？”这也卸去了销售人员的压力，并将做出决定的责任置于潜在客户的肩上——这个决定原也是应由对方做出。让他来为销售工作扫尾吧。

利用售后工作的策略来巩固销售成果。如果此时有一个竞争对手意识到他已经被踢出局了。他可能利用虚报低价或是说些诋毁你的话，想要杀个回马枪。所以在客户开始后悔并提出反对意见之前，你一定要保住现有的销售成果。对他能参加这次会谈表示感谢，在表明你很期待能和他一起工作时，还要再加上一句：“我能问一句吗？我们的工作是否还有不周到之处？是否会在合同执行过程中导致无法预见的阻碍突然而至？”在表明了上述担心之后，再问对方下一步的工作是什么，而自己这方面需要做什么可以推动合同继续执行。最后，要感谢他对你的解决方案以及你公司的信任，给对方留下一个积极乐观的印象。

记住，在建立和谐默契气氛的同时，商务活动就是非输即赢。现在你看，谁的销售规则更有优势，你的还是潜在客户的？如果没有一套强有力的规则，你就会处处被动。最好别发生这种事。最好的舞者总会是姿态优雅的领舞，总是先于搭档一步。

CHAPTER 53

第 53 章 客户服务

不要认为客户是针对自己进而予以反击

一天，我走进驰加位于明尼苏达州阿波利斯市郊的一家联营店，发现我们一个年轻的销售员正在和一名中年客人激烈地争论。我及时介入劝开他们后，我为那位客人点了杯咖啡。我们坐了下来，我问他我能为他做什么事来补救？他告诉我他的车迟交了，之后他向我吐露了心声，他刚被医生诊断为癌症晚期。我告诉他我很难过，我也非常理解他之所以如此心烦意乱的原因。15 分钟之后，他开着修好的车，满意地离开了。

对于顾客来说，情绪不好总是事出有因的。这样的情况已经出现过很多次了。不论客户的行为如何，我们都应禁止员工的无礼举止。没过多久那个年轻的销售员未与其他顾客又起了争执。如果我发现有员工和脾气急躁的顾客争执，我会问他："你是不是也会经历这样的一天，每件事都和你作对，一件微不足道的小事都会让你火冒三丈？很有可能是顾客的小孩病了，又或者他正在经历离婚危机。此时，如果你能平静又很体贴地问他是否需要帮助，他很可能会火气顿消并向你表示歉意。所以，不要认为顾客是针对自己进而予以反击。

驰加的客服工作历来十分出色。我要求员工们能够为工作加入一点志愿服务精神，让每一位来到这里的顾客心情更愉快。我认为，如果我们将态度友善、富有同情心放在首位，丰厚的利润自然会随之而来（只要我们的产品价格及成本符合市场行情）。

只需要几个词就可以与顾客建立起良好的关系。每次当我读顾客的意见卡时，总会有几次令我倍感骄傲的时刻。我最喜欢的一张卡片：一位女士说，她去驰加参观过后才相信了这里的工程师的建议，她会在机械师告知她，要换旧轮胎时才会换新的。我们员工关心的不只是眼前的公司业务。有一次，在我们位于明尼苏达州库恩拉皮兹市的一间店面，全店员工在获悉一个新闻——我们的一个老客户乔治·梅的狗被一辆车撞了——之后，大家一起给乔治送了一张慰问卡，乔治倍受感动——从此以后，他再也没有在其他地方买过轮胎。

在具备"关心他人"精神这方面，我们的一位销售员杰克做得比任何人都出色。一天下午（当时的杰克还是个新手），杰克注意到一位顾客随着一次又一次地被耽搁越发地心烦意乱起来。当时真是没有办法——机械师一直在找问题，而仓库里又没有所需的零部件。这时杰克意识到可能会出什么事。于是，他快步走到那位女士面前并问她是否需要帮助。女士终于忍不住哭了，她向杰克倾诉，她是位单亲妈妈，刚刚从一个小镇——她的所有亲人以及她唯一信任的一位机械师都住在那边——搬到这里。而令她感到紧张不安的是，尽管她的老板——她在这个镇上认识的唯一一个熟人——向她推荐了驰加，而她一大早就放下工作来这里修车，可到现在却仍未修好。她现在只能待在我们的大厅，而心里却还记挂着两个小女儿，由于自己无法去接她们，而她们又不太确定新家的具体位置，她们现在肯定在公交车站焦急地等待着。杰克当即拿出自己的车钥匙，"来吧！"他说，"我们赶快去接孩子们吧。"当他们在下午四点钟回到店里时她的车仍未修好，杰克于是把车钥匙递到她手里。"先开我的车吧。"他说，"等你的车修好了，我就通知你。"最终，她成了我们的终身客户。那位始终心怀感激的母亲每次来店里修车或是更换机油及轮胎时，都会给员工们带来巧克力小点心。

为什么要力争做到“非凡的”客户服务？有些忙忙碌碌的企业领导们，很容易就会对工作毫无兴趣，只是将顾客们看做是组装生产线的一部分而不是活生生的人。

让他们回来。企业老板们不惜代价地引进新客户，但却无法让他们拥有“舍我其谁”的美好经历。这是天大的错误。客户就像是配偶中的另一半——他们天生如此，他们会去其他能够满足其需求的地方。这就是一个恶性循环——所有的企业都将越来越多的资源投入到开发新客户的努力中以此代替被疏忽进而流失掉的老客户。其实，这有点得不偿失。我们应该对现有的客户给予足够的关心，这样新客户才会成为新加入者而非替代者。

> 有一次，米其林美洲公司小轮胎部的首席运营官皮特·赛力克要与我们签订一份合作协议，他提出希望能进行一次店面巡视，于是我领着他看了几家店面。在伍德伯里的一家店里，我们向客户休息室里的一位女士做了自我介绍，并询问她以前是否来过驰加。“当然，”她说道，“事实上，我丈夫和我每次都会为由谁带着孩子们来这里而争吵呢。”吃惊之余，我问她为什么会这样。“天啊，”她说，“我可以一边坐在这儿看电影，一边小口喝着你们这里的卡布奇诺咖啡，而我的孩子们可以在那么干净的地板上玩玩具。”皮特佩服得五体投地。后来我听说，他和每一个合作过的轮胎经销商都会讲到这件事。

这也是为什么聪明的公司不会将太多的时间关注于如何能让不高兴的客户变得高兴，而是更关注如何将满意的客户转变为“排名评比”的宣传者。这是什么意思呢？租一辆车（Rent-A-Car）——一家租车公司将自身超过竞争对手的实力归功于出色的雇员和客户的忠诚，该公司在客户租车时请他们为租车过程打分（从1到5）。公司会根据在服务问卷调查表中选择——“完全满意”的客户的人数来对自己的工作予以评级。行业标准支持企业的理念——即仅有“满意”是不够用的。大约有35%的“满意”客户会成为回头客。还不错。但是会有足足80%的回答“完全满意”的客户会成为回头客。

拉来新客户。一方面，不要只是让客户感到满意，应该让他们大吃一惊。铺好红毯，客人们会向自己的亲朋好友极力称赞你的。之后他们还会将那些新客户推荐到你的门店或是网站——你不需要支付任何费用。可以预料到，一位已经被你们所倾倒的客户把你推荐给其他两三个人。另一方面，如果一位客人经历了一次与店内员工的激烈冲突后，他也会极力反对甚至破坏自己的亲朋好友以及这些亲朋好友的亲朋好友再来光顾你们公司。此时你可以预料到的是，这样一位火冒三丈的客户会向 3 ~ 8 人抱怨在你店里的遭遇。每当一个客户有一次不是那么舒心的经历，重要的口口相传——免费广告——就这样被挥霍掉了。

这样做很对。回到 1986 年，双子城的一家美容美发会所的老板大卫・瓦格纳吃惊地注意到，一位只是平时定期光顾这里的女士，居然在距上次光顾仅两周后又不期而至了。她想让大卫为她的头发定型，不必修剪，大卫因此认为她可能是有一个重要的社交活动要参加。幸运的是，大卫的店正在营业。“我当时心情大好，而且确实是在营业时间，”他回忆道：“我为她洗了头，做了一次很好的头部按摩，然后为她的头发定了型。我们开心地笑着，彼此说着笑话，真的非常愉快。当她准备离开时，她给了我一个大大的拥抱，好像比平时拥抱的时间长了一些。”两天之后，大卫收到了一封那位女士寄来的信，他读着读着，脸上的表情逐渐凝固住了。她在信中解释道，她本来计划要在那天自杀的，来大卫的美容院做头发，就是为了给自己的葬礼留下一个美好的妆容。而她在美容院里和大卫的交流过程使她改变了主意，大卫让她意识到人生是值得活下去的。她回到家，就自己的自杀想法向修女忏悔了，并且同意去医院做检查。

大卫感到了极大的震撼。“如果你把我的一百名客户排成队，让我选出谁正在考虑想要结束自己的生命，她应该会排在最后。”他说，“她是一位爱交际、合群、性格开朗、成功的女士，我完全不知道那时她的心境竟然如此黯淡。”大卫很庆幸，自己当时根据经验给予了区别对待，表现得很谦恭。“我曾扪心自问，假若她来的那天我刚好心烦意乱或心不在焉，对她也只是敷衍了事，那会发生什么事？”他说。这件大事在那天改变了他。大卫开始感觉到了一种极强烈的责任感。他甚至很想知道，每天 15 个客人中会有多少个正深陷危机之中，渴望得到更多的关爱以及特殊的关注。“我当时就下定决心，要像对待我的那位有自杀倾向的客人那样对待每一位顾客。”他说道。大卫遵守着自己的诺言，并写了一本畅销书——《当一个悦日人：如何仅仅通过为他人制造快乐就可改变世界》。他这样定义“悦日工作”——全身心关心他人、富有同情心地去生活才能够真正激励别人也能更好地生活。他也将“悦日工作”作为一个正式的“崇高目标”向自己的 400 名员工提出了要求。

以下是赢得客户绝对忠诚度的 6 种方法。

聘用到适合此工作的人员并为其提供良好的培训。我们教给招聘工作的负责人如何能够找到那些乐于助人的申请者。但这是个开始。好的员工总是需要培训和激励的。我们为新员工举办了为期一周的入职培训。其间除了其他事项，我重点阐明了我们的目标——“要将我们体贴的、世界级的技术服务带给我们的客户、社区以及我们彼此。”不计其数的会议、交谈、培训课程以及厚厚的员工手册，都是教给员工们应该如何对待我们的客人（我们称之为“客人”以此来强调这是可以使人们在优秀的酒店里才享受得到的服务）。你不能指望仅仅通过几次鼓舞士气的讲话、内部通知以及几次会议就能树立那种乐于助人的服务意识。这个过程还有很长的路要走，通过多年如一日的言行来做好这个工作吧。

善待员工。如果你忽略了你的员工而只是关注于如何才能取悦顾客，那你最终面对的只会是不高兴的顾客。好好想想吧，伙计。你真的指望那些未获公司赏识的员工能够用热情的笑脸真诚地欢迎每一位顾客，并让所有顾客都会对公司留下好印象吗？应该尊重你的员工，真正地去关心员工的福利和健康，将他们也视为顾客，对他们的一些抱怨作出回应。最终，他们会用令人感动的忠诚以及高标准的技术服务工作质量来回报你的。

设立明确的政策。不论员工是多么发自内心的殷勤体贴、热情开朗，客户服务都应像是政治演说一样有其固定的脚本。即兴发挥只能听天由命、顺其自然——即使是艺术大师也还是需要乐谱的。在我们的工作中，以下的几项指导方针对于“客服工作三阶段”来说是至关重要的。

- **初次交流。**员工应该用 WHENS（欢迎，握手，眼神的交流，报出顾客的姓名以及微笑）来欢迎顾客的光临。我们为顾客准备了一系列的问题以确定他们的需求。如果情况基本吻合，销售员就会和顾客一起走到外面检查轮胎的胎面情况。销售员会提出一个解决方案，并填写一份工作单，请顾客在其车子修好之前可以在我们的休息室里休息。员工在接电话时也要依照我在 20 世纪 80 年代建立的一套规范化问答模式来处理问题。例如：“这是驰加的美好一天。您好，我是吉姆。需要我为您效劳吗？”
- **保修服务。**销售员们应该学着喜欢那些返修的、虽然没有为公司营业额作出贡献的顾客们，因为我们可以将他们视为新客户。原因是显而易见的——顾客们需要的服务是长久且稳定而非只是为了尝鲜。这就体现出悉心服务的价值了。我们特意建立了一套规则流程以便能够应对每一次突发情况——弥补维修过程中的不足之处，更换有缺陷的质保零部件，提供已经预付款的维修服务。
- **顾客投诉。**我们欢迎投诉。不，我是认真的。这些可是能够体现出我们关心顾客的机会。我们不用“投诉”这个词而是用“顾客的机会”来代替。据说，对人性价值的衡量就是通过在身处逆境时的抗争才得到体现的。我想这也同样适用于衡量公司的价值。各个层次的员工都需要尽全力来满足那些不太满意的顾客的要求。即使是一点点情况，也要假定顾客是对的。有用吗？当然。就如同断骨接好了就会比原来更结实一样。经常会出现这样的情况，我们安抚好一位心烦意乱的顾客要比仅仅干净利落地解决问题更能得到高分。

看看一些对此毫不在意的人是如何处理投诉的吧。我嫂子柏姆是一家位于肯塔基州莱克星顿的干洗店的15年的老主顾。有一天，帕姆回去找这家干洗店投诉，抱怨他们把一条裤子洗得缩水了。那位店主却反驳认为这不是她的错，并暗示可能是另一家干洗店给洗坏了。她拒绝就此解决问题。帕姆深感受辱，从此再也没有去过那家干洗店。不愿意花上30块钱来解决问题，干洗店失去的是一位终身客户的上百次的光顾了。

聪明的老板通常会通过利用以下这5项关键措施来处理客户投诉。

- **层层重视**。如果客户是打电话来投诉，她会希望对面是一个活生生的人还是一台机器呢？电话语音接线生当然是既方便又省钱，但也会使客户火上浇油，血压上升。如果和她通话的是一个人，那个人会帮助她吗？或者，她会陷入一个令她抓狂发怒的电话迷宫吗？如果有人来投诉，会有负责人在岗吗？
- **倾听问题并确认问题**。一位深感委屈的顾客可能会对你大发牢骚，那是因为在他看来没人在乎他，因此他会非常生气。所以，先不必说解决方案会如何，有很多顾客认为如果此时有人只是愿意听他们发发牢骚，他们也会满意而去的。
- **道歉**。仅仅3个字就能解决绝大多数客户的抵触情绪：对不起。但是，如果是一次被迫的道歉，那只会使事情变得更糟。如果不是发自内心的真诚道歉，顾客是绝不会再回来——苛刻地批评你是因为他还是你的客户。我们进行过此类情况的角色练习，就是为了能让员工们更好地了解实际工作中可能出现的状况。员工们在其搭档认为他们的道歉是发自内心的之前，他们会一直练习如何道歉（意外收获：员工们告诉我，当他们向怒气冲冲的配偶道歉时，这样的练习经历也可以大有裨益）。
- **处理投诉的时间**。处理投诉的持续时间越长，顾客就会越失望。
- **处理投诉的工作过程**。在确认了投诉内容并进行了简短重述以及郑重道歉之后，我们要为顾客提供专门的解决方案。如果仍不被对方所接受，那就应该问顾客希望我们怎么做。我们几乎可以答应所有的要求。只有当你认识到一位终身客户的价值所在，你才是聪明的企业家。正如我们的员工手册中所说，即使在不值得的客人身上犯了十次错，也好过错待了哪怕只是一位值得的客人。数字是不会说谎的。不遗余力地满足这些客户的要求的成本对比于今后他们的一生的购买力，我们所获得的利益是显而易见的。这是绝对有可能的事情。更重要的是，这是对自己所确立的服务承诺的遵守。

收集反馈意见并根据其来提高工作效率。开辟尽可能多的批评及建议的渠道。如果不知道客户是怎么想的，你根本无法取得进步。对于一家企业来说，这些渠道可以是意见卡或是服务跟进电话，也可以是开通的一个博客。专门为某一类客户开辟一条投诉热线。有些公司会设有一个对外机构，来进行一些客户满意度调查，比如驰加就会定期这么做。我们也会签约一家从事“神秘顾客招募”的机构——通过店内暗访以及电话互动——以此来得到一种针对公司质量控制工作的公正客观、深入细致的评判。

当然，如果没有任何行动，收集信息根本是毫无意义。我们随时随地都会根据顾客的反馈来调整店内经营策略。顾客对一位员工的所有批评都会被发至其经理的收件箱中（并抄送至其大区经理处），这样经理可以通过指导犯错员工令其改过自新。若有可能，我们可以告知顾客我们的改正情况——并且询问顾客我们还能做什么才能够把他们请回来。如果他们仍然认为我们的工作于事无补，我们可以告诉顾客，我们很理解，因为毕竟是自己违背了服务承诺。但依然要告诉顾客，希望他们在新服务商处可以得到更好的服务，毕竟那里有他们想要的服务。我们的善意会感动一些人并让他们回心转意。但这并不是真正的原因，而仅仅是礼节性的行为。

考核及奖励措施。我们有一套被称为‘GEI”（热情对待顾客指数）的客户满意度评分标准。将其按一套整体标准应用于各地分店以及总公司，它可计算出将我们公司推荐给亲朋好友的顾客的百分比。低于平均数的分店要接受额外的培训指导。将 GEI 提高一个百分点都会付出很多的努力。达瑞尔·布鲁姆伯格是我们的热情对待顾客部门的全职总监（这可不是一个玩笑性质的职位），他带领手下花了两年半的时间才将 GEI 从 92 提高至 98.2。每个人都明白每一次微笑都会带来得分——他们的津贴有一部分是基于各分店、分区、大区以及公司范围内的 GEI 的综合值而得到的。

别忘记还有一些非物质奖励，比如公开地自我肯定。在整整一年的时间里，我们收到了大量的由顾客主动发出的表扬员工特别乐于助人的感谢信。我们把这些员工的名字打印在了年终节日聚会的节目表中，并将这些感谢信放在节目表的显著位置。在整场派对中，这些客服工作的明星职员享受着他们受之无愧的喝彩和掌声。

坚持走自己的路。有很多企业老总都会对自己的客服工作做些毫无诚意的空头保证。而你会是那些人中的一员吗？当听到客户投诉时，你会摇摇头，嘲笑那些啰唆的顾客。或者，你会敦促员工通过观察顾客的眼神来判断整体情况，判断应采取何种措施来取悦顾客吗？你会大喊："你不记得 WHAT 了吗？"又或者，你会说，"这都是为你好，要记得我们的价值观，不要做错事"这样的话吗？再出色的客服工作如果没有人们全身心的支持，也是不可能维持长久的。如果我们的员工无法达到自己所承诺的客服工作水平，我也会大发雷霆。我们的顾客和我们的员工都知道这绝不只是一句空喊的口号而已。

CHAPTER 54

第 54 章 财务、会计和信息技术

当然不只是计算

当吉姆·贝米斯在 1993 年作为首席财务官（CFO）加入我们公司时，我们背负着几十万美元的债务。当时由于我们手中没有足够现金流，所以根本无法给供应商签支票。在过去的一年里，我们仅在双子城新开了两家店，在新开辟出的市场——爱荷华州的得梅因新开了 5 家店，这其中还有两家店的经营状况十分低迷，吉姆主张关掉这两家店。最终我们达成了一致：在短期内，只将店面开在双子城，毕竟在这里我们的品牌还是很深入人心的。果然，每一家在此地新开的店很快就开始赢利了。在吉姆加盟公司 8 个月后，现金流就实现正常，可以签出支票了。

吉姆在财务方面的领导作用是至关重要的。我非常高兴地看到吉姆整理好了公司所有的账目，并在月末后不久就开始制作公司业务的损益表了，我们的审计师在第一次看到损益表时都给我们评了很高的分数。但遗憾的是，有很多企业的老板只将这些“统计员”视为收拾烂摊子的书呆子而已。这一点也不奇怪，由于绝大多数的企业家是出身于市场或具有产品研发背景（我的公司也位列其中）。如果在我职场生涯的开始阶段，我就能够读到这一章的内容，那时的我也就不会只是凭直觉做事，也可以少走许多弯路了。

找到一位优秀的首席财务官（CFO）

财会人员都是公司的守护者。他们保护着公司的财产并确保所收集、分析以及传递的信息都是准确无误的。没有他们，你可能根本无法避免一些错误决定或是针对公司的偷盗、挪用行为。也可以说，你聘用的可不只是一个支票簿持有人或是历史记录员。首席财务官隶属于执行团队。优秀的 CFO 就是信息枢纽，他们可以为团队其他人员能够高效地管理各部门提供自己所擅长的财物手段。

优秀的 CFO 应向执行团队成员提供每月一次的数据分析和演示——包括每个月末后 5 ～ 10 天内的损益报告。他们会对其他部门代表提出质询——市场推广方面的费用超支，门市部门库存情况周转过慢，等等。我十分钦佩戴夫·克利夫兰说过的一句话："如果我发现有哪位企业家给他的 CFO 支付的薪水比自己的还多，我会毫不犹豫地给他提供贷款。"

不论你对财务工作的态度如何，但一定要注意千万不要放弃自己对财务工作的责任和权利。在我的前任 CFO 有好几次都无法做出及时准确的财务报告并对报告予以确认之后，我质问我的会计审计公司为何没能对这位 CFO 的劣迹提出警告。从那时起我才真正意识到会计审计公司对 CFO 的忠诚度已经使其所秉持的客观公正性扭曲了（毕竟是这位 CFO 选择了这家公司）。我对这段合作关系做了了断；我选了一家新的会计审计公司。从一开始，我就向这些新加入的审计公司人员明确表达出我的观点，即他们须向我——公司的主席及首席执行官——负责。我也会按时间安排定期与这家审计公司的负责人进行面谈。总之，要了解整体工作流程并予以掌控。

每一位 CFO 的存在就是为了执行成本控制。不论你的公司制定何种定价政策，削减成本是一项要持续进行的工作。瑞安航空是一家总部位于爱尔兰的经济型航空公司（经济型航班彻底改变了欧洲飞行业），它是一家既能够降低成本又能够提高利润的极其成功的典范公司。瑞安航空的领导人迈克尔·奥莱利在1991年参观了西北航空公司位于达拉斯的总部之后，就明确了成本控制的重要性。他的座右铭是：省一分就是挣一分。和西北航空一样，瑞安航空只执行对一些小型机场之间的直飞航线，并且通过只使用一种机型来控制航班的维护费用。

奥莱利还废除了机位预定政策、旅行社佣金制以及飞行里程积分制。他甚至还要取消座椅靠背上的口袋以提高飞机保洁速度。这些政策都很有效果。瑞安航空的平均票价较其最强劲的竞争对手要便宜50%。奥莱利甚至还想将票价降至更低，各种手段无所不用其极。他希望有一天可以赠送——是的，赠送机票，但是公司的营业额要从其他方面诸如食物、饮料等处挣回来。通过压低成本，奥莱利将公司越做越好——当然他绝对不是那种仅凭冲动做事的企业家。

你总是认为自己太胖需要减肥，却不管实际情况是你其实很苗条。应该和你的管理团队坐下来一起讨论损益报表中有关支出费用的部分。逐行逐句地看，并提出若干问题：客户体验部分是否有增值？如果有，能否通过产品和服务的定价对总费用予以弥补？如果答案是“不能”，那就丢掉它。

这里还有几项“瘦身方法”：

- 假设你给每件事从聘请会计审计公司到圆珠笔的广告公关工作花的钱都花多了（见第50章中的“采购小提示”部分）；
- 希望员工们都能杜绝属于浪费性质的花费（我们的利润创收团队包括了各个部门的各级员工）；
- 淘汰表现不佳者；
- 按部门计算各自的成本；
- 促进库存并提高生产效能；
- 重新测定补偿等级以此来反映出市场条件以及组织价值。

制定预算

有一次，一位顾问告诉我，他的某位客户的月度报告总能显示出该客户的运营一直都能满足预算要求。这让我这位顾问朋友百思不得其解，因为当时这家公司看不出具有增长的动力。他最后发现，该客户无论其商务状况如何，其时刻在更新预算。这个顾问给出的建议：一旦做出年度预算，就不要轻易变更（这其中当然会存在一些主要错误）。只有这样，审计人员才能根据你的预算公正客观、不留情面地评估你的业务表现。如果摆上一大堆数字，搞乱了原来的预算，你就会对自己是否完成了年初制定的目标毫无头绪（同时，预测当然也应定期更新——根据实际情况相应地调整费用——以反映实际工作成果）。公司预算所产生的影响会渗透到公司文化的各个方面。最终，完成工作目标，团队精神得以升华。抛弃错误理解以及错误预算，但要保有士气。

一份预算是将你的战略计划转化为各种数字的体现。其他人通过财政因素这个视角来观察你的战略计划正是通过观看预算制定过程开始的。通过描绘出 3 个场景：上升趋势，平稳趋势，下降趋势，预算的制定应保守一些，但可以考虑得乐观一些。为什么？我们假设，在年初你投入大量资金用以进行雄心勃勃的新产品推出计划。但 6 个月后，投入的资金用尽且销量正在枯竭。这真是个令人惊慌的时刻。你需要竭尽全力地拯救公司的业务，不只是为了这个财年，而是为了永远。在你制订财务计划的过程中，如果你设想过最坏情况并能计算好具体数字，你就会做出更为保守的决定。制定预算就是为了强迫你给自己出几个难题：我需要多少周转资金？我的劳动成本又需要多少钱？如果我的产能增加而营业额却无变化，我又该怎么办？

以下几点是制定预算的注意事项。

- 在制订战略性计划（见第23章）的过程中，应使各级管理都参与其中，为买进做好基础工作的准备。
- 应使各部门经理——不仅是会计部门——都参与到预算制定工作中。每个人都要计算自己的预期值，计划执行者应予以协助。个人提示：每个参与制订计划者都有可能因为纠结于对自己权限的极力维护以及为使自己的利益最大化而提供并不属实的数据。
- 编制预算的工作应在11月上旬开始（或是本财年结束前8周）。因为此时，你的战略计划目标已经制定完成，诸如制定财务模式以及累加上一年度的数据等的准备工作也已完毕。
- 制定下一年度的数据应从零开始。因为我们不能认定上年度的数据总能维持。分析上一年业务的成因并分析可能会产生的变化。然后再从头重新计算本年度的数据。
- 预算中各处细节部分应详细计算。这是一项艰苦的工作，但如果不做，你就会无法对可能产生的费用作出判断，每一次得出的数据都会有误。
- 特别小心。预估年营业额时要低一些，而成本支出则要高一些（但也不可过高，这是因为人们通常是会按预算花钱）。
- 如果你向银行提交一份较低预期的较为保守的预算计划，那也没问题。比如，如果你的预算中所设定的销售增长率为8%，而提交给银行的计划中该数字为2%；那么即使最后的销售数据无法达到内部计划设定的目标，你也仍可以达到银行计划中设定的数据目标；更重要的是，你仍会有机会可以满足与银行订立的契约要求。不论你的企业支持者都有谁（银行、分析家、董事会），你都绝不可在运用UPOD策略（超水平发挥）方面出现任何问题。
- 如果你发现计划中存在明显的错误，就应迅速修改预算计划——并应就所有的更改与银行进行沟通。进行修改并报告修改工作总好过未做任何修改但最后才发现无法达到预测目标。

掌控测评系统

如果现在你是坐在司机的座位上，你的双眼应紧盯仪表盘。每家企业都应按天、按月、按年度对各类测评数据进行追踪——如应收账款、应付款项、毛利润和净利润、销售额、平均销售额以及库存。聪明的企业家应坚持本行业所特有的实时测评系统。例如，以下为3项重要的生产制造测评标准。

废品率。废品率的大小至关重要。所有那些浪费的材料会提醒你，某些客户的订单可能已经耽误了。还会有某些人着急到直跺脚想找到原因。有可能是一台机器坏了。也有可能是工人拿错了订单并按拿错的订单生产了。不管是什么原因，若你忽视废品率，质量问题就会在你未加检查时悄悄出现了——直到你接到了一个极不满意的客户打来的投诉电话你才会注意到。

库存积压。保持订单在企业内部能够正常流转至关重要。过多地停工检修简直是对利润的谋杀（你的CFO应及时检查如何来评估这个测评系统）。销售部门和生产部门应协调配合，能够交错安排开所有订单，这样可以使生产工作不间断地持续进行——如果每位客户都得到可以在次日交货的承诺，你的公司最好能有更大、运转更为通畅的库房。

生产设备利用率。没有哪个测评指标能够比生产设备利用率这个指标更能有效提醒人们注意“危险信号”。很多的企业家都非常依赖生产设备。我认识的一位企业老总不得不让其最新购进的设备每天只用20%的运转率。无所事事的员工任凭时间流逝，大把的金钱——固定资本费用、资产折旧、保险费以及员工工资——都被毫不在意地挥霍掉了。

数字本身就是个故事，但也不必太过于纠缠其中。企业家们经常是被研究过度的分析材料——抑或是错误信息——所麻痹。他们会拿出各类电子数据表格但却无法得到客户及产品的利润。自问一下，如果我每天只能得到8条公司信息，都会是什么信息？为什么？

仅凭直觉做事的人通常会忽略最明显、最重要的测评手段——现金流。1989年的一天，我的首席财务官告诉我，我们的财政状况出现了危机，这时我才发现现金流危机来得是如此悄无声息。财务报告可能会使你确信你马上就可以大赚一笔了，但紧接着，下一件事就是你无力偿付工人的工资了。3个最主要的原因就是到期未付的应收账款，周转十分缓慢的库存状况以及增长速度太过迅猛。所有的公司，特别是年轻的小公司必须通过每天、每月、每年预测自己的现金余额来密切关注现金流的状况———旦有问题出现就应迅速采取行动补救。

对应收账款的管理

在20世纪的90年代中期，一个亚利桑那的批发商客户曾经把我们像傻瓜一样耍了。他们经过稳定发展终于成为我们的最大客户之一，付款状况一直都很顺利。于是他们很自然地向我们发出一份已经超出其授信额度的巨额订单。无法付款的危险信号终于出现了，于是他们向我们求助。由于他们的销售情况以及付款记录一直都良好，我们决定为他们破一次例。你知道结果怎样了吗？我们被迫吞下了损失50万美元的苦果。这就是我得到的教训。我的态度很简单。你不只要付款，还要及时付款。为能够对应收账款进行最优化管理，应有以下几点注意事项。

一切以书面文件为准。通过应用信贷申请记载双方都同意的付款条件——到期日、账户金额。一切文件及手续的办理都应一丝不苟——这样你也就不必在关键时刻要求老天保佑你渡过难关了。

了解客户的情况。不要仅仅依赖于信贷报告中显示的有关商业账目的信息——这一类信息起码都是两年前的了。应该通过电话查询以及一些参考资料来查看客户的付款历史记录。

建立良好的个人关系。这一点并非总是有用，但是它确实是有助于你及时了解到付款状况。

远离那些大额的可疑订单。如果你无法确信某位客户能够或者愿意准时付款——而且订单又太过巨大以致无法筹措到足够资金——那就不要接受这份订单。

条件允许的话使用留置权。如果你想变卖一些资产或设备，应确保自己拥有相应的留置权。举例来说，如果你是要变卖库存，你的银行会针对要变卖的资产帮你出具留置权证明文件。一份留置权证明文件会是你最好的朋友（为什么你会认为银行就会扮演拿钱的角色）。

应对逾期付款的客户严格对待。只要满足付款协议的条件（我们公司的该条件是到期日之后的 5 ~ 10 天）了，就应和客户取得联系。如果一直等到 90 天的账期即将到期再联系客户，那就太晚了。在客户再次出现之前，所有交易一律采取货到付款的方式。无一例外，不管客户是谁，又或者你们的关系有多铁。如果疏于对客户付款状况的管理，情况将会变得不可收拾。最终两家公司都会陷入危机。

建立电话联系机制。打给逾期未付款客户的第一个电话一般都是先要确立好关系的电话："我打电话来只是想确认一下，您是否收到发票了？"第二个电话就应该是解决问题的电话了："我想确认一下，我们为何仍旧没有收到贵方的付款？"如果此时对方出现停顿，先不要出声，要一直等着客户的回答。接下来的电话所采用的语气就可以是坚决的、客观公正的、职业的。

指导员工们如何处理客户关系。针对公司的应收账款政策以及流程，指导员工（特别是销售人员）应如何处理。给他们看清晰的、易于理解的欠数分析报告。有关账户关系的决定应该由那些真正掌握着客户关系的人来做出。毕竟，他们才是最终结果的既得获利者。也就是说，关于在途信贷的最终决定权是由信贷经理做出的。

应定期与你的银行信贷专员会面。一月至少应有一次会面，回顾所有账目情况。所有流程都应确保通畅顺利——电话联系，逾期催款通知，下达最后通知信，交由催款公司处理，走法律程序处理——以便解决逾期付款问题。

如何处理海外客户呢？事先一定要有充足的资源应对，特别是如果你与该客户素未谋面且无法得到其信用资料的情况尤应慎重。我的一位做进出口贸易的老朋友斯基普·萨勒尔有一次给意大利方面发出一船轮胎。但该客户却根本没有安排接收这批货。斯基普觉得一定是外星人把它劫走了。由于运费以及税费实在太高而根本无法将这批货运回。无奈之下，斯基普只得四处求助，最终降价卖给了另一个意大利买家。所以说，当你决定和一位外国客户签订付款协议时，必须将以下 3 项主要风险考虑在内。

国家风险。在你决定签下一份海外合同之前，一定要参考一些相关信息，诸如邓白氏商业资料公司、维尔软件公司以及世界银行等机构所汇总的一些国家风险排名。比如说，如果是将货物运往黎巴嫩？那就祝你好运能拿到货款。国内问题也会使该国货币走弱，因此一些政府通常是会限制硬通货的离岸，因为这样会使通货膨胀率、利率以及本国货币兑美元的汇率都走高。虽然这并不是说你无法撬出美元，但你需要的实在是一个超大的杠杆。

货币风险。如果你同意以外国货币支付货款，那你就必须通过在合同中明确规定一个最低的货币换算率，以保护自己不会因货币水平波动而遭受损失（别忘记还要将换算手续费也包括在内）。这种事情不是没发生过：从合同成交之日到货物托收日，汇率居然直线跌落了 50%。

付款风险。国际贸易的基本原则是什么？了解你的买家。每一单生意都是从将货物按美元定价以及要求对方预付款开始的（确信你的银行可以从事国际电汇）。当然，这确实是一项较为苛刻的要求，而且在短期内营业额会有些损失。但是，失去几个一次性买家总好过使自己不得不面对灾难性风险吧。你可以事先告诉你的贸易伙伴，既然你们的关系已经很成熟，那么你们可以探讨采用更公平、合理的方法来分担彼此的风险。付款方式可以适时地从预付款过渡到信用证，之后再过渡到跟单托收（跟单托收较之于信用证要更为麻烦一些）。在建立了稳固的贸易关系之后，双方就可以采用较为宽松的付款条件了。

与你的银行经理建立紧密联系

银行其实是你的搭档而非你的对手。通过早期的经常性沟通，让你的银行经理站在你这一边。习惯性地与你一起查阅公司每月的财务报表——如果你将他们视为自己管理团队的一分子，他们是很乐于接受的。特别是在即将出现坏消息时，这一点尤其重要。这是人的天性——如果在预期收入和实际收入之间出现较为明显的负面差异时，没有人会愿意让自己的银行经理知道。一些公司主管通过自己的努力，尽量悄无声息地扭转了局面。但是，一个月过去了，两个月过去了，情况变得越来越糟了，贷款契约接二连三地出现问题。直到此时，这些企业高管们才惊慌失措地通知他们的银行经理，但是谁也不会希望自己是最后一个知道的人。其实你应该事先就把所有情况都讲清楚："我想我应该提前通知你。我们刚刚计算过，由于天气原因，我们将肯定无法完成 11 月份的销售额了。"很有可能的是，在此之前，这个银行经理决定要取消与公司的贷款契约。他也是人——除非万不得已，他也不想得知实情后带着这个坏消息去贷款委员会那里。只有通过对贷款契约做出承诺——流动比率、资本充足率、负债与权益比率以及利息偿付比率——你知道你可以做到的，才可避免出现上述情景（顺便说一句，主动地与银行经理讨论这几项契约条款，才能赢得他的尊重）。

你所能做得最明智的一件事就是请贷款人吃饭。这也是为了能够结识银行中的3个关键人物做好准备工作：你的业务合作经理（典型的、有前途的新人）、他的老板或者他老板的老板（这可是目前与那位传说中灰白头发的银行家最为接近的人物了）；同时，也是最为重要的是，正是他掌控着贷款委员会。你的工作可以这样安排。你的业务合作经理去见他的老板。由他们决定是否延长你的授信期限或是修改你的贷款契约。在做完信用分析、审阅信用申请并完成相应的报告，该报告就会被提交至贷款委员会，最后就会由贷款委员会来决定你的命运了。信用委员会主席的工作是非常乏味枯燥的——他需要在办公桌旁花上一整天的时间来研究分析财务信息而无法抽身。他最大的秘密是从未被人邀请过吃午餐。他根本不知道是哪一家公司在排队等着信用申请能够获批。所以，当你的业务合作经理把你介绍给他的老板时，你就可以邀请老板——以及信用主管——到你的公司参观并共进午餐。他们会非常开心能够有这样一段时间逃离地牢一般的办公室。信用主管也可以借此机会对你公司的业务有一个极好地深入了解。当你的贷款申请又要被拿出来审阅或是你有可能会被迫面对一份契约弃权书时，这两个关键人物可以使整件事的进程产生巨大的变化。但是如果你一直等着暴风骤雨来临再做行动就会太晚了。马上就见面会谈，此时即可拨云见日。

有效管理业务增长并为其提供资金上的支持

企业很像是鲨鱼——它们必须不断进步创新才能够生存下来。有时候这就意味着开新店、开新厂以及在各地新设分支机构。而对于其他企业来说，这意味着要向现有客户卖出更多产品、研发新产品或是提高销售额。即使你安于现状，满足于小规模经营，但是原地踏步总不是个办法。成本增加，行业竞争一直是暗流涌动。除非你向前发展——在不断扩展的收益基础上投入不断上升的成本——你将逐渐在市场上站稳脚跟。

还有，增长可是永远也不会满足的，对各方面的要求都很严苛——不止是资金方面，还有对于人力以及其他方面的要求。如果只关注增长、增长、增长，而不去关注日常之必需，则可能会使经营理念、维持基本运行的收入受到不利影响。

也可采用另一种手段，找一位可以代替顾问团的外部人士向你提一些较为难以回答的基本问题。以我曾经为其提供过咨询的一位零售商为例。我问了他 5 个问题，全部都是有关其计划将他的企业分拆为 3 个分支企业的问题。第一，“你的公司运转得是否正常？”我问道。在你设计完善整套流程并尽量使其无懈可击之前，我会说，运营 3 个分支机构会耗去你 10 倍的精力。第二，我问道：“你的产品报价是否独具特色，还是只是因为你足够幸运？”如果是后者，我会说，那就不要指望你能够复制到第一家企业的成功。第三，“你是否有文档齐全的、有标准格式的计划书可供下一级别的主管人员照此执行？”你根本无法同时出现在 2 ~ 3 处不同地点指导工作。第四，“你打算如何扩张呢？”它实际上被简化为两个选择：公司自己经营的连锁店，或是特许经营连锁店。第五，“你有足够的财力和意志力能够助你挺过严酷的扩张大潮或是系统故障吗？”如果你把自己的注意力都集中到开新店上，你的原厂店的经营就会因此而受损。我提出的每一个问题都令他倍感困惑。当我建议他在自己能够针对这 5 个问题给出令人满意的答案之前，应暂时搁置其庞大的业务扩张计划，他没有拒绝。

留存收益对于企业的业务扩张来说显然是至关重要的。由于缺乏有效收入和借贷能力，因此募集资金对于企业来说也是一个选择。但此时所面临的风险是需要变卖公司股本，而有很多企业家正是通过变卖公司股份来筹集资金致使自己失去了对公司的控制权。我认识的一位 CEO 曾经持有公司超过一半的股权，但正是由于雄心勃勃的业务扩张计划在其心中的地位早已超过其他，最终迫使他不断通过贱卖公司股票来筹集资金，到最后他的股份锐减到只有 5%。

如果能够勤勉尽责、谨慎处理工作，也可以避免这种相互矛盾的以消亡换取增长的噩梦变成现实。在动员起全部力量——人力、设备、库存、固定资产——之前还应先对年营业额以及支持费用进行详细计算以确定企业目前的经营状况是否能够承受得起该业务的扩张计划。一些较为复杂的业务以及私募基金交易会使基于折现现金率和内部收益率的资金投入方式受到其资金额度的影响。这些计算可以用来回答以下两个主要问题。

- 你的投资最快需要多长时间才能做到收支相抵？才可以回报股东？
- 投资回报会如何？

确定这些数字是要冒着极有可能被投资人放弃的风险的。但是对这些数字熟视无睹而只是凭一时冲动做事只会招致更大的灾难。意气用事者并不看重那些“细枝末节”——设备、店面、销售人员——但正是这些“细枝末节”必须迅速达到可以生产自给（贷款偿付）以及获取利润（投资收益率），而所有这些都是要依据准确的财务目标的制定得以落实。

对于赢利情况最严峻的考验就是对资本支出情况的计算。一些学究可能会嘲笑我的计算方式过于简单化，但我所关心的是能够帮助那些善良的、努力工作的人们做出正确选择并挣到钱。你可按如下方法试做一下。用新增单位（比如一家新店）的预期现金流除以其成本（包括初期资本支出、库存、开张准备费用等）。再用所得结果除以投资年数。将计算出的总数转入一累积纳税基数——若你又有新增资本（比如说，设备），那就相应地增加分母部分。

举例来说，开一家新店的成本为 10 万美元，其第一年的未计利息、税项、折旧及摊销前赢利（EBITDA）为 1 万美元，仍处于困境。其资本支出情况的计算应为：–$10000/$100000=0.10/1 年 =–0.10（投资收益率为 –10%）。

现在，假定第二年的未计利息、税项、折旧及摊销前赢利（EBITDA）为 6 万美元，则累积的 EBITDA 就为 5 万美元（–$10000+$60000）。则新的资本支出情况的计算为：$50000/$100000=0.50/2 年 =0.25（投资收益率为 25%）。

这真是个大问题：你何时要重新考虑投资情况？答案也很简单：如

果你无法在3年后（33%的投资收益率）或是4年后（25%的投资收益率）把钱装进股东的口袋里时，一切都结束了。一套设备通常可在不到一年的时间里偿清自身费用——拥有超过100%的投资收益率。我曾经见证过一家全国性的健身连锁机构，尽管其能够使几十家新店同时开张，但却在基础工作中出现失误。当每家店都已赢利时，总公司却花上超过7年的时间通过其业务收入才收回初期投资。但是由于健身中心客流量巨大，以至于每7年就需要对设备进行更新换代，健身中心老板不得不在其开始赢利之前不停地追加投入资金。这就像是西西弗斯和他的那块巨石一样。当西西弗斯每次把巨石推到山顶之后，巨石又会再次滚落下来。

充分利用现有产品可能只是业务增长的一种方式。很多小公司则经常是通过采用与稍大一些的公司——这些公司正急于获得具有突破性的概念和技术——结盟的方式进入一些新兴市场。这也是位于圣迭戈的米切尔国际公司——这家公司是可以提供各类车险以及为车身刮蹭、损耗修补服务提供电子商务解决方案的三大供应商之一——为何会选择APU Solutions这样一家位于中西部的小型公司进行合作的原因，因为这家公司可以提供针对汽车零部件的实时网上交易的解决方案。APU（提示：意为由我做主零配件）公司利用自己的实时估算软件来换取进入米切尔公司的更完善的基础设施以及客户资料的通行证。大卫和歌利亚的结盟是双赢的。歌利亚们有了游戏交换的想法、技术和产品，而大卫们则赢得了信誉、市场信息以及联网的机会。

通过企业间的兼并得到的业务增长则是另一种挑战。驰加开进堪萨斯城时，一举买下6家零售店并立即对其进行重新装修。两个月后，我们的商标挂好，店面开张营业。整个流程都是无缝过渡，这是因为顾客们都把原来的老环境当做是全新的店面了。同一年，我们又在奥马哈收获了12家店面。我至今仍对此迷惑不解：我当初为什么没有沿用在堪萨斯城所使用的手段。我们让这12家店仍沿用了原来的名字。我们过了数月后才对店面进行重新包装，我们又足足花了一整年的时间进行重新装修；同时，还要再花上一些时间替换掉那些并不符合我们的企业文化的员工。当我们发现销售目标仍然遥不可及时，这并不算是令人震惊的消息了。

如果你计划要并购其他公司时，你应该注意以下两点。

- 预计会出现的公司间的文化冲突。企业被并购会使员工被挤出原来的安乐窝，引爆一种天塌地陷的情感。他们害怕失去工作，害怕新老板毁掉原来的一切。补救方法：及早地、经常地、感同身受地与员工们进行沟通。
- 慎重权衡有机增长的利与弊。接收一家设备齐全的企业能够使你马上中途入市。但是有很多企业——特别是像百思买以及沃尔玛这样的大块头——都喜欢从零开始，白手起家。为什么？因为只有这样，对该行业实现完全控制才会更容易些，才能得到行业内的尊重，同时员工们也能得到方法正确的培训。

防损措施

就在我们聘请埃里克·兰达担任我们的防损部门负责人之前不久，他受人之托接手一桩“电脑失窃案”。一台数码相机以及其他几件价格昂贵的货品同时在公司办公室失窃了。他们肯定是趁公司下班之后行窃的小贼，于是埃里克调看了大厦入口处的监控录像查找线索。果然，一个来此工作不久的保洁工人当时当班。埃里克命令其助手在停车场进行监控。当嫌疑犯换班后出现时，被埃里克逮个正着。

要是抓坏人总这么容易该有多好。所有经营失败的企业，其中有30% 是由于出现了“家贼”。是的，你没看错，而且在一些人单力薄的小公司，这个百分比还要更高一些。美国商务部估计，有偷窃癖的员工每年从公司偷盗多达400亿美元的各类资产。抓住一些不诚实员工只是引以为戒，但节约成本真正有效的方法是防患于未然。应采取以下措施来保护你的公司。

取消一些候选职位。你肯定不会把自己的家门钥匙交给你根本不认识或是不信任的人，对于你公司的钥匙也一样。

申请表中的空白部分。这也许是有意为之。工作经验一栏中的空白，尽管可能无关痛痒，但也有可能表明该申请人在监狱里待过一段时间。

对申请人背景进行调查。与如若聘用了这些坏蛋而给公司造成的损失相比，这点调查工作的成本简直可以忽略不计。核实申请人的社保号大约需要10美元，查阅每个申请人其所在郡、州以及联邦的犯罪记录大约需20美元。每个人进行毒品测试需要40美元。最起码，应深入了解曾经与公司资产有过接触的申请人，从处理过各类产品的码头工人到拥有对银行账户签名授权的会计人员，无一例外。选择一位声名显赫的侦探也可以避免出现法律诉讼。

发布“道德伦理协议”。在面试过程（见第13章）中，向申请人强调你对于道德败坏行为的零容忍态度是一个好的开端。但并非所有人——特别是年轻一些的员工——知道应将界限划在哪里。所以有必要要求员工签署一份表格，该表格向他们解释有哪些行为会构成偷盗行为，以及为何他们在同事偷盗公司财产时不应熟视无睹。另外，毫无疑问会有一些监控措施能够找出公司的内贼，他们也会因此受到法律的严惩。

和员工说明偷盗行为会让他们丢掉工作。剽窃大量资料并不会伤害任何人——这听起来似乎合情合理。员工们可能也会认为他们只不过是在领取自己的“奖金”。利用一些备忘录、网上评论、小组会以及一对一会议——无论采取何种手段——让员工们相信这些小偷小摸行为最终会毁了他们自己。

查找危险信号。要将每一次现金流短缺、公司资产丢失或是库存减少都视作一次四级大火。越早进行排查才越有可能抓住嫌犯并使所受损失达到最小化。

摆脱诱惑。我提到过，奥斯卡·王尔德曾说过，除了诱惑他什么都能抵抗。请重视这句话，并使其成为制衡制度的一部分。公司支票上应有联署签名，不允许同一个人既审核发票又开发票。有时候，一些孤注一掷的情形会使原本正派的人变得失去理智、不可理喻，会让他们“借”那些在现实情况下根本不可能偿还的东西。所以，应该定期查阅公司的应付账款项目，每年都要带独立的审计机构到警察局报告一些公司内部的不正常行为。不要将重要的财务记录带离办公室，买一台碎纸机将一些不要的重要资料及时销毁。盗贼们遇到的障碍越多，他们越过第一道坎的可能性就越小。

加大对安保设备的投入。一套警报系统不仅只是要吓退坏人，其电子门禁密码还可以记录下有哪些人在昼夜不停地进出办公楼。要时不时地查阅系统生成日志并对进进出出的情况进行跟踪追查：“嗨，桑迪，你的工作一直是这么忙吗？忙到在凌晨 2:46 时还要进出办公楼吗？”后门在没有使用钥匙的情况下大开时警报应发出响声，而且办公楼的钥匙绝不应由任何人复制（有授权的锁匠除外）。另外，应使用透明的垃圾袋——暗箱交易的一个最常用的诡计就是将公司资产藏匿在垃圾袋中带出，之后沿原路返回再取回垃圾袋。

要给公司资产上保险。抓住盗贼并不意味着就能追回被偷的物品。诸如电子产品、电脑设备以及电力工具等较为受欢迎的产品很快就会被销赃。最好利用保险政策，可以因偷盗和欺诈行为导致的损失而获得赔偿。

避免零售损失。尽管你有好的产品、好的营销手段以及不错的经营场所，但是如果产品经常会不翼而飞而且现金和支票也没有入账，那你就只有等着关门了。根据由佛罗里达大学制作的最新《全国连锁行业安全状况调查》的资料，造成存货损耗的原因通常是以下几种情况：47% 是源于内部员工的偷窃行为；32% 是源于店内的扒手所致；15% 是源于商店管理上的疏漏；还有 6% 是源于供货方的偷盗行为（应将你的检查过程预先告知供货方）。别着急，还会有让你大吃一惊的新发现：平均一位不诚实店员给商店造成的损失就高达 1023 美元，而平均一个商店扒手则会给商店带来 128 美元的损失。其实，当商店扒手在店里肆意穿梭时，那些店员也恰好有机会下手行窃了。

那么，如何才能尽量避免这样的风险呢？

加入一个偷盗人员黑名单数据库。选择点公司（ChoicePoint）、通用信息服务公司以及美国调查服务公司是全美三家在此方面资料最全面的数据库供应商。这些数据库取之于零售商，用之于零售商，零售商们可共享涉及有偷盗、欺诈前科的商店扒手和前员工的所有相关信息。

查阅所有的退款及无效订单。蒙大拿木材商店的一位出纳员处理数百笔退款——其中有许多大额项目——居然用了 15 个月，盖伊・卡斯帕尔怀疑其中有犯罪行为。加里是该公司防损部门的负责人，他安装了一台隐藏摄像头，用来监控出纳员的登记通道处，之后便开始暗中进行调查。加里冒充一名顾客准备买 500 美元的工具，然后故意将收据“忘”在了柜台上。果然，出纳员将收据放进口袋，然后填写了一份退款清单——出纳员被抓了个现行。人赃俱获，出纳员被起诉其诈骗金额高达 25000 美元。

提供优质的客户服务。店员应及时向走进店门的顾客打招呼问好，并应在其拜访过程中不断表示感谢。还要询问他们是否需要再查看一下他们所购之物以及他们是否需要护送。而如果是商店窃贼，他们通常会显得焦躁不安，得手后巴不得马上就能销声匿迹。如果他们没有得手，很可能会再去别处行窃。

在店内显眼位置安装闭路电视。这种监控设备可以威慑一些商店窃贼以及图谋不轨的店员。

在所有商品上都夹上电子商品防盗系统（EAS）的标签。电子标签发出的嘟嘟声使得不计其数的商店窃贼无法得手，只能自掏腰包买下商品。这都要归功于芯片这种革新型产品的出现，市场上出现越来越先进的防盗技术每月都可在商店中得到实践检验。

等待并仔细观察。选择好有利地形，留出时间对那些可疑员工实行全天监视。在店内营业时间——以及普通员工与经理进行交接班的午饭时间——仔细观察其可疑行为。密切留意突然在银行大量存款的员工。更为重要的是，对这些员工一些正确举动也要严密监视。比如，对其能够准时开门营业或是针对有关银行的业务严格照章办事要给予表扬。你在鼓舞士气的同时还要释放出这样的微妙信息：你在观察他们的时候，他们是绝对不会知道的。

信息技术的管理

采购人员、财务人员以及 IT 人员一般都没有共同语言。技术人员会对某些新玩意（软件）兴奋不已时而财务人员却对此毫无反应；而对这些技术术语缺乏足够了解的采购人员却经常被迫任凭一些技术水平较高的供货商的摆布。这一类的技能差异较难弥补，缺少投入的 IT 工作只能在困境中奋力前行了。我们可以采用以下 3 个重要支柱来搭建能够彼此支持的桥梁。

- 将 IT 工作纳入公司的整体战略计划当中来。
- 高层管理机构应不受级别所限（其中应包括有 IT 部门总监）。
- 应继续加大对 IT 工作的投入。

将 IT 工作纳入整体战略计划当中是使 IT 工作与具体业务紧密结合的最好方式。获得所有部门的认同是至关重要的。为什么？这是因为 IT 工作出现问题源于业务故障而非技术故障，归根结底是管理上的改变。以 IT 工作为主导引发了多米诺效应——每项业务流程都要改变。这也就是公司的高层管理机构必须要设置并亲自管理一个"IT 项目"。绝大多数人拒绝改变——特别是技术人员。IT 部门的员工可以对技术方面的问题予以改变，但他们却不能强迫用户也要接受这种改变。如果那些重要用户没有得到设计、测试以及培训方面的机会，他们就不会认为新流程较之原来的有何明显优势，所以一个项目在开始之前就已经注定要失败了。你的高级经理们应再三强调的是，只有每个人都能理解并对其操作方式予以调整，所许诺的报酬才能得以实现。

人们对 IT 工作的一个很大的误解就是，如果 IT 工作改变后，投资回报率（ROI）也会有神奇的飞速增长。千万别这么指望。ROI 的最大化需要对解决方案地持续投入。这就意味着对 IT 人员及用户都要提供技术、相关应用以及水平提高等方面的培训；意味着要为技术支持、工艺流程再设计及升级方面提供资金预算（企业软件的升级周期一般为 1 ~ 3 年，而其中的每个项目的升级周期则至多需要 4 个月）。未能对 IT 解决方案提供全面投入也是大多数企业只能使他们所购买的功能模块发挥出 20% 的效用的主要原因。怎么会这样呢？很简单。一个热门项目总是被最高管理者掌控着。他们的决策方针是一贯忠实于企业规定的：一项 IT 工作方面的采购须和企业的综合实力以及整体预测保持一致。因此，IT 解决方案的大概功能可以实现，热门项目也可以完成，每个人也可继续前进了。

其实，通过与一家 MSP（管理服务供应商，又称作外包服务供应商或实用程序计算服务供应商）合作，可以避免不必要的浪费。要感谢这类 MSP 的出现，MSP 通过互联网提供运算资源就如同一个电力部门输送电力一样。管理工作应将重点放在 IT 的使用而非生成上。和其他商品一样，用户也只会为他们使用的服务买单。归根结底：绝大多数企业组织的核心竞争力不是也不应该是 IT 系统的规划与管理。当今的 IT 工作其重点已经放在了基于网络而非基于实体的方法上。基于实体的 IT 工作——利用硬件及软件——将会步信鸽的后尘。看看当今网络销售业务的火暴程度。根据加德纳公司——提供针对全球 IT 行业的研究分析报告的优秀供应商——的调研结果显示，80% 的大型企业的 IT 投入已经转向了 MSP。为何会出现这样的转移？原因很多。但是选择和 MSP 合作具有如下优势：

- 减少公司内部对于 IT 基本设施的投入及部署以及随之而来的风险；
- 可以迅速调整公司内 IT 基本设施的规模，或大或小；
- 降低先期成本以及与超出 IT 规模有关部分的成本；
- 消除针对 IT 工作达到最高负荷时增加雇员的需求；
- 可以使公司内部的 IT 人员全神贯注于重要战略问题中；
- 使用定义明确的且相当普及的应用工具——电子邮件、即时通信软件、互联通信、主机托管、安全软件、存储备份、灾难恢复以及单机应用系统（例如销售自动化）。

以下是更多的 IT 成功策略。

让 IT 人员在全公司各部门实行轮岗。不要给公司的高级 IT 人员设限，而是要给他们在其他部门增加实践工作经验的机会，只有这样他们才能更好地理解具体业务并能了解企业的成功都需要什么。我们的 A 级店面工作流程要求 IT 职员每月都要在店内学习一段时间的相关技能，例如商店的营业及打烊流程、接收货物、处理库存等。我们希望这些 IT 人员能够理解那些使用他们所设计的这些系统的人员的能力和实际需求。程序设计员是完全不同的一类人。他们可以在睡梦中就能操作一套系统，但并不意味着普通用户也可以。要让那些为你设计了系统程序的人能够及时与企业内的其他部门保持联系，这样才能对企业内部和外部顾客都有所帮助。

IT 部门的负责人对自己的工作负责。那可真是每个企业家的噩梦——耗资巨大购得的软件只用了不到两年就被告知已经过时。确保 IT 部门领导的投入应集中在具备灵活性的开放体系结构，只有这样才能使公司跟上市场变化的脚步。增长潜力也应考虑在内——较大规模地投入应该包括为未来客户提供的优惠价格、电脑或服务器等（外包的 MSP 解决方案可能就是最好的方法了）。

遵守行业标准。这就意味着不要设置独家专有的解决方案。为什么？这是因为高度专有专用的软件就像是毒品。你一旦用习惯了就根本无法摆脱掉了。价格也会越来越昂贵。在你意识到之前，你已无法在经销商、供货商之间转换了，因为你用来摆脱其解决方案的成本较之为解决方案进行升级而增加的成本要多得多。所以，非常有必要使 IT 解决方案与整个组织体系内的其他主要系统能够相互兼容。

不要引起更多的力所不能及的问题。在 20 世纪 90 年代后期，CRM（客户关系管理系统）解决方案曾经风靡一时。有很多组织机构勉强掏出大笔资金购买 CRM 软件系统但却没有制订出具体的使用计划。结果呢？RO 决定了企业的生死。软件系统只是一种策略而非战略。因此，应首先制定出战略，然后再确保可以有相应的策略来支持它。

应对绝大多数的 IT 投资要求其投资回报率。当某一单位提出希望引进一套 IT 解决方案时，你应该让你的员工来证明该解决方案在任何情况下都可直接使企业赢利。要求该部门与 IT 部门一起制定该项预算，然后让 IT 部门负责方案的技术部分，该部门对结果负责。还要确保其财务报表清晰透明，这样才能由结果追本溯源直至具体的投资。注意：也会有例外情况。你的 IT 花费中至多有 20% 应留给相关的研发工作。IT 部门的员工应始终能够保持技术优势，这样才能将其转化为竞争优势。如果没有研发方面的投入，全体员工所能指望的只是企业能够顺利运营。

对大嘴承诺要当心。将行业中 IT 投资作为营业额百分比的衡量基准。需要利用其来抵挡油嘴滑舌的销售员的鼓动。而熟练的 IT 供应商则会创建一个 ROI 模式，并利用此模式向你表明，你可以投入和总营业额一样多的资金却仍可以得到一个乐观的 ROI。别惊讶。如果沃尔玛——可能是这种博弈中最聪明的技术用户——也无法得到比某一营业额百分比起点值更高的 ROI，你凭什么认为你就可以呢？

精彩回放

企业职能中的注意事项

> **管理好与供应商的关系**。只有这样才能指望可以从供应商那里得到更多供货量。通过找出商业机会、拓展市场、提供技术进步的机会或是促进做出战略决定来要求供应商为此增值。应找到那些可以和你们共同成长的企业。

> **机智灵活地进行谈判**。谈判前列出一份名单，其上应列有在谈判过程中哪些是你愿意放弃的而又有哪些是你绝对不容商量的。在自己心中应有一个目标数字且该数字是不能更改的。面对血色交易一定要坚持自己的底线；优秀的供应商会为了挽留你这样一个生意伙伴而改变自己的谈判方式。不要只把眼光停在自己的日程表上——你可以找到各种手段拓展业务以创造出双赢局面。但在合约上签名之前一定要仔细审阅各项条款甚至是小标题。

> **市场推广不是一个自己动手的项目**。聘请专家级雇员来完成那些难度极高的工作。但在明确目标和确定目标客户之前一分钱都不要乱花。之后设计出若干有效手段以达到目标。想尽一切办法鼓舞整个团队的士气。可以通过在线课程学习相关知识，但也别忽略掉网上的虚拟营销。

> **对定价协议中的条款予以润色**。在持续进行的定价过程中对于自己所提出的主张应予以坚持。对竞争对手的价格以及自己的销售额给予持续监控，再根据需要进行相应地调整。如若成本增加，应建议将价格提升至市场可以承受的水平，但记住要将利润增加隐藏在成本增加的后面。可以考虑通过引入新产品的策略来代替产品提价，但该新产品应具有更高的利润率。

> **对销售职能进行管理**。企业中必须要有一位顶尖的销售经理。称职的销售经理会不停地研究市场，培训、激励自己的员工并抚慰他们的自尊心。对那些最优秀的销售员一定要穷追不舍直到最后

能够为自己所用。为他们提供优厚的佣金条件——他们挣得越多，你也才能挣得更多。竞争意识就存在于销售员的头脑中，正是这种竞争意识指引着他们能够找到客户。

> **研究学习桑德勒销售系统**。构建融洽和谐的气氛，订立一份预备合同，准确找出潜在客户的顾虑所在，还要确定其顾虑的财政压力，找出对方的真正决策人，为其提供一套解决方案，并采取进一步的行动——为其提供极具吸引力的售后服务计划。

> **提供出色的客户服务**。想要留住客户还要做得更多。更换客户既费时又费钱。美好的客户体验可以成为“免费广告”——对此赞叹不已的顾客会向周围的亲朋好友贡献自己的溢美之词。善待顾客也是一项正确的选择；一点点善意的举动就会产生很大很大的效果。

> **赢得客户对产品的忠诚**。开心的、训练有素的员工更能善待他人——同时还可以赢得一生的客户。建立一套消费者服务的指导原则，及时处理客户的反馈意见，并根据客户满意度实行奖惩政策，尽可能地为客户提供长期稳定的服务。

> **找到一位优秀的首席财务官（CFO）**。优秀的CFO会对每月的财务数据进行分析研究并呈报给执行团队。他会一直坚持向其他部门提出改进意见并在企业成本问题上绝不退让，以维护企业的利益。最出色的CFO可以说是数据中心。为执行团队的其他人员提供金融及考核手段。

> **IT工作和防损工作是财务部门的重要组成部分**。投入人力、物力以及财力，他们的影响力就会遍及整个企业。

> **与你的银行经理建立紧密联系**。你的银行经理是搭档而非对手，要与其保持紧密联系。通过与她一起对企业的财务状况进行定期审查，使她成为你们的编外高管。面对坏消息时，要对你的银行经理据实相告。同时还要与银行的关键人物建立联系，其中就应包括掌控贷款委员会的关键人物。

第十一部分

危机管理

当好公司遇到坏事情时

富兰克林·德拉诺·罗斯福说错了。企业家除了惧怕本身之外还会惧怕很多事情。突然之间，一些意想不到的事情从天而降就会将原本顺利的经营状况破坏殆尽，将你的战略计划撕得粉碎，甚至会危及企业的生存。我曾经因为担心出现这样噩梦般的场景而感到寝食难安。经历数次这样承受巨大压力的突发事件之后，通过自己不断地摸索研究，我整理出自己的一套危机训练方法。

缓解精神压力。突然陷入恐慌情绪中，你的肌肉会变得僵硬，呼吸急促。所以，放平心态，做几分钟的深呼吸，在给颈部和肩膀按摩的同时保持深呼吸。

掌控住局面。"最糟糕的情况"只是一个相对的词汇。无论你所面临的挑战其压力有多大、代价有多昂贵，终究也无法同家庭生活中所面对的疾病或死亡相提并论。试图发现一些潜在商机，求助于亲朋好友、忠心耿耿的员工、优秀的产品以及忠诚的客户，尽力使自己重回正轨。要经常扪心自问，你的生命中什么才是真正重要的，特别是当你的精神高度紧张，以至于胃部总会感到一阵阵剧痛时。

按步骤执行以下训练手段。振奋精神，丢掉包袱轻装前进，开始总结、梳理自己的求生计划。如果丧失了激情，只会浪费掉更多的解决问题的方法以及走出困境的具体手段。接下来，就要开始执行具体计划——

每前进一步，你就距离重获局面主导权又近了一步。举个例子，你的一位重要员工提出辞职，以下内容即为一种临时处理的方法：

- 在报上登招聘广告；
- 联系职业猎头；
- 列出可能的候选人名单；
- 面试并考虑对履历相对简单的候选人是否可以被录用。

最坏的局面从天而降，有时甚至是和你撞个满怀。记得有一年的愚人节，那天我接到我的一位执行高管给我的信。“亲爱的汤姆，我们现在正式通知你，你的管理团队全体成员决定向你提出辞职，然后成立一家轮胎公司（很可能会与你产生竞争）。但愿，我们可以成为友好的竞争对手。希望你一切顺利。”信上附有管理团队所有成员的签名。有那么一刻我真的是惊慌失措了——员工大规模出走是我最为害怕面对的情况——直到我看到信末尾处的附言：“附，愚人节快乐！”我抬头一看发现所有人都走进了我的办公室，然后开心地大笑起来。

最坏局面的出现并非一定会导致最坏的结果。如果能够正确处理，也可能会因祸得福。当你克服了种种困难并最终取得成功后，你就会变得更加坚强更加自信。有一点可以肯定的是——你知道自己擅长什么，你的业务知识也会得以巩固，这些经历会使你在未来的奋斗道路上成为一个更出色的领袖。下面的故事有助于你将最坏局面的状况转化为自身成长的催化剂。

CHAPTER 55

第 55 章
人为风险的应对机制

尽量留住那些重要的成员

方案 1：留住重要员工

选择 1：让他们走。这原本是一个普通的下午——直到我的首席财务官和人力资源总监闯进我的办公室。"我们需要尽快谈一谈。"其中一个表情严肃地说。我的心猛地向下一沉，我看着他们俩，下意识地说了 3 个可怕的词："谁要走？"我们的 IT 主管在接到一个非竞争对手的条件极为优厚的邀请后向公司提出了辞呈。我将公司的核心管理层召集到一起开个紧急会议，以商讨应对之策。我们讨论了一会儿，但我还是决定先考虑一晚再说。那真是漫长的一夜啊。承担着公司中多个关键角色的 IT 工作，其中任何一环出现问题，所产生的后果都会令公司为此付出高昂的代价。我试着做了几次深呼吸，看看一切是否仍然正常，然后便开始部署此次工作计划。等到早晨，我又重新恢复了自己的判断力。我的人生哲学就是：我们不会失去我们不愿意失去的人。我们决定破一次例，大家一致认为如果满足这个条件将会使我们的薪酬体系入不敷出。于是，我们在 IT 部门内部先任命了一个临时主管，6 周后，我们找到了一位令我们十分满意的接替人选。

选择 2：尽量留住他们。我决不会主动放弃一名为公司作出过贡献的员工，只要他没有交出自己的员工卡，我仍会试图挽留他。首先我会把自己的看法从“如果这名员工离开会使公司的运营更加困难吗？”转变为“对于这名员工来说什么才是最好的选择？”我会坐下来和他详谈：“我现在的心情很复杂，简。一方面，我不希望你离开公司。另一方面，如果你认为这是一个不容错过的好机会，只要是为你好就行。你是当之无愧的最佳员工。我也不会再劝你了。我也很感谢你为公司所做的一切。如果你信任我们，我们大家可以集思广益，一起帮你判断，确保你所做的是一个正确的决定。”

如果他同意了，我就在白板中间画一道线，简明列出一份本杰明·富兰克林式平衡表。在左栏中，我列出去新公司的若干好处；在右栏中，列出的则是留在这里的若干好处。当表格完成后，我会适当地对新工作给予正面评价，但是我也会客观地指出了其中的不足。比如说：“你不得不一周工作 55 个小时，而在这里，你即便是累惨了也不过只需工作 47 个小时。难道区区 1000 美元就可以使你离我们而去吗？我们本来计划要在下次考评中将你的工资至少提高 1 倍的。”视实际情况而定，我偶尔也会用一种较为复杂的被称为“权重 & 比率”的决策模式。这种决策模式的妙处就在于，它既能考虑到每种决策点的相对值，也可以考虑到任何一种工作所具有的可能性。

这样的练习也只是点到为止。在列出了利弊并添加上数字之后，未知部分就是该员工的直觉了——如果你的关怀备至的态度并未能挽回形势，你所能做的就只有尊重他的选择了。我即兴发挥出的这种集思广益成功率也只有 50%。而另外的 50%，通常我只能以同意其辞职而告终。当然，分析结果也表明了，如果接受新工作，他的状况也会更好一些。

“权重 & 比率”的决策模式

在以下4个步骤中，你可以帮助员工搞清楚他的选择。在此例中，其中一份工作提供了无可匹敌的工作计划，其他几份工作则是提供了更高的薪水。

1. 最左侧一栏中填入可能影响员工决定的各个因素。列表的形式只要她喜欢即可。
2. 请他来权衡每个因素的重要性（下表中的A栏），用1 ~ 10分来打分，10分代表最重要。一个数值可以使用多次。在下表中，“进一步受教育的机会”以及“对企业文化的认同”都得到了6分。
3. 现在请他来为每份工作能够满足其所需的可能性打分（见表55–1中的B栏）。同样用1 ~ 10分来表示，10分代表最有可能的情况。
4. 用表55–1A栏中的值乘以B栏中的值即可得到每个因素的总分值，然后相加得到代表最后结果的总值。

表55–1

我想从此工作中得到	工作机会1 A 此因素对你的重要性		工作机会1 B 此工作可带给你的可能性		工作机会1 总值	工作机会2 A 此因素对你的重要性		工作机会2 B 此工作可带给你的可能性		工作机会2 总值
灵活的工作时间	10	×	10	=	100	10	×	5	=	50
足够多的薪水	9	×	4	=	36	9	×	10	=	90
良好的福利待遇	8	×	6	=	48	8	×	7	=	56
进一步受教育的机会	6	×	8	=	48	6	×	5	=	30
对企业文化的认同	6	×	9	=	54	6	×	3	=	18
	总得分=286					总得分=244				

覆水难收。如果即将辞职的员工在离开时窃取了公司的重要客户资料，那结果会变得难以预料。这种威胁所带来的后果简直比给自己塞进一个三层肉丸三明治带来的胃痛还要难受。客户资料的重要性不言而喻，尤其是对于金融服务公司、以销售主导利润的公司、律师事务所以及其他一些组织机构——在这样的机构中，客户看重与客户经理的关系尤甚于与公司本身的关系——来说更是如此。最佳的应对策略就是在噩梦到来之前就能警醒。如果在你的公司内能有一个健康的氛围，即能够使员工们感到信任以及被他人所重视，那么上述事件发生的概率也会小很多。

在一开始就构筑一个安全网，任何方式都行。应保证公司的高管们——包括你自己——要支持员工们不怕麻烦、想尽一切办法与各类大客户建立起关系。所有好的 CYA（涵盖你的，以及之后的）计划都应将签下关键任务以获得公平的非竞争协议（见第 14 章）。即你可以在没有律师在场的情况下自己解决问题。试着和离职员工以一种更为温和的态度交流："我明白你要做些你不得不做的事情。但是如果我们请一位仲裁人来做决定，你看如何？"如果你的提议遭到拒绝，你的律师就可以提出具体的执行方案，指出该员工的行为已经对公司的经营造成了危害，并告诉他除了将他告上法庭你已别无选择（这种方法也对公司其他员工起到敲山震虎的作用）。接下来的工作就是找个人来接替他，然后尽量挽回损失的销售额。

其他的主动型策略：选择继任者（见第 42 章）。

方案 2：留住主要客户

对阿里克西斯·布鲁姆斯特拉德来说，没有比这个电话来得更不是时候的了。她是全新早晨窗业（New Morning Windows）的独立所有人。当时她正准备做一个手术，要做四椎体融合手术，之后还要面临数月的休养。她刚刚离婚不久，新房子正在盖。阿里克西斯还在和前夫协商希望能买下明尼苏达州阿波利斯市的大楼，他们在 22 年前刚开始创业时成立的一家公司就在这座大楼里。最重要的是，当时刚好是“9·11”恐怖袭击后一个月，她认为有迹象显示，令人不安的商业新闻即将出炉。在她准备开刀的前两周，她问自己的头号大客户——一家北美最大的窗业制造商——有关他们即将向自己的竞争对手（这是一家加拿大的定制窗厂商，其规模几乎是全新早晨的3倍）下订单的传闻是不是真的。她的客户向她保证不存在什么订单。

但是就在她手术后的第四天，电话铃响了。那个客户决定向阿里克西斯的竞争对手采购，并向阿里克西斯发出一份为期60天的告知其与全新早晨的战略联盟即将终止的通知。一夜之间，全新早晨的营业额从800万美元骤减至不到300万美元。阿里克西斯试图留住全部的75名员工共同挨过“这个寒冬”，但最终无奈只能裁员至30名。新年带来了更多的坏消息。一个主要贷款人向阿里克西斯的银行发出违约通知。几个月后，阿里克西斯听取了律师以及一位可信赖的顾问的意见，决定求助于铂金集团，这是一家位于双子城的周转指导公司。“没有它们我无法得到资金支持。”阿里克西斯说道。于是铂金集团在现金流模式、库存管理、新产品生产效率以及成本削减策略等方面给予阿里克西斯以指导。18个月后，全新早晨的营业额出现反弹，好消息远不止于此。“经历了3年炼狱般的生活，”阿里克西斯说，“我所学到的关于如何经营一家企业的知识比我在过去20年里学到的还要多。”

失去最大的客户当然会令你饱受伤害。当营业额出现暴跌时，以下这些主动性策略能够帮助你尽可能实现“软着陆”。

建立一个稳定的智囊团。惊慌失措的企业家有时是无法做出正确决定的。有一个全新早晨的供应商后来遇到了大麻烦。阿里克西斯建议他花钱找一些专家来给他提供专业帮助，就像她自己曾经做过的。但供应商说，那是一笔他负担不起的费用。“我告诉他，他不能不花这笔钱，”阿里克西斯说，“我们一年的法律顾问方面的费用是20万美元。这当然让我很心疼。但如果不花这笔钱，我们就不可能有今天。”

提高财务专业水平。和顾问们一起工作使阿里克西斯学到了很多有关现金流和现金管理的具体细节。“我了解了很多基础知识，”她说，“但他们帮我认识到真正掌控财务工作终端的重要性。”她现在明白应如何建立一种财务规划模式以证明企业的长期生存能力并可以吸引新资本的关注。

为员工提供更好的表演舞台。被迫削减自己的人力成本，阿里克西斯不喜欢她所看到的这些情况。有一些老资格员工受益于公司的年度自动加薪制度，工资大幅暴涨。阿里克西斯通过为员工提供培训和再教育来正面解决劳动生产率方面的问题。通过对有挑战性但却可以完成的工作任务进行阐述，阿里克西斯为类似这样的较有难度的工作提高了价码。最重要的是，她把大部分的薪资同员工的工作表现相挂钩。为调动员工的积极性，她向员工们许诺可以将公司税后利润的 15% 分配给他们。经过 3 年多达 3 轮优胜劣汰之后，最终留下 39 名员工，此时公司内部的士气达到了高峰。

控制成本——不惜任何代价。严格控制成本预算是一项应长期坚持的工作。在这方面一些大型企业做得甚好。读者可在第 54、56 章读到有关核对成本控制的相关内容。

扩大客户规模。阿里克西斯招聘新销售员来开拓新市场，这也是其战略计划中的一个重要组成部分。即使你想要弥补那些流失订单的损失时也不要忽略现有市场。举个例子，有一次当一个批发商客户打算放弃我们时，我们拜访了他的一个最大竞争对手并为其传递一个很难拒绝的信息。我们告诉他，我们可以提高销量，因为我们了解本地市场并且我们拥有很多已经具有品牌认知度的产品——同时也获得了其竞争对手的认可。

具有全局观。公司协作运营越通畅，公司内各部的运营效率就越高。

阿里克西斯加大了培训指导各层次销售员的力度。她理清了各种沟通渠道并且建立起一套奖励计划以鼓舞员工士气并激励革新精神。她精简了运营环节，并对工作流程进行了重组，用更少的人手干更多的事。结论就是，考虑问题要有大局观，行动也要有大局观。

配备相应的可令客户改主意的计划。我会想尽一切办法令客户回心转意。我会呼吁那些公司的决策人出于维护我们双方长久的合作关系的考虑，至少应该坐下来开诚布公地谈一谈。我们应一起探讨我们的竞争对手所提出的条件是什么，相比之下我们所能提供的又是什么。如果最终我们落败，我会主动承认。但多半情况下，通过做出一些调整、让步甚至是妥协，还是可以挽回我们与客户的关系的。

其他的主动型策略：客户服务（见第53章）。

CHAPTER 56

第56章 不可抗灾难的应对机制

现在应该做些什么才能转危为安

情况1：自然灾害

那是在1981年，一场龙卷风将迪克·舒尔泽的摇钱树——他最赚钱的9家音像店——连根拔了。但此时迪克可没时间心痛，他一直在寻找其他机会。很显然，仓库已经没用了。迪克就在一个停车场举办了一场龙卷风销售会。所有音响设备都进行大幅的降价销售，数千明尼苏达州的居民蜂拥而至，警察不得不对周边的交通予以管制，整个小镇整晚都陷入到这场疯狂的销售会之中。在意识到自己发了意外之财后，迪克给另外8家店打电话："再多拿些高保真音响器材来，还有汽车音响！"两年中，他的生意一下从中等价格中等销售额转变为大折扣大销售额。这种转变十分见效。对了，他把店名也换了——百思买。

一条建议：当灾难来袭，要强迫自己提一些有质量的问题。但别抱怨，"为什么是我？"而是要去仔细想想，"我现在应该做些什么才能转危为安？"或者"我怎样做才能化挫折为机遇？"提几个积极的问题可以使自己的思维更有创造力。突然间，你可能就会明白如何才能抓住大自然抛给你的机会。发生在1997年的北达科他州大福克斯的那场世纪水灾，当时我们的员工都在问："我能帮别人做什么？"洪水已开始涌入法戈和毛海德市以南75英里。我们的大区经理马克·赖森将驰加的同事们召集到一起到街上去。"我们法戈和毛海德市的一位机械师的家快要被洪水淹了，"马克说，"所以我们要在他家屋外的车道上待上4天帮忙装沙袋。"

那时，红河的洪峰已经到了大福克斯，水位已经超出警戒范围了，时刻威胁着大堤和防洪堤。但仍有超过15名来自法戈和毛海德市以及大福克斯的驰加员工和他们的家庭坚守在自己的工作岗位上。他们在店里轮流值班，值完班后再奔向堤坝装上6个小时的沙袋。"那么多个漫长的白天和黑夜，但我们挽救了好几个社区。"马克说。我们还将店里的水罐车开到社区里为居民们提供清洁的饮用水。加班费用——在经历这场苦难的过程中，每个人都坚守着自己的工作岗位——占去了月度利润的很大一部分，但我们的品牌却在社区市场打下了更为牢固的基础，我们与员工的关系也更为紧密，销售额也很快又开始持续增长了。从长远来看，我们仍是占了上风。结论：我们做对了。

主动性策略：经常祷告。

情况2：个人危机

对于拉里·丹尼森来说，如果不是致命的头疼折磨着他，那不过是一个普通的周一的夜晚。当时其他人都已下班回家，农民保险公司的办公室只剩下他一人了，拉里拨通了求救电话。经过一个月的加护治疗以及两次手术后，拉里变得口齿不清了，看东西还会出现重影，而且他只能坐轮椅。一位医生告诉拉里的妻子盖伊，她的丈夫需要花上数月才能恢复到以前的状态。医生认为，只有在家卧床休息才是最好的选择。盖伊的回复只有5个字："绝对办不到！"盖伊向拉里发誓，她是决不会离开他的。

拉里填写一份授权书将公司的领导权移交给他的女儿海丽，海丽是一家招聘和培训代理机构的负责人。这就像一位空中交通协管员指挥着一位因意外情况才上岗的飞行员，拉里在医院的病床上为海丽提供参考意见（海丽是少数几个能够明白拉里讲话意思的人）。海丽不会让自己的父亲就此倒下的；海丽通过夜以继日的工作以完成大区销售目标。整个公司在看到公司视频中的海丽时都备受感动。

拉里终于战胜了病魔。2001年10月，他在患病9个月后终于又重返工作岗位了。他的身体平衡能力、语言表达能力以及视力仍然受损严重。耐心的员工帮他操作键盘，员工们不会因为请拉里将所说的话再重复一遍而感到不耐烦。拉里通过推着一架助步车到处走动。拉里的身体日渐恢复。现在，我几乎可以听明白他说的每一句话了。他握手坚强而有力，行走也不再需要拐杖了。他的公司又一次成为全国最佳制造商之一。他甚至又获得了两个更有威望的奖项。拉里康复的秘诀是什么？那是因为在他身边关心他的人都是好人。他可以做到：往最好处着想，从最坏处打算。每一次跌倒后他又会爬起来，而且他从未失去幽默感。

我自己也曾面临挑战。我在42岁的那一年里经历了离婚、罹患癌症以及经营中出现现金流危机这样的三重打击，这些重创让我根本无法经营公司。我需要几个月的时间来恢复。但在我退出之前，我必须先将公司业务照看好。我搁置了所有想要做的事项，集中精力处理必须要做的事情，然后就是沟通、沟通再沟通。我给所有员工发了一封信，在信中我对一些事情做出了解释。我请他们要有耐心并感谢他们在我离开期间还能够使公司业务顺利进行。然后，我与公司的重要员工一个个地进行谈话，告诉他们我的要求。最后，我还向我的银行合作经理以及供应商们简单介绍了一下情况，告诉他们我将暂时离开公司的领导岗位。在接下来的6个月里，我只是偶尔与办公室联系一下。如果我硬把自己拖进工作中，那我只要在办公室里放把长椅就行了。我在经历了3个月的休闲放松以及3个月的健康攻略——治疗、瑜伽、冥想、营养保健、阅读自助书籍以及静修——之后，我又重新焕发活力，回到了工作岗位。

很幸运，马克·赛瑟在2000年的冒险之旅看起来也是很有希望的。在被诊断出患上恶性黑色素瘤，又被医生宣布只剩下一年的寿命之后，52岁的马克决定将其对明尼苏达州阿波利斯公司总部的实际控制权移交给更为年轻的执行高管。他起草了一份股权分配计划，该计划将分配给6名员工各1%的公司股权以激励其工作。马克自己的计划包括健康饮食、改变生活方式，目前已见成效。他仍然在接受化疗，但其计划未变。"我们处在公司历史中最好的年代，"他在2006年时这样对我说，"这10年来我们没有犯错，员工的持股比例也已经超过20%。我现在是个老爷爷了，我定期进行锻炼，而且我看上去也很健康——每个人都是这样跟我说的！"

不是每个人都能从死神那里提前得到通知。这也能够解释"关键人物保险"——该保险的直接受益人为关键人物所在的公司——销售持续增长的原因（见第6章）。买这份保险可以使公司能够免受失去关键人物所带来的沉重打击。这几个故事也强调了定期咨询经验丰富的税务及财产规划律师的重要性。

主动型策略：将产生健康危机（见第49章）的可能性降至最低；后续计划（见第42章）；财产规划（见第6章）。

情况3：公关危机

一次沙门氏杆菌的突然大爆发撂倒了数万名明尼苏达居民。谁是肇事者？施瓦恩冰激凌，州政府官员在一次电话会议中这样告诉生产商的高管。还没挂断电话，阿尔弗雷德·施瓦恩命令员工立即停止生产、销售公司的招牌产品。他随即结束了出差并乘坐第一班飞机赶了回来。阿尔弗雷德做好了准备。当一个记者问他有什么要对消费者讲的时候，阿尔弗雷德的回答彰显了其性格的沉稳："不要吃施瓦恩冰激凌。""对于这次的病菌感染，"他说，"是完全不可接受的。"他向所有消费者表示歉意并宣布要召回所有最近售出的一批冰激凌。一周之后，办案人员抓住了作案人。经过对沙门氏菌的追踪溯源，办案人员找到了承接了转包合同的运输公司，正是该运输公司将施瓦恩冰激凌的配料装在了曾经运输过生鲜鸡蛋的同一批厢式货车中。

让我们回到12年前——1982年那场著名的“泰诺恐慌”事件中。我们再次见识了积极的危机管理的重要性，这种危机管理可以防止那些品质优秀、有口皆碑的品牌遭到玷污。事实上，施瓦恩公司轻而易举地通过此事进一步提高了公司的声望。“正是因为拥有施瓦恩公司多年建立起来的信誉，”施瓦恩的前任总裁肯·诺伊斯回忆道，“我们的消费者原谅我们比我们原谅自己还要快得多。”他没有夸张。当施瓦恩公司的货车出现在消费者的家门口，要收回那些被污染的冰激凌时，一些消费者甚至拒绝交出吃了一半的冰激凌。“我们对他们说，公司必须采取一些防范措施要收回他们手中的冰激凌，并许诺等问题解决后会免费为他们更换相同的冰激凌，”肯说，“但他们却说，‘不，我就喜欢我的施瓦恩冰激凌，我不能丢下它。’”

施瓦恩公司在处理沙门氏菌危机时采用的手法应该成为每一版公关教科书中的经典案例。当然，每一次的公关困境都会有各自所要面临的不同的挑战。有可能要被迫关掉一家工厂或是离岸生产。又或者，处于进退两难的情况下你的一位高管可能会因此而锒铛入狱。当媒体蜂拥而至并把话筒摆在你面前时，如果你能做好如下几项工作，你的经历可能就没有那么痛苦了。

做好准备工作。如果事到临头才开始想哪些员工可以充当“前线救火员”，那就糟透了。危机极少会在工作时间爆发，因此作为公司领导必须有每名员工的联系方式。在所有危机应对处理的观点和理念——即对社区及公众的责任感应胜过对利润的追逐上——应提前取得一致的态度。危机发生过后再做工作可能于事无补。绝大多数的公司高管低估了“危机计划”的价值。他们只是命令团队成员抓紧时间收拾好所有烂摊子，同时却又无法预见到事实上已经开始恶化的局面。当出现突发事件时，其独特属性已经形成了反应。也就是说，你的团队中一定要有可以指导你的对外发言人如何面对媒体的律师以及公关专家。另外，还要确定出你的“公关成员”（员工以及他们的紧急联系方式，消费者，投资人，供货商，银行家，退职人员以及邻居）并要知道如何能够联络到他们。行动一定要迅速。过去需要几天才会爆出的新闻，在当今这个网络时代里只要瞬间就可在网络上引起轩然大波了。

掌握事实。从尽可能多的资源中搜集到所有细枝末节的信息，然后再决定如何发布这些信息。

道歉。第一，要悔悟；第二，要悔悟；第三，还是要悔悟。其实这比看起来的还要难。看看那些无耻政客、体育明星以及小明星们的群魔乱舞吧，他们越生气就只会使事情越变越糟。真诚地表示歉意，揽下你应该承担的责任，耐心地向公众解释目前所采取的旨在确保此类突发事件不会再发生的措施，如此种种才是最好的可以不断提高你的声望以及公司信誉的救命绳。

真诚坦率。走出自我的孤立小空间，设身处地地从公众角度来考虑这种情况的出现。对他们的担忧抱有同情心。如果你或是你的同事面对公众时只会机械地重复着一些口不对心的官方语言，你就会像小丑一样被轰下台。

诚实。在任何情况下都不要说谎。对公众说谎只会使公司的对外形象长期受损，你的个人信用将会丧失殆尽。甚至只需轻轻一击，你从前的好名声就会被毁得一无是处。如果你不知道答案，那么就说你不知道，再表示你会尽一切努力获取相关信息。如果某个问题最好还是先搁置起来的话，要向公众许诺待掌握整个事情的全部细节后再予以说明。

主动性策略：维护最高道德标准（见第 11 章）。努力使自己的个人表现达到最佳状态，在危机应对过程中，可以充分发挥自己的领导才干（见第 43 ~ 49 章）。

CHAPTER 57

第 57 章 商业是残酷的

应对残忍的银行家以及残酷的竞争对手

情况 1：收回贷款

我也有过七年之痒。在行业内打拼了 6 年之后，我认为是时候拓展我们的零售业务了。通过研究分析后我确信，轮胎业务的未来在于零售业。但没过多久，我就发现，微薄的利润却是像我这样的批发商的致命短板。于是我决定孤注一掷，一年中我把零售店面数目从 3 家扩张到了 6 家，而且将全部资金都投入到市场推广、购置设备以及增加员工上。困难？公司很快就出现了资金短缺的情况。由于批发业务利润微薄根本无法支撑我们的业务运作，零售方面的业务很快就出现了赤字。

一天午饭后，我接到了我的银行家朋友杰夫·马克打来的电话。“汤姆，我很抱歉，”他说，“我们的审计人员又审阅了你们的财务报告，他们告诉我说，你们的批发业务本来获利丰厚，但你却将利润都用于扩张零售业上，结果却出现了麻烦。”如果我不能还清贷款，他补充道，银行准备将抵押担保——我们的公司——收缴。这真是个令人恐慌的时刻。

我定了定神，平复一下自己的情绪后说：“杰夫，先等一下。我希望你能看到我们所做的努力。”我列举了我们的设想计划，并向他解释说，这些新开的零售店一旦销售情况成熟后即可赢利。我还向他展示我们全新的商业计划。“请你，”我说，“再给我们两个月时间，我保证你很快就会看到转机。”杰夫于是将我们的计划拿回银行并会晤了审计委员会成员，第二天他又给我打了电话。“好的，”他说，“你还有60天时间，但也仅此而已了。”听到这个回复我既兴奋又紧张，我要求管理团队的所有成员严格执行计划，尽一切可能（当然是要在法律许可范围内）使这两个月的利润达到最大化。结果我们终于在规定的时间内实现赢利，并且避免了公司出现清盘的情况。

应将与银行间的小摩擦也视为业务经营的成本当中。1991年，我与另一家银行也做了相类似的“斗争”。我们的本地贷款人被另一家身份不明的国有银行收购。没过多久，这家超级银行的一位低级别员工打电话通知我们，我们的经营模式并不符合他们银行的贷款原则。“我们将会发出一份为期60天的通知书，会告知你们的授信额度将会被清除。”他说。我们要在两个月的时间交出200万美元。这又是个恐慌时刻，而且还是个续集。我们通过各种途径找遍城中的所有银行，这其中也包括了明尼苏达州阿波利斯市河畔银行——这家银行对于那些不顾一切、几近绝望的企业家来说就是他们最后的希望。如果让我选出我职场生涯的最低点，被河畔银行的主席戴夫·克利夫兰拒绝的这件事在我看来可以算是一件吧。但关键是如果戴夫不借给你钱，那么就没有人会借。事实就是如此，他没借，他们也没借。

我们只能再一次竭尽全力地赚下每一块钱。我们会晤了所有供货商，提醒他们应看到，他们的既得利益是受益于我们公司的成功。我们告诉他们，如果还希望能够继续受益，那就需要允许即期期票而不是货款抵押的形式来帮助我们。有两个供应商同意了。哇——我们一下子就有了100万美元。我们又通过将一些应付账款延期，减少库存以及给批发商客户提供折扣以此换取他们的提前付款等各种手段，经过七拼八凑拿到了另外那100万美元。等到第60天，我们终于将所有钱汇入了银行。当然，我们也换了一家新银行（令我心满意足的是，4年后当我荣膺《全美企业》杂志的1995年度中西部最佳企业家时，戴夫·克利夫兰也是颁奖礼的现场观众之一。他告诉我，拒绝我们是他职业生涯中最大的失误)。

现在我们终于转危为安了，至少我是这么想的。在度过1991年的银行危机6个月后，我当时和孩子们在开曼群岛。那天我们正在准备晚饭，电话响了起来，是我们在永道会计师事务所（也就是现在的普华永道）的会计师约翰·伯格打来的。他刚刚完成对驰加的初审工作，有很多重要问题。我们刚刚赢利，但公司业务的快速增长已经将我们逼到高度杠杆作用（资产负债率很高）的死角。我们对新店面投入资金的速度明显快于从原有店面营业额中赢利的速度。约翰说，批准我们的审计报表必须符合审计标准，即我们能够证明公司作为一个有利可图的经济实体是有把握持续赢利的。但是现在的情况却是对报表的审计得出了一个不好的结论。

在接下来的一个小时里，我一直试图说服约翰在那份报表上签字。我耐心地向他解释我们的战略合作供应商关系以及预算方案的制订过程。"约翰，"我说，"你知道的，这些零售店开业已经有一阵了，而且运营状况也很好，新店的经营很快就可以成熟。我们有辉煌的经营历史。"之后我又将自己的论据锁定在两个关键点上：我们的稳健型会计方式已经过实践，我们的巨额但很明智的投资主要是用于系统以及员工的投入上。最终他在报表上签了字。放下了电话后，我瘫倒在了床上。我让孩子们给我一些时间让我自己一个人待一会儿。之后我便换上一件新衬衫和孩子们一起吃晚饭了。

当你面对现金流危机时，你应该采取如下措施。

降低人工成本。可以聘用兼职人员，或是将业务外包出去。以销售业务为例，可以对新进的业务员实行纯佣金制，如有必要也可有适当薪水。彼此相异的产品或服务以及与其相适应的市场总会吸引到适合的销售人员。如果到了万不得已的时候，就需要对全体公司员工一视同仁（包括总经理以及管理团队的所有成员）都要减薪，直到危机升级并请求大家和你一起坚持时，才需要向大家真诚地解释这是唯一的选择。

让供货商适当做出让步。可以让供货商分享你的战略计划以及业务增长构想。聪明的供货商能够看清楚你会取得什么样的成果以及取得这样成果还需要多长的时间。如果你能让他们相信未来5年内公司的业绩能够翻三番，他们会是何等的兴奋，对于计划中的一些细节也就睁一只眼闭一只眼了。

要求供货商允许你签发期票。你签署了一张100万美元的期票，也就是说，供货商贷款的同时“卖”给你价值100万美元的货物。如果你能达到该数字而且还能持续增长，这笔钱就不会产生利息。该票据可以每年都延期，如同一份可自我更新的无息贷款。只要每件事都按计划进行，多余的库存就可以为业务增长提供资金支持，而得到增长的业务得以继续获得利润进而可以偿付期票上所载明的金额。这项策略可以挽救你的业务。但一定要小心使用，它有两个主要缺点：一，你会用光所有借款单据——供货商的商誉也是有限度的；二，有可能在将来的谈判中面临不利的局面。换句话说，如果供货商不高兴了，他会“让你还钱”。

加快应收账款的追索。来做一道算术题：如果你的授信额度已经被刷爆了，那么你可以向消费者提供每月1%的“预期折扣”，以奖励消费者采用现金付款，这样可以立即获得现金以替代原来的30天资金回笼期。实际上，你正在以每年12%的利率水平借款（超高，但别忘了现在你正处于现金流危机中），但同时你也可以以3种方式获利了：一，公司可以避免出现现金流危机；二，你不必冒着放弃公司实体的风险来获取资金（风险投资人们都希望得到超过12%甚至更高的回报率）；三，你的发票使得消费者必须首选向你付款，这样可以减小坏账比率。

延长应付账款的期限。询问供货商付款期限是否可以定位为60天以取代原来的30天（或是90天以取代原来的60天）。然后就在付款期限的最后一天付款。这部分款项可是不计算利息的。款项越大，你就越有可能得到优惠条款。

库存管理。感谢技术的不断进步，库存管理历来都不是件容易的事。好消息，准时制库存是竞争的必备条件。每 30 天而非 60 天进行库存翻垛可以解放大笔资金。30 天的库存周转期或是 30 天账期则很好，你的库存成本就会降至为零。60 天的账期则更好——收款 30 天，付款 60 天，供货商的款项可以用上 30 天。

其他主动性策略：供货管理（见第 50 章）；财务和会计（见第 54 章）。

情况 2：竞争

一天，行业内规模最大的公司之一的一位领导宣称他们的目标就是打败我们，让我们尝尝珍珠港事件的滋味。他们是在一家全国性媒体上这样自吹自擂的：他们要将像驰加这样的区域性的竞争对手消灭殆尽，让所有竞争对手变为路边的死猫死狗（我们公司的大本营双子城就是他们的头号进攻目标）。就在这一晚，我们马上将自己调整到“备战”状态，要保护我们的员工、消费者、供应商以及股东的利益。就像一位会将对手侮辱本队的言论贴在更衣室里的足球队教练，我们也将对方那位吹牛大王的那些所谓消灭所有对手的言论作为激起大家斗志的兴奋剂。

我们有 18 个月的时间来制订反攻计划。首先，我们专门租下一架飞机用于高级经理们四处侦查离我们最近的竞争对手的市场。进攻计划就是，要抵消掉对方的每一处优点；充分利用对方的每一处弱点（这不是《十二金刚》，但我们确实是在完成一项任务）。在他们的几家店里，我们装扮成消费者；而在其他地方，我们又扮成了大献殷勤的轮胎经销商，他们眼中的这些经销商来自偏远市场、一心希望得到他们的非常精密的设备。我们拍了好几卷照片，包括一些标注。一回到公司，我们就把他们的价格与一大堆报纸广告上的价格进行比较，再进行细致的价格研究。我们很快就拥有了大量的数据资料。

然后，我们的高级经理们又跳上公交车，对沿途被对方视为进攻目标的我们市场内的 5 个区域进行了总共 14 个小时的巡视。我们想透过消费者的视角来查看我们目前的状况如何。由于各个部门所拥有的调研背景不同以及调研结果和展示方式各不相同，我们记下了每家店的意见以及我们应如何行动才能抵挡住咄咄逼人的大块头。

最后，我们夜以继日地召开集体研究会议。在数周之内，我们制订出了一份 15 页的行动计划。在竞争对手侵犯前的整整 6 个月时间里我们都处于战备状态。我们对处于竞争前沿的零售店面进行了重新改造，在这些店里上岗的是最好的工作人员，对产品进行了降价促销，突然大幅增加库存。在批发业务方面，我们将每一家存在竞争危险的店面其方圆 5 英里之内的所有商务客户及大客户快速拿下。我们甚至先发制人地发动一场小型闪击战，趁机抢占了竞争对手曾信誓旦旦要占领的有利位置。

这是一次气氛良好且激烈的竞争。即使是当我们都在为这场残酷的竞争做准备时，我们也都对彼此抱有极大的尊重。我们所采取的一切（光明正大的）手段将对手的雄心壮志变成了垂头丧气。他们试图要在我们店面的旁边建特大型商店——这可是直接违反了我们所有人都必须无条件遵守的《城市区划法》的条款。他们聘请了最好的地产律师；还请到了前任市政官员，因为他们熟知如何规避一些法律条款。当我们的竞争对手在其中一个城市赢得了初审裁决后，我们提起了上诉。我还游说了市政议会。在能够确保有一个公平的竞争环境之前，我们是不会放弃的。

官司开打后的几个月里，他们对很多商品都进行了大幅降价，甚至还破了成本价。我告诉负责定价的副总，我们要“打垮他们”。一个不含毛皮的轮胎从 20 美元降到 5 美元。我还记得一位同事曾问道：“这么做我们还能维持多久？这太残酷了！”“嗨，”我对他说，“我们已经玩命干了这么久，决不能让其他人如此轻松地就偷走我们的市场。”我们发誓在对手举白旗投降之前绝不罢手。不到 3 年时间，他们就被迫关了所有的店，撤出了这里。

还有其他竞争者要更聪明些。他们会先做一些常规调查，发现我们并不好惹后就自动撤退了。家得宝就是这样一位竞争者，它是我们公司所在地区一家已通过测试的轮胎零售商。我们已经准备战斗而他们也注意到了。但 6 个月之后，他们却悄悄地放弃了要一较高下的想法。还有一次，我的一位朋友——一家全国性大型轮胎公司的 CEO——希望能巡视一次我们的店面。他和自己的律师乘着私人飞机来到这里。他问的第一件事就是收购我的公司需要多少钱。我告诉他我们的公司是不会出售的。在巡视店面之前，我的这位朋友在午饭过程中临时离开了一会儿，他的律师乘他不在时对我说："你可能要改变你对收购的态度了，因为无论怎样我们还是会收购你的公司的。"我只是笑了笑。后来在结束巡视，看到了我们的营业内容以及态度友善的店员之后，我开车把他们送到停机坪。我的朋友向我展示了他的飞机，他说："汤姆，你应该为你所拥有的东西感到骄傲。我想我们短期内不会再来这里了。"

其他主动型策略：制订战略计划（见第 23 章）；市场推广（见第 51 章）；持续性的制度完善（见第 27 章）；行动方案（见第 46 章）。

精彩回放

如何渡过致命难关

> **不要失去冷静**。当出现的一场危机粉碎了你的计划时，不要惊慌失措。慢慢地做几个深呼吸，保持心情平静。保持自己的判断力，这并不是世界末日。最重要的是，要尽快制定出一套求生策略——拥有一些具体的解决方案以及积极的行动计划可以使你在深陷绝境时不至于感到恐慌。

> **偶尔一次危机有可能是件好事**。危机可以显示出其特质，它们通常都是成长的催化剂。如果处理得当，最坏的局面反而可以使你变得更强大、更有信心，提高你的从商智慧，使你变成一位更好

的领导者。

> **不要让重要成员离你而去**。尽量避免这种情况的出现：握住某位极有价值的员工的手，然后祝她在新的工作岗位上一帆风顺。要问问她，是否愿意再好好想想她所做的是否是正确的决定。给她列出离你而去的有利和不利之处，并向她阐明，为什么留下来才可以使她距离自己的事业目标和经济目标更近一些。如果你无法满足她的条件，那么，好吧，真诚地向她发出邀请，如果新工作不适合的话欢迎随时回来。

> **要紧紧笼络住客户**。失去一个大客户无疑是一件痛苦的事。不要等事到临头了再去准备一张安全网。这些事情应提前做好准备。成立一个可信赖的智囊团，提高自身的财务技巧，尽量压缩成本，简化运作流程，扩大客户群基础，准备一套可以改变客户主意的计划。

> **正视个人危机**。需要离开一段时间吗？如果需要，首先应照顾好业务。将你的职责分配给其他高管，并要向所有员工、供货商以及商业合作伙伴清楚地说明情况。你的态度既可以帮助你也可以毁了你。保持积极乐观的生活态度，并通过各种可行的方法精心照顾自己。

> **应对公关危机**。要提前确认好内部的危机前线联系人，使所有人在面对危机应对时所具备的价值观应保持一致，与可以指导你的员工如何面对公共媒体的公关专家通力合作，做好上述工作，才可以尽量避免一场公关噩梦。如果最坏的事情还是发生了，要及时弄清全部事实，并要以最真诚的态度道歉；最重要的是，要讲出真相。

> **对财政困境要有预判**。如何面对一次现金流危机？要空出每一个并没有确定用途的美元。请求供应商接收即期期票以代替付款。延长应付款项的期限，加紧回收应收款项，减少库存，聘请经办代理商处理收款业务，以向批发商客户提供折扣价为条件，使他们同意提前付款。

> **成功躲避危险**。遭到竞争对手的攻击？应时刻与外界保持同步，关注行业新闻——你越早意识到会发生什么，你就能越好地应对风险。考虑到在制订战略计划过程中的竞争压力，应定期改进你的市场推广手段，不断地改善工作流程，对于不可避免的竞争对手的挑战，应努力形成并完善应对这种挑战的行动计划。总之，保持灵敏、简洁高效，同时绝不投降。

后记

CONCLUSION

痛苦并快乐地成长着

一步一个脚印，从小企业发展成为中型公司

企业家们都是幻想家、冒险家甚至是冒失鬼。早期的他们总是热血沸腾、爱冲动，经常是磕磕绊绊地向前走了三步，又会后退两步，他们一直生活在梦里。这种情形可以持续一阵。但最终不可避免的是事业的增长总会停滞下来。他们可以通过白手起家将业务做大到500万美元的规模，但却总是无法进一步做到1亿甚至是2亿美元的水平。能够达到这种水平的营业额并不常见，这需要做到以下3次大的飞跃。

自我能力的提高。倘若你的公司能够迎来增长的新起点，要么归功于你的领导，要么有你没你都无所谓。我事业中的十字路口出现在9年前。当时公司的营业额已经达到了1200万美元，但是公司的不断扩张已经使财务状况出现了赤字。我们根本无法在短时期内找到良策，我们的内部系统几近崩溃。绝望之下，我决定孤注一掷，聘请了一位资金周转顾问来为公司止血。经过了详细而审慎地调查，他让我坐下，直视着我的眼睛说道："汤姆，你们公司的最大问题就是你。"

当他飞快地念出一连串我的违规记录以及缺点时，我吃惊得下巴都快掉下来了。我们的资产负债比已经比银行所允许的范围高出了4 ~ 5倍；我的反应竟是如此迟钝；公司内部蹩脚的预算制定流程差点将我们推向一个财务上的深渊。缺少一份战略计划也是导致我们始终是在危机状

态下运营的主要原因。

我有些晕头转向了，我就是问题所在？我怎么可能就是问题呢？我好不容易镇定下来，硬着头皮承认，公司的确成长得要比我快。我一直是尽量独自完成这些工作，这当然令我变成一个有些疯狂的、较少在乎他人感受的令人讨厌的领导。毫无疑问，尽管实际年龄已经是 38 岁了但我仍然只是一个幼稚的 CEO。但一切都不重要了，我决定丢掉自尊，卷起袖子开始工作。

作为一名企业运作的领导、指导以及经理，我会遵守一套可持续发展的制度。我认为，如果我不能很好地起到领导的作用，我就会成为拖累住所有人的秤砣。我对管理团队说，如果我的个人能力达不到公司发展的要求，我会毫不犹豫地从领导位置上退下来。由于我是公司的大股东及主席，我有权以 CEO 和主席的身份撤换掉自己，而且我也完全有准备这么做。事实上，也有很多企业家选择将对公司的控制权移交给一位年轻的 CEO，自己则靠边站，或者是聘请一位首席运营官（COO）来收拾烂摊子。但是我最终还是选择提高自己而不是撤换掉自己，在此之后的 15 年，正是我的坚持不懈和执著，努力使自己成为符合大家心目中领导的要求。

员工能力的提高。那次和迪恩·巴彻勒的谈话将我们的公司从只有 1000 万美元的销售额发展到 9 年后的 7000 万美元。但正是我和迪克·舒尔泽一次午饭间的交谈得以使我们的公司实现了第二次的增长飞跃。迪克是电子产品卖场业巨头百思买的创始人及董事局主席，他也是我职场生涯中的一位重要导师。那是在 1994 年的一次午饭时间，我无意中提到我现在工作得比我想象的还要更加努力。他问我，我与我的管理团队一起工作有多久了。“12 年了。”我骄傲地告诉他。他点了点头说道：“这就是你的问题。”

我感到十分吃惊。迪克是对的。我的管理团队和我一直在一起，实现了很多目标，但是我们业务上的快速增长已经明显超过了一些重要管理人员的技能水平。但是回到我的那些只凭直觉做事的日子里，我只是利用自己的铁腕管理来掩饰自己的恐惧和不安。基本上，我所聘用的都是对我的领导绝对服从的员工。我所实行的细节化管理创造出了这样一种谨慎行事的公司文化，即在公司里，无过便是功，大家都只是在敷衍了事。而现在的我则更注重顺其自然，即无为而治，但我们仍会为应如何对待忠诚但却平庸的员工而争论。回到办公室，我明白了态度友善和关心他人可以与出色的工作成绩及人尽其责共存——也必须应该共存。

在接下来的数周里，我的管理团队中12名成员挨个接受了我的询问。其中有6个人给出了回答并且不断提高自身水平。韦恩·西莫至今还记得那次痛苦的经历。“汤姆让我坐下，”韦恩回忆道，“开始对我说，‘韦恩，你没有带给团队所需要的东西。如果你在接下来的3个月里无法做到，我们就必须要有所改变。’我说，‘好的，我明白。我要么做出成绩，要么走人。’之后我终于做出了些成绩。这就是汤姆的工作方法——强硬但不粗暴。我尊重这种方法。”

而另外6个管理团队成员则不能或不愿做出改变（结果是，有3个人被重新安排工作，3个人离开了公司）。我认为适者生存适用于公司运营。但是我们的执行团队的管理架构流程图看起来就像是一片瑞士奶酪（很多孔）。如此多的职位空缺使我承受了极大的压力，但我知道找到非常合适的人来填补所有空缺需要耐心。

我们所需要的是那些曾在美国企业供职的经验丰富的老手，他们应该拥有比管理团队中现有成员更为丰富的知识及专业技能。当然，有时候也很有必要在诸如CFO这样的专业性较强的职位聘用某些大人物。但是大公司出来的人都比较高傲，他们很容易有目中无人的自大心态以及官僚主义的思维方式——数字重于实际内容；权术重于业务表现；形式重于紧急事态——所有这些就会经常与我们所秉持的关怀他人，服务至上，具有企业家精神的企业文化格格不入。

以我们从一家《财富》杂志500强企业中挖过来的一位副总裁为例。有一天他不经意间告诉我的一条信息令我震惊不已。“对了，我忘记告诉你了，”他说，“我们里奇菲尔德店的经理达伦告诉我，他对有些事情很不满意。我告诉他如果不满意，他可以换个地方工作。”“你一定是在开玩笑吧，”我几乎无法控制住自己的怒火，说道：“‘愿不愿意可由不得你’绝不是我们这里的做事方式。那是对我们的使命、远景以及价值观的明目张胆地侵犯。达伦是个一流的执行经理，他是我们最不愿意失去的职员。如果他有抱怨，那我们就应该听听他怎么说。”我马上就给达伦打了个电话。但是太晚了，达伦已经接受了另一家公司的邀请。

我真的是活该。我一开始就不应该雇用那位副总。我完全被其显赫的声望、领袖的气质以及他的高谈阔论所蒙蔽了。我根本无视公司内部严格的招聘流程的规定而聘用了那位副总。他不仅缺少才干，还搞乱文件，杜撰备忘录，并把自己标榜为一个曼哈顿中心商业区的专家。一年半之后我终于意识到他根本没有做出任何有实际意义的工作。在我要求他提出辞职之后，我才发觉全公司除我之外的所有人早已看穿他了。为了不让自己再这样丢脸，我暗暗发誓绝不要忘记那句格言：聘用要深思熟虑，解雇要快刀斩乱麻。即使是你正急于要找到合适人选来弥补现在越拉越大的差距时，也不要慌张，一定要谨慎。如果在关键职位上安排了一个错误人选，就好像是用一片创可贴放在一处已经感染的伤口上。等你意识到麻烦大了，你要面对的也只有截肢的命运了。

合作伙伴水平的提高。在改进我的管理团队技能的同时，我开始对自己的售货商、供货商以及专业服务机构也采取同样的高标准。与我们合作时间很长的会计师事务所是一家中等规模的区域性事务所。我得知我们公司就是他们最大的基于消费者的商业客户后，我与几家业务更为丰富、可以帮助我们公司更上一层楼的事务所进行了会面。我吃惊地发现我们错过了很多机会。我们将每一位候选人都视为未来的合作伙伴并对其进行了评估，确保对方可以认同并分享我们的愿景。最终我们与一家拥有极为宝贵的连锁零售方面经验的大型事务所签订了合作协议。

我们一直希望我们的售货商以及战略合作伙伴也能促进我们的增长。几乎是从一开始，杰克·迈克拉德就是我们的设备——固定式车轮平衡机，校准器，液压起重机——供应商。我把杰克当做自己的兄弟。但是

10年后，当有一家全国性的设备销售商开始关注我们。他们是杰克的竞争对手，他们向我提供了一套全套的产品价格，在不会牺牲掉产品服务以及产品品质的情况下可以为我们公司每年省下10万美元的采购成本。我问杰克他是否可以提供同样条件的报价，但他却做不到。“我讨厌这样做，杰克，”我说，“但是我们公司的运营准则之一就是要为消费者和股东提供最佳利益。我恐怕只能接受别人的报价了。”

这对我们双方都是一件痛苦的事。但公司的利益要比友情更重要。我知道所有员工都在看着我，看我是否能够做到言行一致。后来，我和杰克之间依然维持着友谊，但与从前有些不大一样了。不过我对自己的决定不后悔。其他任何事情都可以在公司原则面前让步，否则会让我感到更糟。

我希望这本书能够提供帮你摆脱那种头脑发热的工作方式的知识和智慧。希望这本书可以指引你找到成为杰出的企业领导的正确道路，并希望这个过程是令人满意且有益的。

精彩回放

成长中的痛苦

> **自我水平的提高**。你的公司可能会因为有你而迈上一个新台阶，但也有可能被你拖后腿。最好能找一位值得信任的局外人可以帮你正确面对自己的局限性，然后再去想方设法改正。如果自己无法实现公司的飞跃，那么就应该毫不犹豫地聘请一位CEO，而自己只需担任主席的职务即可。

> **员工水平的提高**。管理团队的工作可能因时间太长而变得很乏味了，特别是你很有可能聘用到了这样的员工——他们工作时不求有功但求无过，只需紧紧依附于你的领导职责。要待人友善，关心他人并且需要表现出色。一些重要职位宁可空缺，也总好过让一些一事无成者占据在这样的位置上；员工们能够抵御来自外界

（其他公司或竞争对手）的引诱。

- **合作伙伴水平的提高**。可以对你的售货商采用与公司员工同样的高标准。不要不好意思去比价，即使这样做有可能会失去一个好朋友。如果作为公司领导，你有一些置公司规定于不顾的违纪行为，你的员工绝对是会注意到并会跟着做的。

东方智库会员服务卡

感谢您对“东方智库”系列图书的认可与支持。当您购买了东方智库系列图书的任何一本书后，请将服务卡邮寄给我们。您将马上成为东方智库俱乐部的会员，并将不定期地收到东方智库最新的图书信息和相关资讯，并获得购书的折扣优惠。

为了更详细地了解您的阅读习惯和个性化的服务要求，我们正在进行读者调研。您的每一个建议都可能成为我们今后选题、编辑的依据。您的个人信息将被妥善保存，并将只用于把我们的书做得更好。

智慧在东方飞扬，来吧，我们期盼着您的参与！

请 您 参 与

1. 您购买《小企业经营完全指南》的时间是______年______月

2. 您是通过何种途径知道和购买本书的？

☐ 他人推荐　☐ 逛书店　☐ 机场　☐ 培训班、教材

☐ 报纸、杂志　☐ 网络　☐ 邮件信息

3. 请您在以下几个方面对本书给以评价

	很好	好	一般	差	很差
书　名	☐	☐	☐	☐	☐
专业性	☐	☐	☐	☐	☐
实用性	☐	☐	☐	☐	☐
观念新颖	☐	☐	☐	☐	☐
装帧质量	☐	☐	☐	☐	☐

4. 您当初是怎么决定购买这本书而不购买其他相关书的？

☐ 它确实写得很好，符合我的要求

☐ 虽然它写得一般，但已经是我看过的所有相关图书中最好的

☐ 没办法选择，我找不到其他相关图书

☐ 公司要求购买的，或相关专家及同事的推荐的

☐ 其他____

5. 这本书的哪些因素能促使您决定购买？（按重要度排序，请填写阿拉伯数字）

___书名　___封面　___目录　___内容　___文笔通俗　___定价　___专业性

6. 您认为这本书的定价为多少更为合理？

A. 40 元以内　B. 40 ～ 45 元

C. 45 ～ 50 元　D. 50 元以上

（背面还有，请填写）

7. 您觉得这本书哪部分写得最好，为什么？

8. 该书的上述内容中，您觉得哪部分内容可以突出些？哪部分可以简化些？

9. 您认为本书还需要改进的地方是……

10. 您对本社图书方面的出版建议是……

您的个人资料

姓名：__________ 性别： □男 □女 出生年月：_______年_______月

文化程度： □硕士以上 □本科 □大专 □高中／中专／技校

工作单位：______________________________ 职位：______________

通信地址：____

邮政编码：__________ 电话：__________ E-mail：__________________

请与我们联系

地址：北京市海淀区交大东路 60 号舒至嘉园 3 号楼 1101 邮编：100044

传真：62234081 E-mail：morch@vip.sina.com 微信公众号：obpmedia

联系人：郑春蕾 手机：13701253668 企业微博：weibo.com/dfzk